本书受到云南省哲学社会科学学术著作出版专项经费资助

发展、减贫与政府管治

朱勋克◎著

中国社会出版社
国家一级出版社·全国百佳图书出版单位

目　录

第四篇 区域发展：案例解构与路径选择

绪论　如影随形的贫困

坊间有云：太阳平等地照耀一切，但也有照不到的地方。

中国西部高山腹地的 W 君，家宅破落，乌黑简陋的旧木房里没有一件完好的家具，残破不堪的陶缸里有一点米，房梁上挂着一小块陈年腊肉，房后一片空地稀稀拉拉种了一些当地常见蔬菜——这些是 W 君家的主要生活物资。至于油盐酱醋等生活必需品，他们一家主要依靠农村最低生活保障解决——全家 3 口每人每月有 220 元的低保金。W 君的大儿子已婚分家，受东西部扶贫协作之惠，在广东珠海的一家企业打工，每月薪资有 3000 多元。

在中国广袤的中西部地区，W 君这样的贫困人口有数千万之多——有人享受城乡最低生活保障或城乡特困人员救助供养，有人则是在政府和社会的帮助下，试图借“脱贫攻坚”之势努力实现就业创业，自力更生，摆脱贫困。

在距离 W 君 2000 多千米外的北京，S 君一家因遭遇突发变故生活陷入困境。向社区居委会反映情况后，社会工作服务机构派人员到她家开展入户访谈，了解她家的实际境况和需求。第三天，S 君家被纳入北京市精准救助帮扶台账，不仅获得政府的临时救助，社会工作服务机构还向她家开展政策宣传、心理疏导、资源链接等帮扶，缓解她们的家庭生活压力。

W 君和 S 君获得救助帮扶，因为他们有共同的特点：身陷贫困。

一、伟大的成就

2020 年，农历庚子年（鼠年），闰四月，双春年——无论在中国发展史还是世界发展史上，2020 年注定是具有特殊意义的一年——困扰中华民族几千年的绝对贫困问题，即将历史性地得到解决，中国成为全球最早实现联合国千年发展目标中减贫目标的发展中国家。

2020 年的中国是什么样的？

亨利·基辛格（Henry Kissinger）认为：“我相信中国一定可以实现‘两个一百年’的目标。”21 世纪中国的“崛起”并非新生事物，而是历史的重现。“今天，没有人知道中国在世界秩序中的角色，但每个人都知道必须要确定中国在国际上的角色。”①

埃里克·安德森（Eric C. Anderson）曾说，2020年的中国仍将会专注于经济发展，成为亚洲的主导力量，同时也成为国际社会中备受尊敬的成员②。

格雷厄姆·艾利森（Graham Allison）——“修昔底德陷阱”概念提出者、美国哈佛大学肯尼迪政府学院首任院长、克林顿政府助理国防部长——认为，中国是世界历史的最大参与者。到2020年，亚洲的财富将超过北美，中国将成为财富积累（包括家庭金融资产总额）的主要驱动力③。

事实上，2020年，中国将全面建成惠及十几亿人口的小康社会，实现第一个百年奋斗目标，开启实现第二个百年奋斗目标新征程——打赢脱贫攻坚战，是全面建成小康社会的底线任务和标志性指标。没有农村的小康，特别是没有贫困地区的小康，就不可能全面建成小康社会。

2013年11月3日，习近平总书记在湖南省湘西州花垣县十八洞村考察，正式提出“精准扶贫”。2015年，《中共中央国务院关于打赢脱贫攻坚战的决定》提出：“到2020年，稳定实现农村贫困人口不愁吃、不愁穿，义务教育、基本医疗和住房安全有保障。实现贫困地区农民人均可支配收入增长幅度高于全国平均水平，基本公共服务主要领域指标接近全国平均水平。确保我国现行标准下农村贫困人口实现脱贫，贫困县全部摘帽，解决区域性整体贫困。”

这标志着中国吹响了决战脱贫攻坚的冲锋号。

政府对贫困进行干预治理，中国有数千年的历史。中华人民共和国成立之初，中国政府“领导全国人民克服一切困难，进行大规模的经济建设和文化建设，扫除旧中国所留下来的贫困和愚昧，逐步地改善人民的物质生活和提高人民的文化生活”④。社会救助和扶贫开发等成为中国最重要的减贫政策工具。20世纪50年代，中国成立了中央救灾委员会和中国人民救济总会，分别在城市和农村开展救济，并“扶助困难户生产”，此为扶贫开发的雏形。中

① ［美］基辛格：《2049年中国将非常强大》，http://www.sohu.com/a/39054262_117499。

② ［美］埃里克·安德森：《中国预言：2020年及以后的中央王国》（葛雪蕾、洪漫、李莎译），北京·新华出版社，2011年版，第192页。

③ ［美］格雷厄姆·艾利森：《注定一战：中美能避免修昔底德陷阱吗?》（陈定定、傅强译），上海人民出版社，2019年版，第29页。

④ 《中国人民政治协商会议第一届全体会议宣言》，http://jpkc.lcu.edu.cn/zgjxds/cankaowenxian/zhongpian/2011-10-16/817.html。

华人民共和国成立至1986年，扶贫开发与社会救助（当时称为社会救济）同根同源，“扶贫是农村社会救济的发展”。1986年以降，中国对“输血式”扶贫进行改革，扶贫工作进入以开发为主的新阶段，其治理体系、扶持方式、扶持内容等与社会救助渐行渐远。与此同时，工会帮扶逐步发展完善，成为城市反贫困的重要阵地。以这些制度为核心的“中国式减贫”，为全球贫困治理烙下了深深的印记，取得了令世界瞩目的成绩。

联合国《千年发展目标2015年报告》显示，全球极端贫困人口已从1990年的19亿降至2015年的8.36亿，中国在其中的贡献率超过70%——中国的努力是使全球贫困和饥饿人口减少的最大因素。联合国秘书长安东尼奥·古特雷斯（António Guterres）向“2017减贫与发展高层论坛”发贺信，盛赞中国减贫方略：“精准减贫方略是帮助最贫困人口、实现2030年可持续发展议程宏伟目标的唯一途径。中国已实现数亿人脱贫，中国的经验可以为其他发展中国家提供有益借鉴。中国坚持不懈地应对现存挑战，实行包容性发展模式，将能继续减少贫困人口数量，解决贫富差距、城乡差距以及东西部沿海内陆之间严重的发展不平衡问题。”

世界银行2018年发布的《中国系统性国别诊断》报告称：“中国在快速经济增长和减少贫困方面取得了‘史无前例的成就’。”世界银行前行长金墉（Jim Yong Kim）表示，中国已经有数亿人摆脱贫困，并有望在短期内彻底消除绝对贫困，这种奇迹在人类历史上前所未有。中国的成功除了有赖于通过改革开放实现经济快速增长外，还要归功于在改革开放进程中持之以恒地坚持扶贫。中国大力推动南南合作和经验共享，很多国家都因此受益。

联合国开发计划署署长阿奇姆·施泰纳（Achim Steiner）认为，中国采取了发展与减贫并重的战略。中国不但增加人民平均收入，实现脱贫，还提高基础设施建设、公共服务的水平，为人民提供更好的社会保障，防止返贫。

在可预见的未来，全球贫困治理将继续受惠于中国的减贫与发展。“一带一路”等全球公共产品，正在推动各国加强合作与互惠互利，相信“一带一路”建设将为推动全球减贫事业和可持续发展增添动力。2019年的世界银行报告《“一带一路”经济学：交通走廊发展机遇与风险》称，“一带一路”项目全面实施，可帮助760万人脱离极端贫困（每人每天生活费低于1.9美元），帮助3200万人摆脱中度贫困（每人每天生活费低于3.2美元）。

2018年12月20日，第73届联合国大会通过“77国集团和中国”共同提交的“消除农村贫困，落实2030年可持续发展议程”决议，把中国倡导的“精准扶贫”“合作共赢”“构建人类命运共同体”等理念写入决议中。可以说，中国减贫发展的“知”与“行”，为全球贫困治理提供了重要支撑。

二、贫困的世界

贫困威胁着穷人的生存质量。英国《每日邮报》网站发表《科学家称穷人 DNA 的质量在退化》的文章称，生活在贫穷环境下的人们的端粒，通常会随年龄增长而缩短 DNA 序列，与生活环境优越的人们相比会更短。先前的研究发现，端粒长度能够可靠地预言人类的预期寿命。端粒越短，穷人早死的可能性就越高——消除贫困依然是当今世界面临的最大全球性挑战。

“新型冠状病毒感染的肺炎”（COVID－19）疫情肆虐期间，世界银行发布消息称，低收入国家和中等偏下收入国家的很多家庭，缺乏基本洗手设施（包括肥皂和水），并警告新型冠状病毒危机的经济后果将使多达 6000 万人陷入极端贫困。

此前，世界银行发布两年一期的《贫困与共享繁荣 2018：拼出贫困的拼图》报告指出，每人每天生活费低于 1.9 美元的极端贫困人口，在全球人口中的占比，已由 1990 年的 36% 降至 2015 年的 10%。而极端贫困人口的分布，高度集中在撒哈拉以南的非洲，并且这一趋势将持续下去。2015 年，撒哈拉以南的非洲的极端贫困人口，超过其他地区总和，到 2030 年，比例将接近 90%（见下表）。

按每天 1.9 美元（2011 年购买力价）国际贫困线衡量的贫困状况表

地区	贫困发生率（%）		贫困人口数量（百万）	
	2013	2015	2013	2015
东亚太平洋	3.6	2.3	73.1	47.2
欧洲中亚	1.6	1.5	7.7	7.1
拉美加勒比	4.6	4.1	28.0	25.9
中东北非	2.6	5.0	9.5	18.6
南亚	16.2	12.4	274.5	216.4
撒哈拉以南非洲	42.5	41.1	405.1	413.3
世界总计	11.2	10.0	804.2	735.9

除每人每天生活费 1.9 美元这一标准外，世界银行还提出了每人每天生活费 3.2 美元和 5.5 美元两项贫困标准。其中：每人每天生活费 3.2 美元用于衡量中低收入国家的贫困水平，而每人每天生活费 5.5 美元用于衡量中高收入国家的贫困水平。数据表明：2015 年，全球有 19 亿人每天生活费低于 3.2

美元，占人口总数的26.2%；世界人口近46%每天生活费低于5.5美元。

世界银行的报告显示，目前世界上一半左右国家的贫困发生率在3%以下。但从整体看，世界很难如期实现2030年将全球极端贫困人口比例降至3%以下的目标。在1990年至2015年的25年间，极端贫困率平均每年下降一个百分点，从近36%降到了10%。但2013年至2015年，极端贫困率只下降了1个百分点。全球贫困人口数量减少的速度放慢，主要原因是极端贫困人口日益集中在减贫工作滞后的地区。贫困率下降速度放慢也反映出大宗商品跌价、冲突以及发展中国家面临的其他经济挑战的影响。2016年的联合国《变革我们的世界：2030年可持续发展议程》强调：当今所处的世界，“我们有几十亿公民仍然处于贫困之中，生活缺少尊严”，“消除一切形式和表现的贫困，包括消除极端贫困，是世界的最大挑战，对实现可持续发展必不可少”。

在中国语境中，贫困被描述为“PPE怪圈和RAP怪圈的耦合”。PPE怪圈指贫困（Poverty）、人口（Population）和环境（Environment）之间形成的“贫困—人口—环境退化”的恶性循环——贫困导致人口增长和生态环境趋向脆弱；人口的增加又导致贫困程度加深，并进一步提高了生态环境的脆弱性；脆弱的生态环境又会使贫困人口更难摆脱贫困陷阱。RAP怪圈是指因农村、农业、农民各自发展条件不足所形成的恶性循环现象，即“农村社会分工欠发育，社会发育程度低，农业经济结构单一，传统农业所占份额较大，农民文化素质低，缺乏进城谋生的必要劳动技能”的恶性循环现象①。

中国的减贫目标比联合国早10年。那么，中国2020年如期完成脱贫攻坚任务、全面建成小康社会后，还会有贫困现象吗？当然有的，重点是建立解决相对贫困的长效机制。

一方面，贫困人口依然庞大。一是存量贫困人口不会消失。具体来说，社会救助兜底保障的这一部分“不救不活”群体是客观存在的，他们当中的绝大多数人，并不会在2020年及之后成为“富人”而退出救助帮扶。农村建档立卡贫困人口是按照扶贫标准（相当于2010年2300元不变价）确定的，调整扶贫标准会影响贫困人口规模。二是可能产生的增量贫困人口。主要包括脱贫后因疾病、灾害等各种因素返贫人员、易地搬迁产生的新贫困人群、供给侧改革去产能过程中失业且无力维系基本生活者、生活临时陷入急难境地的城乡贫困人群等。因此，2020后贫困时代，无论国家是否公布新的扶贫

① 李雪萍：《反脆弱发展：连片特困地区贫困治理的新范式》，载《华中师范大学学报》2016年第3期，第24—29页。

标准，我国城乡贫困人口仍然存在，且数量达到数千万之巨。

另一方面，区域发展不平衡不充分仍将存在。2020 年之后的相当一段时期内，基于自然资源禀赋、既有发展基础、各地发展路径选择等因素，不同地区、不同省域及各省域内部不同市县之间，在经济、社会、文化、生态等各领域的发展仍然会存在差距，区域分化现象不会很快消除，区域发展不平衡不充分问题依然不同程度存在——相较于发达地区，届时全国仍然会有相当一部分的落后地区，它们将成为新的贫困地区。

三、管治新范式

联合国《变革我们的世界：2030 年可持续发展议程》特别强调："我们要创建一个没有贫困、饥饿、疾病、匮乏并适于万物生存的世界。""我们承诺消除一切形式和表现的贫困，包括到 2030 年时消除极端贫困。必须让所有人的生活达到基本标准，包括通过社会保障体系做到这一点。"

在中国的贫困治理实践中，扶贫开发（脱贫攻坚）的部分内容与社会救助竞合，部分内容与各类区域发展政策竞合——除扶贫开发政策外，90% 的贫困县享受西部大开发政策，超过 43% 的贫困县享受革命老区、原中央苏区的发展政策。政策竞合造成了不必要的资源浪费，也不利于将那些在实践中行之有效的政策规范上升为法律制度。

2020 后贫困时代，中国的发展与减贫需要新思路——将"贫困"与"发展"放在一起思考，显得既紧迫，又十分必要①。因为，贫困及其伴随物正是以形成物质进步趋向的条件而出现在社会中②，传统的经济增长，并不意味着贫困的自动终结——发展需要对新的贫困问题保持一定的敏感。推动贫困人口和贫困地区由落后的不发达状态，向先进的发达状态过渡和转化，最大限度消除贫困，就是要践行以人为中心的益贫式发展（pro-poor development）③。这是解决贫困问题的总钥匙。

事实上，在权利谱系中，食物、健康、劳动、教育、住房、政治等权利为贫困人口的核心权利，区域发展权则是贫困地区的核心权利。2020 后贫困

---

① 向德平、黄承伟：《减贫与发展》，北京·社会科学文献出版社，2016 年版，第 10 页。

② ［美］亨利·乔治：《进步与贫困》（吴良健、王翼龙译），北京·商务印书馆，2010 年版，第 15 页。

③ 发展经济学提出益贫式增长（pro-poor growth），以关注经济增长、不平等和贫困三者之间的关系，强调经济增长给穷人带来的增长比例应当大于平均增长率。这要求增长机会平等、对贫困群众给予更多关注、实现充分就业并使劳动收入增长率高于资本报酬增长速度。

时代，继续保障好贫困人口的核心权利，持续实现好贫困地区的发展权，是益贫式发展的核心要义——政策路径为，实行贫困人口与贫困地区分类治理、各建体系、共同发展。

一是研究制定《反贫困法》，统辖管理贫困人口。合并现行扶贫开发（脱贫攻坚）、社会救助、工会帮扶等制度，优化政策设计和机构设置，建立统一规范、简洁高效、促进贫困人口发展的减贫制度体系。

二是加快制定《区域协调发展法》等法律，构建区域协调发展的法律法规与政策体系——不再为现有贫困地区量身定制扶贫开发法律法规或专项政策——统筹解决现有的西部地区、贫困地区、革命老区、原中央苏区、边疆民族地区等欠发达区域，在2020后贫困时代实现乡村振兴与高质量跨越式发展问题（见下图）。

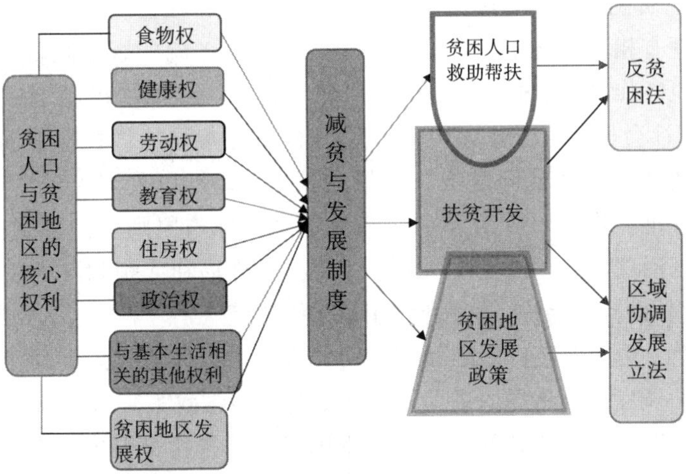

贫困人口与贫困地区分类治理分析框架图

基于上述贫困人口与贫困地区分类治理、各建体系、共同发展的思路，本书的具体篇章安排如下：

第一篇，贫困：理论与事实。包括“贫困的再界定”“中国的贫困图景”和“中国贫困治理的创新与成效”三章。提出“贫困”并非指特定的人或地区，而是指因自身缺乏资源或缺乏发展动能、处于不利境地的一种状态；贫困治理是一个国家运用各类政策工具解决贫困人口的温饱与发展问题，以及解决贫困地区的整体开发和可持续发展问题的过程及结果。综合看来，“贫困人口＋贫困地区”构成了中国贫困现象的整体图景，也是构建减贫政策体系的基本依据。

中国坚持以人民为中心的发展思想，把减贫嵌入国家重大战略布局，建立以贫困线为主的瞄准、监测与退出机制，围绕减贫目标大力推进制度创新，对贫困人口实施特惠政策，扶持贫困地区发展，探索出一条有中国特色的减贫与发展之路，创造了人类历史上的减贫奇迹。当然，中国的贫困治理也面临多维减贫政策与政策过多包含并存、多元减贫主体与能力方法不匹配、减贫政策执行效果与预期目标偏离等挑战——当前兼具贫困人口和贫困地区的减贫模式，在2020后贫困时代既无必要存续也是难以高效运行的。

第二篇，贫困人口：核心权利与全面发展。以贫困人口为研究对象，包括“贫困人口的权利谱系”“贫困人口权利实现的主体性制度”和“基于‘反贫困法’的2020后减贫策略”三章。提出食物、健康、劳动、教育、住房、政治活动参与等权利，是贫困人口不可或缺、不可剥夺的核心权利。

2020后贫困时代，宜改革整合现行扶贫开发、社会救助、工会帮扶等政策；合并现有相关反贫困工作机构，筹组直属国务院的国家减贫工作局，专司2020后贫困时代的城乡贫困治理。政策要点为：加快启动制定“反贫困法”，把“社会救助暂行办法”、已列入国家立法规划的“社会救助法”和研究拟议中的“农村扶贫开发法”等纳入其中，坚持以贫困人口发展为中心，统一贫困标准、界定贫困对象、明确反贫困目标与原则、拓展反贫困内容、提升反贫困治理能力、设定权利义务（突出杜绝福利依赖和各种“无德”乱象）、强化救助待遇保护、优化反贫困资源配置等。

第三篇，贫困地区：多维减贫与协调发展。以区域发展为研究对象，包括“区域协调发展的格局演进”“区域发展的多维政策”和“区域协调发展的未来之路”三章。改革开放以来，中国形成了“西部开发、东北振兴、中部崛起、东部率先”四大板块，以及“京津冀协同发展、长江经济带发展、粤港澳大湾区建设、长三角一体化发展、黄河流域生态保护和高质量发展”五大战略等的区域协调发展新格局。然而，所有贫困地区除实施扶贫开发政策，以及各自所属区域的发展政策（如中部崛起、长江经济带发展等）外，90%的贫困县享受西部大开发政策，超过43%的贫困县享受革命老区、原中央苏区的发展政策。多维政策虽有助于欠发达地区的经济社会发展，但各项政策之间多规并行、内容交叉、管治重叠、制度效益不高等现象也不容忽视。

中国2019年人均国内生产总值（下称GDP）已超过1万美元，进入到直面“中等收入陷阱”与“制度高墙”的关键节点，需要建立健全更加精准有效的区域协调发展机制。一是加快制定“区域协调发展法”，将现有的贫困地区全部纳入国家整体的区域发展战略，统筹解决目前的贫困地区、革命老区、原中央苏区、边疆民族地区等欠发达地区的可持续发展问题。二是制定“西部开发法”和“东北振兴法”等专项法律，引导支持2020年之后不同地区的欠发达县域（包括革命老区和原中央苏区等），使之与发达地区一道协调同步发展。加快制定“长江保护法”“黄河保护法”等法律，系统推进粤港澳大湾区立法，加快推进“一带一路”法治化进程，支持区域发展地方立法，构建区域协调发展法律法规体系。

第四篇，区域发展：案例解构与路径选择。包括“金沙江流域建设高质量绿色发展先行区的目标与路径”“云南建设面向南亚东南亚辐射中心的进展、挑战与建议”两章。金沙江流域约占长江流域面积的26%，跨越四川、贵州、云南、西藏和青海等省区，是我国十分重要的生态和可持续发展战略空间。金沙江流域的可持续发展亟须上升为国家战略并进行统一规划部署，始终坚持生态优先、绿色发展，培育世界级自然生态，把全流域建设成为有国际范的绿色发展先行区、2030年可持续发展议程示范样板、内陆全面开放与城乡融合发展新高地和新的增长带；要打造金沙江中下游城市群，强化改革开放，坚持科教驱动，推进技术、产品与服务创新；要把保护生态环境作为首要战略任务，坚持高标准做好“生态+”新文章，加强基础设施建设，构建绿色产业体系，完善绿色发展支撑体系。

云南地处中国与南亚东南亚大陆接合部，是中国实施对外战略的纵深地带，是推进“一带一路”的前沿阵地。将云南建设成为面向南亚东南亚辐射中心，是国家为云南“量身定制”的管方向、定思路、谋长远的重要战略部署，也是云南实现高质量跨越式发展的最大机遇与根本出路。一要前瞻性研判国内外形势，更加精准系统定位云南发展目标。二要做好向东开放和向南亚东南亚开放两篇大文章，将全省16个州市划分为五大组团，统筹推进各组团同步协调跨越式发展。三要更加有力有效推进创新驱动发展，下大力气培育壮大“云南制造、云南能源、数字云南、云南食品、云南旅游、云南科教、云南服务”等品牌，构建外向型现代产业体系。四要下硬功补齐发展短板，培养一大批适应精准开放、跨越式发展的干部人才队伍，加快推进基础设施建设、完善物流网络。五要健全对话合作机制，坚持“一国一策”，高水准建设各类开放合作功能区，高标准高质量建设中国（云南）自由贸易试验区，全面提高对外开放水平。

最后，提出讨论与建议——政府管治：最紧迫的议题。各地的贫困治理实践表明，政府管治水平的高低，直接决定了减贫的效能，也决定着地方发展的速度与质量——治理“贫穷”（无效或低效的治理）正是产生贫困的总根源；基于公职人员集合体构建的政府管治效能，是区域发展的发动机。深入改革创新旧制度，实行高效能的政府管治，是实现治理体系与治理能力现代化的基本目标与紧迫议题。

各地将制度优势转化为管治效能，就要转变学风，倡导学以致用，提升公职人员“平（时）战（时）结合”的专业化职业化管治能力；要突出重点规范政策过程管控，推进各级政府循证管理；要整顿吏治扭转风气，进一步充分释放公职人员干事创业的热情与效率，把提高公职人员个体绩效与同步提高政府机构组织绩效有机结合，全面提升政府管治效能。

第一篇　贫困：理论与事实

第一章 贫困的再界定

贫困是发展的伴生物，是一个历史悠久、内容丰富的话题。

所有前现代文明的共识认为，贫困是同苦难与不安全感联系在一起的。前现代世界最常见的贫困形式，是长期的饥馑和营养不良。这与粮食短缺和农业灾害有关。公元前403年到公元前323年的古代雅典，平均每6年就会发生一次粮食短缺。公元前1027年至公元前221年，中国周朝有记录的重大农业灾害近90次，包括洪灾、雹灾、蝗灾和旱灾等；公元25年至220年，中国仅有76年没有发生粮食短缺。①

全球经济及近代文明的兴起，不断衍生出新的贫困形式，也改变着人们对贫困的认知——贫困不但与经济发展密切相关，还涉及社会、文化和政治等诸多主题，有着复杂的面相。

《贫穷的本质——我们为什么摆脱不了贫穷》——作者阿比吉特·班纳吉（Abhijit V. Banerjee）与埃斯特·迪弗洛（Esther Duflo），为2019年诺贝尔经济学奖得主——一书指出，自打贫穷一出现，我们就产生了某种以约定俗成的方式来贬低穷人的冲动。穷人频繁地出现在社会理论及文学作品中，他们被描述得有时懒惰，有时上进；有时高尚，有时鬼祟；有时愤怒，有时顺从；有时无助，有时自强……穷人的出场通常只是作为某种励志剧或悲剧的主人公，或令人钦佩，或令人怜悯，而不是某种知识的传播者，人们不会向他们咨询其想法或计划……而在实际生活中，穷人通常缺少信息来源，相信那些错误的事情；穷人肩负着生活中的多种责任；一些服务于穷人的市场正在消失，或是在这些市场中，穷人处于不利地位。②

---

① ［美］史蒂芬·M. 博杜安：《世界历史上的贫困》（杜鹃译），北京·商务印书馆，2015年版，第18页。

② 《贫穷的本质》，美国Public Affairs出版社2012年出版的英文版为“Poor Economics”。［印］班纳吉、［法］埃斯特·迪弗洛：《贫穷的本质——我们为什么摆脱不了贫穷》（景芳译），北京·中信出版股份有限公司，2013年版，第229页。

阿玛蒂亚·森（Amartya Sen）被称为“关注最底层人的经济学家”，他在《贫困与饥荒》中批判美国经济学家欧桑斯基关于贫困的价值判断说：“贫困，就像美那样，只存在于注视者的眼中。”①

实际上，现实生活中的贫困现象一目了然，时有发生。但当我们从整体上描绘贫困的全貌及其本质时，却又模糊不清难以定论。因此，有效定义贫困，才能精准界定贫困人口与贫困区域，预判其发展趋势，解析反贫困的基本策略。

第一节　贫困含义

人类对贫困的干预有悠久的历史。英国早在 14 世纪初就出台了反贫困的法案。1601 年的《伊丽莎白济贫法》（*The Elizabeth Poor Law*）是当时反贫困的主要法律，也是世界上最早的社会保障法。但人们对贫困的理论研究滞后于反贫困法案。传统上，特别是自大卫·休谟（David Hume）和亚当·斯密（Adam Smith）以来，贫困概念即意味着缺吃少穿②。20 世纪以来，全球贫困理论研究日益兴盛，贫困的定义有几十种，分别从不同的方面界定贫困，贫困的内涵从货币范畴扩展到非货币范畴，从收入贫困到能力贫困、到权利贫困，再到共同富裕，贫困的分析框架和解释维度日趋完善。本书从经济学、社会学、政治学、发展学等学科视角介绍贫困概念的演进。

一、经济学视角的贫困

贫困是经济学的重要研究对象。经济学中多用收入、消费和资产三个指标衡量贫困。

1. 收入贫困

早在 1901 年，英国学者朗特里（Benjamin Seebohm Rowntree）在书稿《贫困：城市生活的研究》中提出，一定数量的货物和服务对于个人及家庭的生存与福利是必需的；缺乏获得这些物品和服务的经济资源或经济能力，个

---

① ［印］阿玛蒂亚·森：《贫困与饥荒》（王宇、王文玉译），北京·商务印书馆，2001 年版，第 23 页。

② 乌德亚·瓦格尔、刘亚秋：《贫困再思考：定义和衡量》，载《国际社会科学杂志》2019 年第 3 期，第 191—200 页。

人及家庭的生活状况即为贫困。美国经济学家欧桑斯基（Mollie Orshansky）1963年用收入定义贫困。她将购买美国农业部食品计划所包含食物的费用的3倍设定为贫困线，倘若某人家庭收入低于具有相同特征家庭的贫困线，则此人就被认为是贫困者[①]。欧桑斯基的方法被用于确定美国的国家贫困线。英国学者彼得·汤森（Peter Townsend）认为，贫困是指缺少足够资源以获得某些食品、参加某些活动、享有某种标准的生活和舒适。

2. 消费贫困

消费是衡量经济贫困的一个重要指标——贫困标准随着人均消费水平的提高而增长。20世纪90年代，世界银行经济学家拉瓦雷（Martin Ravallion）等收集了86个国家1980—1990年的消费数据，发现月人均最低消费为22美元，接近当时印度23美元/月·人的贫困线。世界银行据此确定了1美元/天·人的贫困标准。2008年，拉瓦雷、陈少华等对75个发展中国家的贫困线研究发现，75国贫困线的中位数为60.81美元/月·人（约2美元/天），其中最穷15国的贫困线中位数为38.51美元/月·人，平均数为37.98美元/月·人（1.25美元/天·人）。因此，世界银行《世界发展报告》把1.25美元/天·人和2美元/天·人作为新的贫困线。2011年，世界银行依据国际购买力平价，将1.25美元/天·人调整为1.9美元/天·人，将2美元/天·人调整为3.1美元/天·人。拉瓦雷等利用36个国家样本数据的研究表明，人均消费每提高10%，官方贫困标准提高7.1%。国内学者对64个国家2007年数据的研究发现，在其他条件不变前提下，人均GDP每提高一个百分点，贫困发生率下降0.3个百分点；基尼系数每降低1个百分点，贫困发生率减少1个百分点[②]。

3. 资产贫困

资产也是衡量贫困不可或缺的要素。收入贫困反映的是贫困家庭的收入所得，没有反映贫困家庭的财富状况——财富积累是一个家庭应对风险、避免陷入贫困的关键资源。美国学者罗伯特·哈维曼（Robert Haveman）和爱德华·伍尔夫（Edward N. Wolff）指出，贫困取决于一个家庭可以控制的“经济资源”（economic resources），以及社会可以接受的最低的“基本需要”（basic needs）。收入测量方法忽视了“经济资源”这一重要方面。他们认为，基本需要包括一定量的食物、衣着、住房、家庭设施、个人照料及非工作相

① 蔡荣鑫：《国外贫困理论发展述评》，载《经济学家》2000年第2期，第85—90页。

② 中国国际扶贫中心课题组：《世界各国贫困标准研究》，中国国际扶贫中心研究报告，2010年。

关的交通支出等日常需要；在没有其他资源的情况下，资产（主要是指净流动资产）应该可以满足一个家庭 3 个月的基本需要，即一年贫困线的 25%。资产贫困有其特点：一是资产反映了一个家庭多年的收入积累和消费平滑后的财富状况，更能准确反映一个家庭的长期贫困或持久性贫困。二是资产可以通过继承、转让等多种方式获得，它更能反映一个家庭或个人所处的社会状态。三是测量资产的不平等，更能准确反映一个家庭或个人的真实不平等[①]。

二、社会学视角的贫困

社会学上与贫困关联最紧密的是社会剥夺与社会排斥。

社会剥夺（social deprivation）是社会中的个人或群体因疾病、贫困或缺乏资源等原因，生理或心理得不到满足的现象。社会剥夺最早由英国学者彼得·汤森提出。他认为，当个人、家庭和社会集团缺乏必要的资源，不易获取食物、参加活动、拥有公认的居住和生活条件，并且被排除在一般的居住条件、社会习惯和活动之外时，即为贫困[②]。阿玛蒂亚·森认为，贫困是一个被侵占被剥夺的过程，贫困者之所以贫困，根本在于穷人应该享有的基本权利往往被系统性地剥夺，从而使他们陷入贫困的恶性循环。

社会排斥（social exclusion）主要用于识别那些被排斥在福利制度之外的人，以及不能够参与到社会和经济活动中的人。法国学者勒努瓦（R. Lenoir）最早提出社会排斥的概念。他在《被排斥群体：法国的十分之一人口》中，用社会排斥指那些没有被传统的社会保障体系所覆盖的人，包括单亲父母、残疾人、失业者等易受伤害人群。20 世纪 80 年代，社会排斥逐渐被法国以外的欧盟国家所认可。欧盟委员会将社会排斥界定为：在多元并且变迁的因素之下，导致人们被当前社会中的交易活动、服务及其权利等所排斥。社会排斥也指在住房、教育、健康及接受服务上的权利被不适当地处置。1997 年，英国首相布莱尔（Anthony Charles Lynton Blair），在首相办公室下设立“社会排斥局”。“社会排斥局”将社会排斥定义为“某些人或地区受到的诸如失业、技能缺乏、收入低下、住房困难、罪案高发的环境、丧失健康以及家庭破裂等交织在一起的综合性问题时所发生的现象”。联合国开发计划署将社会排斥定义为，基本公民权利和社会权利（如获得充足医疗、教育和其他非物质形式的福利）得不到认同，以及存在这些认同的地方，缺乏获得实现这些

① 王小林：《贫困测量：理论与方法》，北京·社会科学文献出版社，2017 年版，第 9 页。

② 向德平、黄承伟：《减贫与发展》，北京·社会科学文献出版社，2016 年版，第 88 页。

权利所必需的政治和法律体制的渠道[①]。中国学者将社会排斥定义为，个人或群体被排斥在平等获得公共资源、参与劳动力市场、获得基本公共服务，以及参与社会活动和事务之外的现象[②]。

社会排斥不仅是一个静态的描述，也是一个动态过程，既可以体现为经济、政治、社会、文化等宏观视野，也能够在就业、教育、住房等微观的民生保障领域进行测量。社会排斥主要表现为：一是经济排斥，指某些社会成员被排斥于工作机会之外，由此导致经济上的贫困和被排斥在主要经济活动之外，无法获得其他社会成员能容易获取的资源和参与的活动，尤其是消费和储蓄。二是政治排斥，指人们在政治权利上遭受排斥，缺乏充分的政治表达权和参与权。三是文化排斥，指人们被排斥在主导文化活动的过程之外，在涉及主导文化的符号、意义和仪式等资源方面被边缘化。四是社会排斥，指一部分社会成员由于社会关系纽带的断裂，无法参与到正常的生活中。例如，缺乏获得最低工资的权利，缺乏获取住房、教育和医疗的权利，缺乏来自家庭、朋友和社区的支持，等等。五是心理排斥，指因社会地位的不平等使得一部分人对另一部分人在心理上产生厌恶和形成心理隔膜的过程[③]。

三、政治学视角的贫困

在政治学语境中，与贫困相关的理论主要是权利贫困、阶级和共同富裕。

1. 权利贫困

英国社会学家马歇尔（T. H. Marshall），在1949年发表的《公民权与社会阶级》一书中强调，公民权包括民事权利、政治权利和社会权利三个基本维度（要素）。公民权理论为人们理解和研究社会贫困提供了政治学视角，即过一种社会一般标准的生活成为公民的一项基本权利，贫困实际上是公民权未得到有效满足[④]。

阿玛蒂亚·森在《贫困与饥荒》中认为，在市场经济中，一个人可以将自己所拥有的商品转换成另一组商品，在转换中，他能够获得的各种商品组

---

① 丁开杰：《西方社会排斥理论：四个基本问题》，载《国外理论动态》2009年第10期，第36—41页。

② 王小林：《贫困测量：理论与方法》，北京·社会科学文献出版社，2017年版，第13页。

③ 龙静云：《社会排斥与报复性特恶道德问题及其治理》，载《哲学动态》2014年第2期，第54—60页。

④ 徐琳、樊友凯：《赋权与脱贫：公民权理论视野下的贫困治理》，载《学习与实践》2016年第12期，第62—69页。

合所构成的集合，可以成为这个人所拥有东西的"交换权利"（exchange entitlement）……即使饥饿是由食物短缺引起的，饥饿的直接原因也是个人交换权利下降。贫困不单单是一种供给不足，更是一种权力不足。反贫困政策的核心应该是赋予公民权利[①]。

还有研究认为，贫困不仅包括收入和支出水平的低下，还包括人的发展能力低下，脆弱性（暴露于冲击、压力和风险之中的外在方面和孤立无援的内在方面）、无话语权和无权无势以及社会排斥[②]。有学者提出，经济贫困的深层原因不仅是各种经济要素不足，更是社会权利的"贫困"（poverty of social rights），与社会权利相关的政治、文化和经济权利的"贫困"[③]。

联合国开发计划署认为，贫困是指无法获得包括物质福利在内的人类发展的机遇和选择的权利，贫困不仅仅是收入缺乏的问题，它还是一种对人类发展的权利、长寿、知识、尊严和体面生活标准等多方面的剥夺（1997）。世界银行在《世界发展报告2000/2001》中指出，贫困不仅意味着低收入、低消费，缺衣少药，没有住房，生病时得不到治疗，不识字而又得不到教育，还包括风险和面临风险时的脆弱性、没有发言权和缺乏影响力等。

总的来看，权利贫困强调，一部分人获取权利的机会或渠道不足，无法或难以享受其他人群所能够享受的权利，或者其现有权利缺乏基本的保障措施而难以实现。权利贫困大体上表现为政治权利贫困、经济权利贫困、社会权利贫困、文化权利贫困等方面。

2. 马克思贫困理论

财富和贫困是资本主义的孪生子。马克思以生产力和生产关系的辩证关系为主线，分析了同资本一道发展的贫困。一是资产阶级造就无产阶级的贫困。马克思在《资本论》中指出，资本原始积累把农民剥夺得像鸟一样，一无所有，成为彻头彻尾的与生产资料相脱离的无产者。资产阶级一切提高社会劳动生产力的方法都是靠牺牲工人来实现的，工人劳动环境特别恶劣，工人的劳动强度高……资本主义生产关系造就了工人阶级的贫困。二是工人贫困的根源在于生产关系。马克思在《政治经济学批判》中指出，生产关系在

---

① ［印］阿玛蒂亚·森：《贫困与饥荒》（王宇、王文玉译），北京·商务印书馆，2001年版，第9，45页。

② 郭熙保、罗知：《论贫困概念的演进》，载《江西社会科学》2005年第11期，第38—43页。

③ 洪朝辉：《论中国城市社会权利的贫困》，载《江苏社会科学》2003年第2期，第116—125页。

法律上的用语叫作财产关系。在资本主义的财产关系下，资本家占有生产资料，工人一无所有；在生产中，资本家处于支配地位，工人处于被支配地位；资本家几乎占有工人生产的全部产品，工人只能得到维持生命的微薄产品。生产关系，具体地说财产关系是工人贫困的根源①。马克思的贫困理论，把制度革新作为贫困治理的首要前提，把消灭阶级剥削作为贫困治理的根本途径，把发展生产力作为贫困治理的根本手段，强调只有从制度上进行变革，铲除阶级剥削与压迫的基础，才能最终消除贫困，只有“生产将以所有的人富裕为目的”，“所有人共同享受大家创造出来的福利”②，才能使工人彻底摆脱贫困，才能实现人的自由与全面发展。

3. 共同富裕

共同富裕是指全体人民通过辛勤劳动和相互帮助，最终达到丰衣足食的生活水平，也就是在消除贫困和两极分化基础上的普遍富裕。共同富裕是物质生活和精神生活的全面富裕，是部分到整体的逐步富裕，是从低层次到高层次的过程富裕。

“共同富裕”出现于20世纪50年代。1953年12月16日通过的《中共中央关于发展农业生产合作社的决议》提出：“为着进一步地提高农业生产力……逐步实行农业的社会主义改造，使农业能够由落后的小规模生产的个体经济，变为先进的大规模生产的合作经济，以便逐步克服工业和农业这两个经济部门发展不相适应的矛盾，并使农民能够逐步完全摆脱贫困的状况而取得共同富裕和普遍繁荣的生活。”这是新中国历史上首次出现“共同富裕”一词。此后，“共同富裕”的概念广泛传播。

党的十九大报告提出，到2035年“人民生活更为宽裕，中等收入群体比例明显提高……全体人民共同富裕迈出坚实步伐”；到2050年，“全体人民共同富裕基本实现，我国人民将享有更加幸福安康的生活”。

综观中国70年社会主义建设历程，共同富裕已经成为中国减贫与发展的重要奋斗目标和制度安排。

四、发展学视角的贫困

在发展学视野，贫困的主要表征是能力贫困（ability poverty）。能力贫困

---

① 向德平、黄承伟：《减贫与发展》，北京·社会科学文献出版社，2016年版，第90页。

② 杜利娜：《马克思的贫困理论及当代启示》，载《马克思主义研究》2018年第8期，第31—40页。

强调，贫困的原因在于个体或家庭的基本可行能力不足，而可行能力就是“一个人选择有理由珍视的生活的实质自由”。

阿玛蒂亚·森在其论著《贫困与饥荒》《以自由看待发展》中系统阐述了“可行能力”理论和“可行能力贫困”问题。他指出：“在分析社会正义时，有很强的理由用一个人所具有的可行能力，即一个人所拥有的、享受自己有理由珍视的那种生活的实质自由，来判断其个人的处境。根据这一视角，贫困必须被视为基本可行能力的被剥夺，而不仅仅是收入低下。”[①] 识别贫困的最普通做法是确定一个“基本”或“最低”的生活必需品集合，把缺乏满足这些基本需要的能力作为贫困的检验标准。

阿玛蒂亚·森认为，从能力剥夺的视角认识贫困更具有政策意义。一是贫困可以用能力的被剥夺来容易地被识别，它更加关注被剥夺的实质，而收入仅仅是一种识别贫困的手段或工具。二是收入不是产生能力的唯一工具，对贫困而言，还有其他影响能力被剥夺的因素。三是低收入与低能力之间的工具性联系，在不同的社区、不同的家庭和不同的个体之间是可变的[②]。

阿玛蒂亚·森还提出，有五种基本的工具性自由，能够帮助人们更自由地生活并提高人们的可行能力：第一，政治自由。人们拥有的确定应该由什么人执政，而且按什么原则来执政的机会，也包括人们监督并批评当局、拥有政治表达与出版言论不受审查的自由、能够选择不同政党的自由等的可能性。第二，经济条件。个人分别享有的为了消费、生产、交换的目的而运用其经济资源的机会。一个人所拥有的经济权益，将取决于拥有的可以运用的资源和交换条件，它会反映在人们经济权益的相应提升上。第三，社会机会。社会教育、医疗保健等方面所实行的安排，直接影响到个人有多大的机会，去选择更好的生活方式和实质自由。第四，透明性保证。就是满足人们对信息公开性的需求，即保证在信息公开和明晰的条件下自由地交易。人们希望信息是公开的、明确的，信誉是不可侵犯的，它不仅仅为自由市场机制的正常运行提供有效的支持，而且还为人们提供了一种约束公共权力运行、防止权力腐败的工具性约束。第五，防护性保障。提供一个社会安全网，防止受到影响的人遭受更深重的痛苦，甚至陷入绝境。一个经济体系无论运行得多么好，总会有一些人由于物质条件的变化而使他们的生活产生不利的变化，

---

① ［印］阿玛蒂亚·森：《以自由看待发展》（任赜、于真译），北京·中国人民大学出版社，2002 年版，第 85 页。

② 王小林：《贫困测量：理论与方法》，北京·社会科学文献出版社，2017 年版，第 14 页。

从而陷入贫苦悲惨的境地。所以需要这样一种防护性保障来提供社会安全，以防止受到影响的人落入悲惨境地。

能力贫困理论产生了广泛的影响。世界银行在1990年的报告中把贫困视为“消费不足、低水平教育和低健康水平”。世界银行2001年提出，贫困不只是指物品的不足（以适当的收入和消费概念来测算），而且还包括缺乏教育资源、面临风险时的脆弱性，以及缺乏表达自身需求的能力。凡此种种形式的贫困制约着贫困者的可行能力。因此，“任何减贫战略的核心内容都是拓宽穷人的能力”。

联合国开发计划署在1990年发展了阿玛蒂亚·森的“人类贫困”概念，1996年设计出一个度量贫困的新指标——能力贫困指标（Capability Poverty Measure），主要包括三个方面：基本生存能力，即获取营养和健康的能力；健康生育的能力；接受教育和获取知识的能力。为综合测定人类贫困程度，联合国开发计划署1997年设计了“人类贫困指标”（Human Poverty Index，简称“HPI”），在2001年的《人类发展报告》中又进一步明确人类贫困概念。

五、贫困新解

汉语中的贫困多指贫苦穷困，与国外的贫困定义并无本质差异。据史料记载，我国在战国时代就开始使用“贫困”一词。如《韩非子·奸劫弑臣》载：“夫施与贫困者，此世之所谓仁义。”西汉刘向著《新序·杂事二》载：“馀衍之蓄聚於府库者，境内多贫困之民。”成书于东汉的《说文解字》解释说：贫，财分少也；会意兼形声。财物合则多，分则少。困，故庐也；从囗（囗为四周环绕之意）；苦闷切。宋代范仲淹著《答手诏条陈十事》载：“今百姓贫困，冗官至多。”清代黄宗羲著《柳敬亭传》载：“敬亭丧失其资略尽，贫困如故时，始复上街头理其故业。”

改革开放前，我国关于贫困的研究多集中于“无产阶级贫困化”问题。20世纪80年代我国实行大规模扶贫开发之后，国内关于贫困理论研究风生水起，日渐隆盛。童星和林闽钢认为：“贫困是经济、社会、文化落后的总称，是由低收入造成的缺乏生活必需的基本物质和服务以及没有发展的机会和手段这样一种生活状况。”① 台湾江亮演先生认为：“通常所称的贫困是指生活资源缺乏或无法适应所属的社会环境而言，也就是无法或有困难维持其肉体性

① 童星、林闽钢：《我国农村贫困标准线研究》，载《中国社会科学》1994年第3期，第86—98页。

或精神性生活的现象。”① 国家统计局课题组认为：“贫困一般是指物质生活困难，即一个人或一个家庭的生活水平达不到一种社会可接受的最低标准。他们缺乏某些必要的生活资料和服务，生活处于困难境地。”② 汪三贵认为，贫困是缺乏生活资料、缺少劳动力再生产的物质条件或者因收入低仅能维持相当低的生活水平。关信平认为，贫困是指在某些特定的社会背景下，部分社会成员由于必要生存资源的缺乏，使得其在获得正常参与经济和社会活动方面的权利，在一定程度上被剥夺，使得他们的生活水平持续性地低于该社会的常规生活标准。还有的研究将贫困分为经济贫困和人文社会贫困，其中经济贫困强调消费水平低、收入水平低和投资不足三个要素，而人文社会贫困强调人力贫困、健康与教育贫困和社会排斥三个要素③。此外，还有学者认为，中文的“贫困”定义是多维度的，既包括收入不足的“贫”，也包括个体或家庭处于不良的自然环境，不能接受教育、卫生服务等的“困”④。

综观国内外各种贫困定义，有的强调经济收入，有的强调生活支出，有的强调发展能力和机会，有的强调社会参与，各有其逻辑架构。但从整体上看，贫困研究多着眼于贫困人口生产发展需求的多样化分析，贫困的内涵逐步从单一“相对较少的收入”和“生活必需品的缺乏”的经济贫困，向多维度和多元化的“权利和机会的被剥夺”的人类贫困，再到“发展的自由缺乏”转变。

事实上，贫困有着非常丰富的解释维度，远比我们感官所见的现象复杂得多。国内外的研究描绘出包罗万象又细致入微的贫困镜像。从根本上说，贫困是一系列劣势因素积累的结果⑤——无论贫困是被定义成为没有能力满足基本需求，或是相对社会标准较低的生活水准，还是选择的缺失，穷人们的境遇都是相似的，即由某种不稳定不安全感导致的贫困⑥。

我们认为，“贫困”二字是状态修饰词，并非指特定的人或地区，而是指

---

① 江亮演：《社会救助的理论与实务》，台北·桂冠图书公司，1990 年版，第 46 页。

② 国家统计局《中国城镇居民贫困问题研究》课题组：《中国城镇居民贫困问题研究》，载《统计研究》1991 年第 6 期，第 12—18 页。

③ 郑宝华等：《中国农村扶贫开发的实践与理论思考》，北京·中国书籍出版社，2013 年版，第 9 页。

④ 王小林：《贫困测量：理论与方法》，北京·社会科学文献出版社，2017 年版，第 22 页。

⑤ 徐小言：《我国农村贫困成因动态认知的维度构建分析——基于家庭生命周期理论的结构性扩充》，载《理论学刊》2018 年第 5 期，第 135—140 页。

⑥ ［美］史蒂芬·M. 博杜安：《世界历史上的贫困》（杜鹃译），北京·商务印书馆，2015 年版，第 11 页。

因自身缺乏资源或缺乏发展动能、处于不利境地的一种状态。相应地，贫困人口是指自身的物质财富、劳动能力、选择支配能力等固有资源无法维持其基本生存需要的人群，即使他们因享受社会救助、帮扶等专门济贫纾困的“公力救济”（Public Assistance）而获得额外生计必需品，却并不能改变其“资不聊生、无力自救”的属性——离开专门济贫纾困措施，他们仍然无法维持基本生存——除非他们通过自食其力的“私力救济”（Self-help，如劳动、赠与、继承等），增加自身资源并能够满足基本生存需要。贫困地区则是指发展资源与动能不足、处于可持续发展不利境地的区域。

第二节　贫困类别

贫困是一个多维现象。根据不同的划分标准，可以将贫困分为不同的类型。

一、依生存状态划分的贫困类别

根据反映贫困人口生存状态的生活质量指标，可以将贫困划分为绝对贫困与相对贫困、狭义贫困与广义贫困、长期贫困与暂时贫困等类别。

1. 绝对贫困与相对贫困

绝对贫困（absolute poverty）又称生存贫困，是指在一定的社会生产和生活方式下，个人或家庭依靠劳动所得或其他收入不能维持最低生活水平的基本需求——温饱难以解决，劳动力本身再生产难以维持，生存难以保障。绝对贫困最早由英国的布思（C. J. Booth）和朗特里提出[①]。绝对贫困强调“绝对性”，通过一定的经济指标（如人均纯收入、家庭年收入等），界定是否能够满足维持最低生存需求的收入水准和物品量。从生产方面看，劳动力缺乏再生产的物资条件，难以维持自身的简单再生产；从消费方面看，人们无法得到满足吃饭、穿衣、住房等人类生活基本需要的最低条件，也即“食不果腹，衣不遮体，住不避风寒”。

---

① 布思 1887 年对伦敦居民的生活与劳动状况进行了大范围调查，获得了第一手资料，并对伦敦的贫困问题进行了测量，最终写成调查报告《伦敦居民的生活与劳动》（*Life and Labour of the People in London*）。朗特里在《贫困：城市生活研究》一书中确定了“绝对贫困标准线”，即如果某家庭的总收入不足以获取维持纯粹体能所需的最低数量的生活必需品，那么，该家庭就是处于贫困状态。

相对贫困指的是除了生存之外，无法满足在当地条件下基本的其他生活需求的状态。相对贫困是建立在将穷人的生活水平与其他较为不贫困的社会成员的生活水平相比较的基础上的，其特征包括：

一是贫困是相对的。它实际上是社会上多数人，以一定的参照系而对较低生活水平的确认，比较的对象是处于相同社会经济环境下除穷人以外的其他社会成员。

二是贫困是动态的。随着不同时期的社会生产力、收入水平和生活方式的变化，作为参照系的贫困标准也会不断变化。

三是贫困具有长期性。相对贫困实质是收入差距和分配的不均等。只要社会存在不平等，就存在相对贫困。当不平等成为社会常态时，相对贫困也将普遍存在。

四是贫困具有主观性。相对贫困依赖一定的主观价值进行判断，如有的国家以全国人均收入的一定比例作为贫困标准，而有的国家则以收入水平中位数的一定比例作为贫困标准。

表 1-1　绝对贫困与相对贫困的特征识别

<table>
<tr><th>贫困类型</th><th>特征识别</th><th>共同点</th><th>不同点</th></tr>
<tr><td>绝对贫困</td><td>①以贫困线为衡量标准，低于贫困线就是绝对贫困
②贫困线是维持最低限度生活水准的收入水平线，包括人体最低需要摄取的食品、简单的衣物、住房等需要
③强调贫困的客观性和绝对数量
④绝对贫困是可以消除的</td><td rowspan="2">都是缺乏足够收入而难以维持一种社会认可的生活标准状态</td><td rowspan="2">绝对贫困是为了维持最基本的生活需要。相对贫困是相对于社会上的其他人的收入而言</td></tr>
<tr><td>相对贫困</td><td>①相对贫困是以社会平均生活水平为衡量标准，是介于贫困线和社会认定的某种平均水平之间的一种生活状态
②相对贫困强调一定区域范围内的人的生存质量和水平的相互比较，具有一定的主观偏好，依赖一定的主观价值确定
③任何社会都存在相对贫困</td></tr>
</table>

2. 狭义贫困与广义贫困

狭义贫困仅指经济意义上的贫困，即生活不得温饱，生产难以维持，缺乏维持生存需要的最低生活标准就是贫困。

广义贫困是除狭义贫困的内容外，还包括社会、文化、政治等意义上的贫困，比如营养不足（营养不良）、人口平均寿命短、婴儿死亡率高、文盲人数众多等。

3. 暂时贫困、长期贫困与贫困代际传递

暂时贫困、长期贫困、贫困代际传递是动态贫困的三种主要形态。暂时贫困是因自然灾害、疾病或其他急难事故而陷入困境，持续时间一般为几个月或一年。

长期贫困是指处于贫困状态的这部分人，其贫困状态持续很长时间或经过长时间仍然不能脱贫。一般持续时间为 5 年以上。事实上，贫穷可能成为恶性循环（即贫穷陷阱，poverty trap），穷人落在持续的贫困与饥饿当中，除非得到其他人的帮助，否则很难翻身。

贫困代际传递是指贫困以及导致贫困的相关条件和因素，在家庭内部由父母传递给子女，使子女在成年后重复父母的境遇——继承父母的贫困和不利因素并将贫困和不利因素传递给后代这样一种恶性遗传链；也指在一定的地区或阶层范围内贫困以及导致贫困的相关条件和因素在代与代之间延续，使后代重复前代的贫困境遇。

二、依贫困内涵划分的贫困类别

根据贫困内涵的层次，贫困包括收入贫困、人类贫困、信息贫困和生态贫困。

收入贫困是指物质条件贫困，即缺乏最低生活水平的收入或支出。

人类贫困是指缺乏基本生存能力导致生存陷入困境。包括教育贫困、健康贫困、交通贫困及住房贫困等。

信息贫困是指人们缺乏获取、交流、应用和创造信息的能力，或者缺乏权利、机会与途径获得这一能力。

生态贫困是指基本生存环境的贫困，强调由于生态环境不断恶化，超过其承载能力而造成不能满足生活在这一区域人们的基本生存需要与再生产活动，或因自然条件恶化、自然灾害频发而造成人们基本生活与生产条件被剥夺的贫困现象。

三、依致贫原因划分的贫困类别

根据贫困的成因，可以将贫困划分为普遍性贫困、制度性贫困、区域性贫困和阶层性贫困。

普遍性贫困是由于经济和社会发展水平低下或者处于特殊的发展阶段而

形成的贫困。比如原始社会生产力发展水平低，食物缺乏，原始人生活在一种普遍贫困的状态之中。

制度性贫困是指经济、政治、社会、文化等制度所决定的生产生活资源在不同社区、区域、社会群体和个人之间的不平等分配，从而导致某些社区、区域、社会群体、个人处于贫困状态。

区域性贫困是由于自然条件的恶劣和社会发展水平低下所出现的一种贫困现象。我国农村贫困人口的分布具有明显的区域性，集中分布在若干自然条件相对恶劣的地区。

阶层性贫困是指在相同的制度安排下，某些个人、家庭或社会群体由于身体素质比较差、文化程度比较低、家庭劳动力少、缺乏生产资料和社会关系等原因，导致获取生活资源的能力较差，从而陷入贫困。

四、依自然属性划分的贫困类别

依据贫困对象的生物属性或自然属性，可将贫困分为个体贫困与空间贫困。

个体贫困主要是指贫困人口。个体贫困是一个多维的景象：如“脆弱性贫困”强调贫困人口缺乏客观资源，“制度性贫困”强调贫困人口主观资源给予缺乏，“精神性贫困”强调贫困人口缺乏内生性资源。贫困人口在人力资本、家庭生命周期和认知等方面表现不同的特征。在人力资本投资方面，低收入家庭普遍地无法或者不愿让自己的子女继续接受教育，越是贫穷的家庭进行人力资本投资的意愿就越低[①]。从家庭生命周期看，家庭关系缺乏、家庭功能不足、时序结构下家庭需求无法满足等，都会改变家庭生活轨迹而造成贫困[②]。从人类认知的五个层级（神经认知、心理认知、语言认知、思维认知和文化认知）看，部分贫困人口因内心需求不满足、人格发展不健全、社会素养不够、内生动力不足而出现思想上争当贫困户、心理上自私封闭、思维上依赖政府、行为上隔岸观火等怪象[③]。有人构建“个体－结构”指标体系解析贫困，其中个体层面的指标包括健康、基础智商、基础情商、生活满意度、

---

① 邹薇、郑浩：《贫困家庭的孩子为什么不读书：风险、人力资本代际传递和贫困陷阱》，载《经济学动态》2014 年第 6 期，第 16—31 页。

② 徐小言：《我国农村贫困成因动态认知的维度构建分析——基于家庭生命周期理论的结构性扩充》，载《理论学刊》2018 年第 5 期，第 135—140 页。

③ 谢治菊：《论贫困治理中人的发展——基于人类认知五层级的分析》，载《中国行政管理》2018 年第 10 期，第 104—108 页。

工作认同感、教育资源占有量、社会文化资源占有量等；结构层面的指标包括家庭规模、配偶教育资源占有量、家庭内部融合水平、家庭社会关系构建、社会融入水平、身份资源占有量、养老保险、医疗保险、家庭风险意识等①。

空间贫困（spatial poverty），是指贫困的空间分布、贫困与地理环境之间的关系。它将贫困分布、生态气候、环境、距离、基础设施和公共服务等内容纳入一个“地理资本”（geographic capital）要素中。20 世纪 90 年代中期，世界银行的专家雅兰（Jalan J.）和瑞福林（M. Ravallion）基于 1985—1990 年中国南方 4 省的数据分析，提出了“空间贫困陷阱”（Spatial Poverty Traps，SPT）概念，得到了世界银行和联合国有关组织的认可。此后，空间贫困的研究日益丰富，主要内容包括论证贫困与空间地理位置之间的紧密关系、绘制“贫困地图”（poverty maps）或者“贫困绘图”（poverty mapping）、提出反贫困区域瞄准的政策建议等。有研究注意到，穷人在空间分布上有一些共同特征，往往会集中于某一个区域，或偏远农村，或杂乱的城市角落。有的研究还提出，空间贫困是特定时空情境下“人”（贫困主体）、“业”（生计活动）、“地”（自然和社会环境）维度上的剥夺或三者之间耦合失调的过程与状态②。空间贫困的基本特征表现为③：

一是偏远与隔离（位置劣势），主要衡量指标包括村庄到基础设施（如公路、卫生服务等）的距离，教育的可获得性（包括学校距离、成本）等。

二是贫乏的农业生态与气候条件（生态劣势），主要衡量指标包括土地的可利用性和质量，雨量线及其变化性（特别在灌溉农业为主的地方）等。

三是脆弱的经济整合（经济劣势），主要衡量指标是与市场的连通性（包括自然连通——如到最近农资市场的距离，人为连通——如财政、进入市场的机会成本）等。

四是缺乏政治性优惠（政治劣势），主要衡量指标包括与执政党发展思路相反的地区，或者被认为低投资回报的地区。

---

① 王锴：《中国城市贫困现象的实证研究》，载《重庆社会科学》2018 年第 11 期，第 61—76 页。

② 丁建军、冷志明：《区域贫困的地理学分析》，载《地理学报》2018 年第 2 期，第 232—247 页。

③ 陈全功、程蹊：《空间贫困及其政策含义》，载《贵州社会科学》2010 年第 8 期，第 87—92 页。

第三节　贫困线

贫困线（Poverty Line）也称贫困标准，是测量贫困程度最常见也是最有效的办法，通常为一个或若干与贫困密切相关且可观察、可测量和可比较的经济社会指标。其中，个人或家庭的收入（支出）是衡量一个人或一个家庭是否贫困的最常见最有效的做法。

一、贫困线的内涵

贫困线作为“维持最低生活水平”的收入（支出）水平线，其内涵包括三个层次：

食物支出。具体包括用于粮食，食用油，蔬菜及制品，肉、禽、蛋、奶，水产品及制品，以及茶、饮料等饮食消费支出。

衣物支出。具体包括服装、鞋帽等服装消费支出。

其他生活必需品支出。如用水、用电、燃料等维持基本生存的消费支出。

此外，贫困人口在医疗、教育、住房、交通、通信、社交等方面支出，是否纳入贫困线的“核算清单”，各地区的做法不一。

二、贫困线的功能

贫困线在政策实践中具有以下作用：

1. 界定贫困群体

贫困线最直接的作用是“确定谁是穷人”，这是减贫首要面对的问题。清晰界定贫困群体，不仅为社会救助、扶贫开发等明确了帮扶救助范围，而且还为其他公共服务、生产扶持、社会帮扶明确了工作对象。

2. 确定救助水平

设定贫困线的目的就是保障帮扶救助对象的基本生活需要，以此保证生活水平低下者的基本生存条件和劳动力再生产，以及维持社会的和谐稳定。因此，贫困线的高低，决定着国家对帮扶救助对象的补助水平。

3. 收入调节

在很多国家或地区，贫困线所发挥的功效已经超越贫困线的初始意义。通过贫困线对贫困者进行帮扶救助，不仅仅是扶贫济困的主要措施，也是调节国民收入再分配的重要手段之一，可使低收入者与高收入者之间的收入差距趋于缩小。

三、贫困线的设定

长期以来，国内外理论界与实践部门关于贫困线进行了大量的研究和实践，形成了一系列成功的经验和做法。

1. *绝对贫困线测算方法*

绝对贫困线是在一定的时间、空间和社会发展阶段的条件下，维持人们的基本生存所必需消费的物品和服务的最低费用。测算方法主要有两种：

一是马丁法。马丁法是当前国际上通用的计算绝对贫困线的方法。其基本步骤是：

第一步，计算食物贫困线。参照世界银行提出的“每人每天2100大卡热量”建立维持生存必需的食物组合，再乘以对应的价格并求和，即可得到食物贫困线。

第二步，计算非食物贫困线。找到刚刚能够支付食物支出的贫困人口，计算他们自愿放弃基本的食物需要来购买非食物的其他支出——这一部分支出是“牺牲基本食物消费”换来的“非食物支出”，被认为是最基本的非食物支出。在实际计算时，各地考虑了不同地区人们的消费习惯、家庭结构、生产结构等因素对居民的消费支出，特别是食品支出产生的影响。

第三步，将食物贫困线和非食物贫困线相加，得出一定时期的贫困标准。

二是恩格尔系数法。恩格尔系数法也是绝对贫困线的另一种国际常用计算方法。其计算公式为，恩格尔系数=食物支出金额/总支出金额。根据联合国粮食及农业组织提出的标准，恩格尔系数在59%以上为贫困，50%～59%为温饱，40%～50%为小康，30%～40%为富裕，低于30%为最富裕。用恩格尔系数法计算贫困线的具体步骤是：

第一步，调查基本食品消费支出。

第二步，计算恩格尔系数，即低收入家庭食品消费支出占生活消费总支出的比重。

第三步，计算贫困线。采用公式：

贫困线=贫困人口基本食物支出÷恩格尔系数

2. *相对贫困线测算方法*

相对贫困线是判定全体居民中相对贫困居民的标尺，测算方法主要是比例法。因为相对贫困与收入分配密切相关，如果一个国家收入分配是绝对的平等，那么该国的相对贫困也就不存在了，要么是共同富裕，要么是共同贫穷；如果一个国家分配严重不公，则相对贫困就比较严重。经济发达国家一般认为，如果一个人的收入大幅度低于社会中的平均值或中间值收入，那么他就可以被定义为穷人。如经济合作与发展组织和欧洲联盟采用的贫困线是以“经济距离”（economic distance）为基础，收入水平为家庭收入中位数的60%，联合国开发计划署采用中位收入的50%（用购买力平价调整后的家庭可支配收入中位数的50%）确定各国总体贫困状况等。当然，发展中国家所采用的标准要低得多，一般是本国居民平均或中位收入的30%～40%。

四、部分国际机构、国家和地区的贫困线

20世纪80年代以来，联合国、世界银行等国际机构和美国、法国等国家对贫困标准进行界定，都把人均或家庭的收入（个别国际机构以支出为依据）作为测量贫困的主要依据，但各个国际机构、国家或地区对贫困线的具体测量方法不完全一致（见表1－2）。值得注意的是，国际上的贫困线具有唯一性，即一个机构或国家只有一个贫困标准，所有符合该标准的人群为贫困人口。

表1－2　部分国际机构、国家和地区的贫困标准

界定机构或国家	贫困标准
世界银行	每人每天1.9美元（2018）
经济合作与发展组织	一个国家或地区社会中位收入或平均收入的50%①
联合国粮食及农业组织	居民恩格尔系数（食品支出占消费总支出的比例）在59%以上为贫困
亚洲开发银行	每人每日1.51美元为贫困线标准（2014）
美国	1口之家年均收入$14850，2口之家年均收入$16910，3口之家年均收入$21330，4口之家年均收入$25750，5口之家年均收入$20170，6口之家年均收入$34590，7口之家年均收入$39010，8口之家年均收入$43430，超过8人每人多加$4420（2019）
英国	家庭收入低于中位数收入的60%
法国	全国中位数收入的50%

① 经济合作与发展组织在1976年对其成员国进行一次大规模调查，提出以一个国家或地区社会中位收入或平均收入的50%作为这个国家或地区的贫困线。此标准为国际上广泛运用的贫困标准。

续表

界定机构或国家	贫困标准
巴西	当前最低工资的1/4为极端贫困线，最低工资的1/2为贫困线
澳大利亚	单亲家庭收入每周少于433澳元，或者4口之家收入每周少于909澳元（2018）
日本	标准型家庭一年内可支配收入的一半
南非	人均每月可支配收入779兰特（￥380，2019）
印度	农村地区月人均收入960卢比（￥93），城市地区月人均收入1410卢比（￥137，2015）
越南	农村人均月收入70万越南盾，城市人均月收入90万越南盾（2016—2020）
中国台湾	当地最近一年人均可支配收入中位数的60%

注：中位数收入是指处于中间收入分配阶层的家庭所获得的税后收入。

五、人类贫困指数与多维贫困指数

1997年，联合国开发计划署在年度《人类发展报告》中进一步提出了“人类贫困指数”（Human Poverty Index，简称“HPI”）。该指数针对发展中国家和发达国家不同的贫困状况，分别采用了不同的维度指标，但其实质是一样的。“HPI”关于发展中国家的三个维度指标是：寿命（预期寿命在40岁以下人口比重），读写能力（成人文盲比重），生活水平（拥有安全饮用水的人口比重、五岁以下营养不良的人口比重，没有获得医疗保健的人口比重，取这三个数据的平均值）。“HPI”是衡量一个国家平均人类发展水平的参考指数。

人类贫困指数主要依据是处于贫困线以下的人口占总人口的比例，是衡量健康长寿、知识以及生活方面被剥夺状况的综合指数。贫困线通常以满足基本生活水平所需要的收入作为标准。人类贫困指数是运用最为广泛最为简要直观的标准，其基本要义在于：首先计算满足指定的最低需要的最低收入水平，其次考察人们的实际收入是否处在贫困线下。据此，“穷人是指这样一种人，即按照社会的传统行为方式，其收入不足以满足规定的最低需要”①。

2007年5月，由阿玛蒂亚·森发起，在牛津大学国际发展系创立了牛津贫困与人类发展中心（OPHI），致力于多维贫困的测量。该中心主任阿尔基

① ［印］阿玛蒂亚·森：《贫困与饥荒》（王宇、王文玉译），北京·商务印书馆，2001年版，第36页。

尔（S. Alkire）和福斯特（J. Foster）根据基本能力理论，提出了计算“多维贫困指数”（Multidimensional Poverty Index，MPI）的“Alkire-Foster 方法”，以此评价多维贫困状况。联合国开发计划署采纳了阿尔基尔和福斯特用“Alkire-Foster 方法”测算的全球多维贫困结果，并于 2010 年开始，在每年的《人类发展报告》中公布全球多维贫困状况。“多维贫困指数”包括教育、健康、生活水平三个贫困维度，共十个指标。

健康：营养状况、儿童死亡率。

教育：儿童入学率、受教育程度。

生活水平：饮用水、电、日常生活用燃料、室内空间面积、环境卫生和耐用消费品。

多维贫困指数选取的维度面广，能较好地近似反映贫困人口所处的真实情况，更具有代表性、实用性与科学性，是一种更加符合现代社会发展需求的贫困测量方法。2019 年 7 月 11 日，联合国开发署发布 2019 年度《全球多维贫困指数（MPI）》（2019）报告显示，全球共有 13 亿人处于“多维贫困状态”，且各国之间与国家内部各地区之间的贫困程度存在巨大差异。报告共覆盖了 101 个国家，其中包括 31 个低收入国家，68 个中等收入国家和 2 个高收入国家。

报告认为，全球“所有的发展中区域都急需采取减少贫困的有针对性的行动”。全世界的 13 亿贫困人口中有 84.5% 都生活在撒哈拉沙漠以南的非洲和南亚地区，而在这两个地区，各国之间和各个国家内部之间的差异非常明显。

虽然同属撒哈拉以南的非洲，但南非的贫困率为 6.3%，南苏丹的数字则高达 91.9%。而在南亚地区，贫困人口在马尔代夫占到人口总数的 0.8%，在阿富汗则占到 55.9%。报告所涉及的许多国家在贫困程度方面都表现出明显的国内差异。以乌干达为例，首都坎帕拉的多维贫困率为 6%，而在东北部的卡拉莫贾则为 96.3%。

此外，阿玛蒂亚·森贫困指数也常被提及。阿玛蒂亚·森认为，从理论上说，精确的贫困测量既要度量贫困人口比率，又要反映贫困的程度如何（总贫困缺口），还要反映贫困线下收入分配的不平等程度。假定贫困测度为 P（poverty measure），贫困人口比率为 H（head-count measure，即贫困人口占总人口的比重），收入缺口比率为 I（income-gap ratio，全体穷人的收入与特定贫困线的差距的总和为“贫困缺口”，它可公式化为穷人的平均收入与贫困线的差距的百分比，即为收入缺口比率），穷人之间收入分配的基尼系数为 G

(Gini Coeffient，反映穷人之间收入分配的不平等程度)，那么，精确的贫困测量公式为[①]：

$$P = H\{I + (1 - I)G\}$$

阿玛蒂亚·森反复强调，多元性是贫困测量所固有的特征，不仅要关注H（贫困人口比率）和I（收入缺口比率），而且还要关注穷人内部的收入分配。

第四节　贫困治理

通常认为，贫困治理是社会治理的有机组成部分，应该被放入社会治理的总体框架中来进行理解。"贫困治理的许多问题带有普遍性，应该被看作是一般的社会治理问题"[②]。

一、贫困治理的含义

贫困治理的概念在多重意义上被广泛使用，但各有其侧重点。如黄承伟和覃志敏在讨论贫困治理体系时重点关注扶贫目标瞄准机制的转变，强调贫困治理是在扶贫过程中形成的机制[③]。张琦指出，中国需要从战略、目标和反贫困措施等方面重新建构新型的反贫困治理体系，强调贫困治理是反贫困的战略、目标和方式的集合[④]。王春光认为，开发式扶贫的扶贫效果不明显是因为自上而下的扶贫策略，忽视了多方社会主体的参与和共享的社会治理，强调贫困治理的多元主体参与[⑤]。向德平等人强调，引入社会治理的理论资源，

---

① ［印］阿玛蒂亚·森：《贫困与饥荒》（王宇、王文玉译），北京·商务印书馆，2001年版，第47页。

② 王晓毅：《社会治理与精准扶贫》，载《贵州民族大学学报》2017年第1期，第46—57页。

③ 黄承伟、覃志敏：《我国贫困治理体系演进与精准扶贫》，载《开发研究》2015年第2期，第56—59页。

④ 张琦：《减贫战略方向与新兴扶贫治理体系建构》，载《改革》2016年第8期，第77—80页。

⑤ 王春光：《社会治理视角下的农村开发扶贫问题研究》，载《中共福建省委党校学报》2015年第3期，第5—13页。

可以为当前的精准扶贫实践提供新的思路和启示①。

王小林强调，贫困治理是一个国家或地方政府对贫困问题的全过程管理，它的宏观方面涉及政府、市场、社会三者在解决贫困问题中的关系和责任，消除贫困所采取的战略和政策工具，以及贫困治理过程中的责任和问责；它的微观方面涉及对贫困的识别、分析、监测和评估等②。

综合来看，贫困治理是一个国家和社会运用各类政策工具解决贫困人口的温饱和发展问题，以及贫困地区的整体开发和可持续发展问题的过程及结果。其中，贫困治理的主体既包括国家，也包括社会；贫困治理的对象包括贫困人口和贫困地区；贫困治理的目标是促进贫困人口发展，促进贫困地区发展；贫困治理的手段包括扶贫开发、社会救助、工会帮扶等各类政策工具；贫困治理是动态发展的过程，伴随着人类社会进步的历程，没有终点。

需要强调的是，贫困治理、反贫困③、减贫、消除贫困、摆脱贫困等词，都含有减缓贫困程度、减少贫困现象的意思，相互间并无本质的区别。除非特别说明，本书将“贫困治理”“反贫困”“脱贫”“减贫”等视为同义。

二、贫困治理的目标

贫困治理的目标可细分为三个层次：表层目标、中层目标及深层目标。表层目标是贫困治理最直接最容易体认的目标，主要体现为对贫困人口及贫困地区经济社会的作用结果。一般认为，贫困治理在解决贫困人口基本生活需要的同时，能够对区域经济社会发展、社会稳定与融合、政府治理方式的转变等都会产生影响。贫困治理的中层目标则是对公平正义的追求。一方面，贫困治理的制度设计必须体现公平正义的目标取向；另一方面，贫困治理的结果应当促进社会公平正义。我国的扶贫开发、社会救助等制度从理念、制度设计到实践操作，并不缺乏公平正义的要素，符合福利经济学强调的为社会中处于最不利地位的人们提供最大可能的利益，同时确保公平的机会平

① 高飞、向德平：《社会治理视角下精准扶贫的政策启示》，载《南京农业大学学报》2017 年第 4 期，第 21—27 页。

② 王小林：《改革开放 40 年：全球贫困治理视角下的中国实践》，载《社会科学战线》2018 年第 5 期，第 17—26 页。

③ 反贫困（anti-poverty）与贫困是一对孪生兄弟。1969 年，瑞典经济学家冈纳·缪尔达尔（Karl Gunnar Myrdal）在其著名的《世界贫困的挑战——世界反贫困大纲》一书中，首次提出“反贫困”一词。

等[①]，以及法哲学强调的正义的目标，在于使人类能平等地普遍地享受精神与物质上的福祉……平等的福祉，绝非平等地贫乏[②]等理念。贫困治理的深层目标即为反贫困的终极目标，就是促进人的全面发展。所谓人的全面发展是指贫困人口需有尊严的生活、体面的劳动，也需要德、智、体、美等方面的自由全面发展。从权利的视角看，贫困人口的吃饭、穿衣、医疗服务、住房、教育、劳动等方面的权利神圣不可剥夺，那种“需要修正穷人的行为以满足公众期望”[③] 的立场并不可取。因此，反贫困的基本目标需要进一步修正，明确其不同层次的价值追求。即反贫困不仅保障低收入公民基本生活，救助遭受自然灾害或急难事故的公民，维持他们的最低生活水平，而且特别强调反贫困应当坚持平等扶持（即公民符合条件者，均有权申请社会救助或其他扶持），实现收入和财富的再分配对“最少受惠者”最有利；同时创造公平正义、稳定自由的社会环境，协助贫困人口“他助”和“自助”（依靠自己力量解决问题）结合，实现自立，促进他们全方位发展。

本章小结

“贫困”二字是状态修饰词，并非指特定的人或地区，而是指因自身缺乏资源、处于不利境地的一种状态。贫困人口是指自身的物质财富、劳动能力、选择支配能力等固有资源无法维持其基本生存需要的人群。贫困地区则是指发展资源与动能不足、处于可持续发展不利境地的区域。

贫困有多种解释维度。经济学中多用收入、消费和资产三个指标衡量贫困。社会学中的社会剥夺与社会排斥和贫困关联最紧密。政治学强调权利贫困、阶级和共同富裕。发展学强调能力贫困。

贫困可以划分为不同的类别。如绝对贫困与相对贫困，个体贫困与空间贫困，长期贫困与暂时贫困，普遍性贫困、区域性贫困与制度性贫困、阶层性贫困等。

贫困线也称贫困标准，是测量贫困程度最常见也是最有效的办法，通常

① ［英］尼古拉斯·巴尔：《福利国家经济学》（郑秉文等译），北京·中国劳动社会保障出版社，2003 年版，第 137 页。

② 韩忠谟：《法学绪论》，北京·北京大学出版社，2009 年版，第 133 页。

③ 苏黛瑞、周凤华：《社会救助的根源：对福利体制、目标与方法之差异的初步思考》，载《华中师范大学学报》2013 年第 1 期，第 6—15 页。

是测量“维持最低生活标准”的收入（支出）水平线，包括食物支出和非食物支出两个部分。贫困线具有界定贫困群体、确定救助水平和收入调节的功能。

贫困治理是一个国家和社会运用各类政策工具解决贫困人口的温饱和发展问题，以及贫困地区的整体开发和可持续发展问题的过程及结果。贫困治理、反贫困、脱贫、减贫、消除贫困、摆脱贫困等词，都含有减缓贫困程度、减少贫困现象的意思。

第二章　中国的贫困图景

2020年1月7日，江苏省人大常委会开会。该省扶贫办主任汇报说，过去4年来，江苏已实现脱贫254万人，脱贫率达到99.99%以上，目前全省只剩6户、17人未脱贫。这个数字立即在互联网上炸开了锅。一些网民质疑官方数字造假，也质疑官方如何能精准算到还有17人仍属于贫困。

殊不知，中国的贫困，有着翔实的数目字管理。如国家统计局每年的《国民经济和社会发展统计公报》《中国农村贫困监测报告》，民政部的《统计月报》和《统计季报》《民政事业发展统计公报》，以及一些与减贫相关的蓝皮书等。

事实上，“贫困人口+贫困地区”构成了中国贫困现象的整体图景。中国的减贫政策正是以贫困人口和贫困地区作为瞄准对象，相关的扶贫项目、扶持措施、资金资源、责任分工及督察评估等政策据此展开并形成较为完善的减贫政策体系。

第一节　贫困标准

中国的贫困标准，包括扶贫开发贫困标准（下称扶贫标准）和社会救助贫困标准（下称社会救助标准）。通常意义的贫困标准为扶贫标准。

一、扶贫标准

扶贫标准是中国在扶贫开发中确定的，用以识别瞄准扶贫开发对象、实施帮扶救助的贫困线。其确定步骤为：首先，确定食物贫困线。根据当年中国农村住户抽样调查分户资料，计算低收入人组的食品消费清单，根据营养学家建议的每人每天2100大卡热量必需的营养标准，调整食品消费量，再乘以对应的价格并求和，即可得到食物贫困线。其次，确定非食物贫困线。

1995年以前，中国主要根据非食品消费支出比重计算非食物贫困线。从1995年开始，国家统计局采纳世界银行的建议，根据食品消费支出函数回归模型，计算低收入群体的非食物消费支出。在实际计算时，同时考虑了不同地区人们的消费习惯、家庭结构、生产结构等因素对居民的消费支出特别是食品支出产生的影响。最后，食物贫困线加非食物贫困线之和即为扶贫标准。

1978年以来，中国采用过三条基于不同生活水平的扶贫标准，分别是“1978年标准”“2008年标准”和“2010年标准”①。

“1978年标准”，是指按1978年价格每人每年100元所确定的扶贫标准。这是一条低水平的贫困标准，以保证每人每天2100大卡热量的基本生存为主，食物支出在其中的比重约占85%。

“2008年标准”，是指按2000年价格每人每年865元所确定的扶贫标准。这是一条基本温饱标准，食物支出在其中的比重约占60%，实际上从2000年开始使用。2008年，中国将绝对贫困标准和低收入标准合一，统一使用农村年人均收入1067元作为扶贫标准，该标准也称为“2008年标准”。

“2010年标准”，即现行农村贫困标准，是按2010年价格每人每年2300元所确定的扶贫标准。这是结合“两不愁、三保障”测定的基本稳定温饱标准。按相应年份的价格水平，中国现行扶贫标准在2010年为2300元/人·年，2019年为3750元/人·年（见表2－1）。

表2－1　中国历年扶贫标准　　单位：元/人·年

年份	1978年标准	2008年标准	2010年标准
1978	100		366
1980	130		403
1985	206		482
1990	300		807
1995	530		1511
2000	625	865	1528
2005	683	944	1742
2008		1196	2172
2010		1274	2300

① 国家统计局住户调查办公室：《中国农村贫困监测报告2016》，北京·中国统计出版社，2016年版。

续表

年份	1978年标准	2008年标准	2010年标准
2011			2536
2012			2625
2013			2736
2014			2800
2015			2855
2016			2952
2017			3200
2018			3500
2019			3750

数据来源：国家统计局。

二、社会救助标准

社会救助标准主要是最低生活保障标准，既是精准识别社会救助对象的标尺，也是确定社会救助待遇的主要依据。最低生活保障标准一般由省、自治区、直辖市确定当地最低生活保障标准低限，各市或县（市、区）按照当地维持居民基本生活所必需的吃饭、穿衣、用水、用电、住房等费用，且不得低于本省制定的最低标准和当地现行标准，制定发布当地的最低生活保障标准，并随着当地生活必需品价格变化和人民生活水平提高适时调整。多数省份根据省域经济社会发展情况，分类制定省内不同市域的最低生活保障标准，如广东省将省内各市分四类地区制定城乡最低生活保障最低标准，其中广州市、深圳市为一类地区，城乡最低生活保障标准最高，2019年为980元/人·月；汕头市、韶关市、河源市、梅州市等市为四类地区，城乡最低生活保障标准最低，2019年城镇最低生活保障标准为702元/人·月，为广州市和深圳市的71.6%，农村最低生活保障标准为484元/人·月，为广州市和深圳市的49.4%。

表2-2　中国近年的扶贫标准与最低生活保障标准　单位：元/人·年

年份	扶贫标准	全国农村最低生活保障平均标准	扶贫标准/农村最低生活保障平均标准	全国城市最低生活保障平均标准
2010	2300	1404	1.64	3014
2011	2536	1718	1.48	3451

续表

年份	扶贫标准	全国农村最低生活保障平均标准	扶贫标准/农村最低生活保障平均标准	全国城市最低生活保障平均标准
2012	2625	2068	1.27	3961
2013	2736	2434	1.12	4476
2014	2800	2777	1.01	4932
2015	2855	3178	0.90	5413
2016	2952	3744	0.79	5935
2017	3200	4301	0.74	6487
2018	3500	4833	0.72	6956
2019	3750	5336	0.70	7488

数据来源：民政部统计数据。

需要强调的是，中国实行“2010年标准”以来，扶贫标准与全国农村最低生活保障平均标准之间出现翻转逆袭：2010年至2014年间，扶贫标准高于全国农村最低生活保障平均标准，但差距在逐年缩小——2010年的扶贫标准，为当年全国农村最低生活保障平均标准的1.64倍，到2014年二者基本持平。2015年以来，扶贫标准低于全国农村最低生活保障平均标准，且差距逐年扩大，2019年的扶贫标准仅为当年全国农村最低生活保障平均标准的70%。

此外，中国还制定了特困人员救助供养标准。因特困人员为定性识别的“三无”人员，其救助供养标准主要用于确定救助供养的具体内容，并无识别供养对象的功能。根据《国务院关于进一步健全特困人员救助供养制度的意见》(2016)，特困人员救助供养标准包括基本生活标准和照料护理标准。其中，基本生活标准应当满足特困人员基本生活所需，照料护理标准根据特困人员生活自理能力和服务需求分类制定，体现差异性。如北京市规定，特困人员救助供养基本生活标准不低于本市最低生活保障标准的1.5倍；照料护理标准按照具有生活自理能力、部分丧失生活自理能力、完全丧失生活自理能力分档制定，分别不低于北京市当年最低工资标准的20%、40%和60%。安徽省阜阳市规定，2019年特困人员救助供养基本生活标准，按照不低于2018年度当地城乡居民人均消费性支出的60%，且不低于当地最低生活保障标准的1.3倍确定，就高不就低。

三、贫困发生率

贫困发生率也称贫困人口比重指数，是指生活在贫困标准以下的人口占全部人口的比重。如前所述，中国的贫困标准包括扶贫标准和社会救助标准，贫困发生率分别描述建档立卡贫困人口占全部人口的比重，以及社会救助对象占全部人口的比重。考虑到建档立卡贫困人口中，部分人口同为最低生活保障对象或特困人员救助供养对象，因此，中国的贫困发生率，并非指建档立卡贫困人口占全部人口比重与社会救助对象占全部人口比重之和。

第二节　贫困人口

中国的贫困人口既包括城市贫困人口和农村贫困人口，也包括在城乡间流动的贫困人口。在中国贫困治理架构中，扶贫开发和社会救助分别依据相关标准，识别农村建档立卡贫困人口与社会救助对象；工会帮扶也结合社会救助标准和其他指标，识别出人数众多的困难职工家庭。上述人群成为当前我国贫困人口的主要组成部分。

一、建档立卡贫困人口

建档立卡贫困人口是我国扶贫开发政策的主要目标人群，是“年人均纯收入低于国家农村扶贫标准、具备劳动能力的农村人口”。建档立卡贫困人口始于 1978 年——中国第一次划定农村扶贫标准识别出农村贫困人口。截至 2019 年底，我国有建档立卡贫困人口 551 万。

建档立卡贫困人口是依据扶贫标准采用自上而下、逐级分解的办法概算出来的。简单说就是“先依扶贫标准与贫困发生率（低收入人口发生率）确定贫困人口总数，然后分解到村再找人头”。其基本做法是采取规模控制的办法，由各省（自治区、直辖市）将贫困人口识别规模逐级分解到行政村，具体计算公式是根据当地的乡村人口总数和低收入人口发生率计算形成，即：

当地贫困人口 = 乡村人口总数 × 低收入人口发生率

其中，到市到县的贫困人口规模分解，与到乡到村的贫困人口规模数的计算方法还不完全一致，具体如下：

到市到县的贫困人口规模分解步骤为：

第一步，从统计局调查总队收集录入市、县的乡村人口数、低收入人口发生率。

第二步，计算下一级（市、县）的贫困人口规模数。

公式1：下一级规模数 = 下一级乡村人口数 × 下一级低收入人口发生率

第三步，结合实际，微调贫困人口规模控制数，原则上要求上一级贫困人口规模总数 = ∑下一级各样本贫困人口规模控制数。比如，某省下一级各地市贫困人口规模数之和，应等于该省的贫困人口规模总数。

而到乡到村的贫困人口规模分解步骤为：

第一步，收集下一级（乡、村）行政中心到上级地区行政中心距离、乡（村）地势类型、基础设施状况、公共服务水平、农民人均纯收入、上年度贫困发生率、农村居民年末户籍人口数等易获取的指标数据。

第二步，利用加权平均和隶属函数，计算各乡、村的拟定贫困发生率 P；各地也可以结合本地实际，自行确定计算乡（村）贫困发生率的方法。

第三步，计算下一级（乡、村）的贫困人口规模数。

公式2：下一级（乡、村）规模控制数 = 上年年末农村户籍人口数 × P

第四步，结合实际，微调贫困人口规模控制数，原则上要求上一级贫困人口规模总数 = ∑下一级各样本贫困人口规模控制数。比如，某县下一级各乡镇贫困人口规模数之和，应等于该县的贫困人口规模总数[①]。

从上述计算公式可看出，影响一个地区贫困人口的关键因素，是当地的贫困发生率。在实践中，国务院扶贫办等部门测算出各省、自治区和直辖市的贫困发生率及贫困人口数量。各省（自治区、直辖市）根据国务院扶贫办"给定"的本地贫困发生率及本地贫困人口，再将贫困人口"分解"到省内各市并到县到村到人。例如，国务院扶贫办 2014 年的《扶贫开发建档立卡工作方案》要求，贫困户建档立卡"以 2013 年农民人均纯收入 2736 元（相当于 2010 年 2300 元不变价）的国家农村扶贫标准为识别标准"，"原则上以国家统计局发布的 2013 年底全国农村贫困人口规模 8249 万人为基数"，并明确了 2013 年除北京、天津和上海之外各省、自治区、直辖市的贫困人口数量及贫困发生率如下：

---

① 国务院扶贫办关于印发《扶贫开发建档立卡工作方案》的通知，http://www.cpad.gov.cn/art/2014/4/11/art_50_23761.html。

表2-3 2013年各省（自治区、直辖市）贫困人口数量及贫困发生率

地 区	贫困人口（万人）	贫困发生率（%）
全 国	8249	8.5
河 北	366	6.5
山 西	299	12.4
内蒙古	114	8.5
辽 宁	126	5.4
吉 林	89	5.9
黑龙江	111	5.9
江 苏	95	2.0
浙 江	72	1.9
安 徽	440	8.2
福 建	73	2.6
江 西	328	9.2
山 东	264	3.7
河 南	639	7.9
湖 北	323	8.0
湖 南	640	11.2
广 东	115	1.7
广 西	634	14.9
海 南	60	10.3
重 庆	139	6.0
四 川	602	8.6
贵 州	745	21.3
云 南	661	17.8
西 藏	72	28.8
陕 西	410	15.1
甘 肃	496	23.8
青 海	63	16.4
宁 夏	51	12.5
新 疆	222	19.8

数据来源：国务院扶贫办《扶贫开发建档立卡工作方案》。

各地均照此办理。如贵州省《黔西南州推进精准扶贫建档立卡工作实施方案》明确规定，该州贫困人口识别规模“以省扶贫办下达我州贫困人口识别规模69.15万人为基数，上浮10%，全州共76.065万人。其中，兴义市7.436万人，兴仁县10.494万人，普安县7.216万人，晴隆县12.441万人，贞丰县11.055万人，望谟县10.252万人，册亨县8.25万人，安龙县8.921万人”。在识别贫困人口的9个工作步骤中，首先强调贫困人口规模的分解：“各县（市）根据省扶贫办下达的贫困人口识别规模，将贫困人口识别规模逐级分解落实到乡（镇）和行政村，不能随意扩大或减小规模。”

在实践中，精准识别贫困人口是扶贫工作的第一步，目的是要解决“扶持谁”的问题，把真正的贫困人口弄清楚。进入脱贫攻坚期，很多地方对建档立卡贫困人口进行动态管理。以2018年为例，非建档立卡农业户籍农村常住人口，2018年家庭人均纯收入低于3500元（相当于2010年2300元不变价），且满足下列条件之一者，纳入建档立卡贫困户：一是实际居住C级、D级危房且自身无力改造；二是家庭因病致贫，且成员未参加城乡居民基本医疗保险；三是家庭适龄成员因贫辍学或家庭因学致贫。

表2－4　中国历年农村扶贫开发贫困人口　　单位：万人

年份	1978年标准	2008年标准	2010年标准
1978	25000		
1980	22000		
1981	15200		
1982	14500		
1983	13500		
1984	12800		
1985	12500		
1986	13100		
1987	12200		
1988	9600		
1989	10200		
1990	8500		
1991	9400		
1992	8000		
1994	7000		

续表

年份	1978 年标准	2008 年标准	2010 年标准
1995	6540		
1997	4962		
1998	4210		
1999	3412		
2000	3209	9422	
2001	2927	9029	
2002	2820	8645	
2003	2900	8517	
2004	2610	7587	
2005	2365	6432	
2006	2148	5698	
2007	1479	4320	
2008		4007	
2009		3597	
2010		2688	16567
2011			12238
2012			9899
2013			8249
2014			7017
2015			5575
2016			4335
2017			3046
2018			1660
2019			551

数据来源：《中国农村贫困监测报告2016》、部分《国民经济和社会发展统计公报》。

然而，建档立卡贫困人口中，有一部分人同时是农村最低生活保障对象（称为扶贫低保户），又同时是农村特困人员救助供养对象。2019 年，全国有 1857 万建档立卡贫困人口享受社会救助，占当年农村最低生活保障对象和农村特困人员救助供养对象总数的 47.7%。

二、最低生活保障对象

最低生活保障对象，是纳入最低生活保障制度并享受相应待遇的城乡贫困人口，主要为家庭人均收入低于当地最低生活保障标准的居民。20 世纪 90 年代最低生活保障制度建立之前，城乡贫困人口主要是享受社会救济。最低生活保障对象的确定通常为：第一步，自然人或者其代理人采用书面方式，向乡镇、街道或受委托的村、居委会提出申请。第二步，乡镇人民政府或街道对村、居民委员会上报的申请材料及申请人的基本情况进行审查、核实，并进行民主评议。第三步，县级民政部门（社会救助机关）对乡镇人民政府审核通过的申请人进行最后审批。对符合条件的，及时批准给予申请人社会救助待遇并发放城乡最低生活保障证或特困供养证书；不符合条件的，不予批准，并及时将不予批准的决定和理由，书面通知申请人或代理人。各级社会救助机关以此建立救助对象（贫困人口）数据库。

经过 20 多年的实践，最低生活保障已成为我国改革开放以来最具开创性和标志性的民生保障制度[①]。截至 2019 年底，全国有城市最低生活保障对象 860. 5 万人，有农村最低生活保障对象 3456. 1 万人。

三、特困人员救助供养对象

中国对无劳动能力、无生活来源且无法定赡养、抚养、扶养义务人，或者其法定义务人无履行义务能力的老年人、残疾人以及未满 16 周岁的未成年人（也称“三无”人员），给予特困人员救助供养。

其中，无劳动能力是指年满 60 周岁的老年人，或未满 16 周岁的未成年人，或残疾等级为一、二级的视力、肢体残疾人，残疾等级为一、二、三级的智力、精神残疾人，或经由劳动能力鉴定委员会鉴定为完全丧失劳动能力或者大部分丧失劳动能力的残疾人。

无生活来源，是指居民缺乏基本生活所需的稳定经济来源，靠自身无力解决基本生活问题。一般情况下，家庭月人均收入低于当地居民最低生活保障标准，且家庭财产状况符合当地社会救助家庭经济状况认定办法有关规定的，可认定为无生活来源。

法定赡养义务人无赡养能力，是指法定赡养义务人没有对被赡养人经济上供养、生活上照料和精神上慰藉的能力；法定抚养义务人无抚养能力，是

① 王治坤：《最低生活保障标准制定调整的思考和建议》，2014 年 4 月 17 日《中国社会报》。

指法定抚养义务人不具备监护能力、无法履行监护责任；法定扶养义务人无扶养能力，可以参照法定赡养义务人无赡养能力、法定抚养义务人无抚养能力的情形确定。

特困人员救助供养，始于新中国成立初就实施的农村五保供养，是社会救助制度的“网底”①，是最直接最有效体现社会主义制度优越性和现代国家责任的制度安排，其供养对象是我国最困难的群体、是“穷人中的穷人”。截至2019年底，全国有城乡特困人员救助供养对象439.3万人。

表2－5　近年的社会救助对象基本情况　　单位：万人

年份	城市最低生活保障对象	农村最低生活保障对象	特困人员救助供养对象	传统救济对象	小计
2011	2276.8	5305.7	551	68.7	8202.2
2012	2143.5	5344.5	545.6	79.6	8113.2
2013	2064	5388	537.3	73	8062.3
2014	1877	5207	529.1	63.7	7676.8
2015	1701.1	4903.6	516.7	63.8	7185.2
2016	1408.2	4586.5	496.9	61.5	6553.1
2017	1261	4045.2	466.8	59.7	5832.7
2018	1008	3520	482.3	53.8	5064.1
2019	860.5	3456.1	439.3	46.6	4802.5

四、困难职工家庭

困难职工家庭是工会帮扶确定的贫困人口，是对社会救助对象帮扶的延伸拓展。困难职工家庭主要有：一是家庭人均收入低于当地最低生活保障标准，经政府救助后生活仍有困难的城镇职工家庭；二是家庭人均月收入略高于当地最低生活保障标准，但因本人或家庭成员患病、子女上学、残疾、单亲及其他缘由造成生活困难的职工家庭；三是家庭人均月收入在当地最低生活保障标准3倍以内（含），但因职工本人或家庭成员遭受突发事件、意外伤害、重大疾病或其他原因导致生活困难的职工家庭；四是长期居住在城市且工资收入为主要生活来源、生活遇到特殊困难的农民工（已纳入农村建档立

① 朱勋克：《特困人员救助供养：在改革创新中转型升级的标杆性政策》，2016年2月24日《中国社会报》。

卡贫困人口的除外）；五是供给侧结构性改革化解过剩产能中新产生的城镇困难职工。截至2018年底，工会建档困难职工家庭为93.27万户，其中人均纯收入低于最低生活保障线的贫困职工有45.96万户①。

五、其他需要救助的人群

包括传统救济对象、生活无着流浪乞讨人员、孤儿等。据民政部统计，截至2019年底，全国有传统救济对象46.6万人，孤儿24.2万人。2019年，全国共实施生活无着流浪乞讨人员救助129.3万人次，临时救助917.7万人次。

第三节　贫困地区

贫困地区是一个集合概念，具体包括集中连片特困地区、贫困县和贫困村，其中很多地处西部地区，或东北地区，或革命老区，或原中央苏区，或边疆民族地区等。扶持贫困地区发展始终是扶贫开发的核心战略。20世纪80年代中期以来，中国扶贫开发实行区域瞄准，坚持“区域发展带动扶贫攻坚，扶贫攻坚促进区域发展”，大部分扶贫项目和扶贫投资主要用于贫困地区——在贫困人口规模较大且集中的条件下，以贫困地区为瞄准对象实施区域开发，通过改善区域基础设施、提升农业效益、扶持以开发利用当地资源为主的中小型企业发展等措施，以区域经济发展带动贫困人口脱贫，达到逐步缓解区域结构性贫困的目的，不失为一种既节约管理成本又提高扶贫成效的科学措施。有研究证明，片区贫困人口下降幅度快于全国贫困地区平均水平，片区贫困人口的人均纯收入增速也明显高于其他贫困地区②。

《中国农村扶贫开发纲要（2011—2020年）》（2011），采取“14个集中连片特困地区+贫困县+贫困村”的瞄准方式推进农村扶贫开发工作。《“十三五”脱贫攻坚规划》（2016）指出：“截至2015年底，我国还有5630万农村建档立卡贫困人口，主要分布在832个国家扶贫开发工作重点县、集中连片特困地区县（以下统称贫困县）和12.8万个建档立卡贫困村。”

---

① 郑莉：《点亮职工建功新时代之路——盘点2018年工会“娘家人”履职十大事件》，2019年2月13日《工人日报》。

② 万君、张琦：《区域发展视角下我国连片特困地区精准扶贫及脱贫的思考》，载《中国农业大学学报》2016年第5期，第36—45页。

一、集中连片特困地区

集中连片特困地区，是指由经济发展水平较低但自然地理位置相连、气候环境与发展程度相似、致贫因素相近的欠发达县域组成的跨行政区划的地区。目前，中国有14个集中连片特困地区。2016年起，新疆阿克苏地区享受集中连片特困地区政策。

中共中央、国务院1984年发布的《关于帮助贫困地区尽快改变面貌的通知》提出："解决贫困地区的问题要突出重点，目前应集中力量解决十几个连片贫困地区的问题。"1986年，我国确定了14个"连片贫困地区"。1988年，国家将原有14个连片贫困地区划分为18个贫困县相对集中的区域，具体包括沂蒙山区，闽西南、闽东北地区，努鲁儿虎山地区，太行山区，吕梁山区，秦岭大巴山区，武陵山区，大别山区，井冈山和赣南地区，定西干旱地区，西海固地区，陕北地区，西藏地区，滇东南地区，横断山区，九万大山区，乌蒙山区和桂西北地区。

2011年，我国按照集中连片、突出重点、全国统筹、区划完整的原则，以2007—2009年3年的人均县域国内生产总值、人均县域财政一般预算性收入、县域农民人均纯收入等与贫困程度高度相关的指标为标准，把这3项指标均低于同期西部平均水平的县（市、区），以及自然地理相连、气候环境相似、传统产业相同、文化习俗相通、致贫因素相近的县划分为连片特困地区。其中，对少数民族县、革命老区县和边境县，采用了增加权重的办法予以倾斜照顾。全国共划分出六盘山区、秦巴山区、武陵山区、乌蒙山区、滇桂黔石漠化区、滇西边境山区、大兴安岭南麓山区、燕山－太行山区、吕梁山区、大别山区、罗霄山区11个连片特困地区，加上已经实施特殊扶持政策的西藏、四省藏区（青海、四川、云南、甘肃四省藏族与其他民族共同聚居的民族自治地方）和新疆南疆三地州（喀什地区、和田地区和克孜勒苏柯尔克孜自治州），称为14个集中连片特困地区，为中国脱贫攻坚的主战场。

上述14个集中连片特困地区的县共有680个，其中有国家扶贫开发工作重点县440个，民族自治地方县371个，革命老区县252个，陆地边境县57个。2013年，14个集中连片特困地区内，有农村建档立卡贫困人口4141万人。集中连片特困地区的贫困有其共性。一是贫困程度深、脱贫难度很大；二是致贫原因多样，如因病、因学、因灾、因交通、因文化、因制度等致贫；三是贫困要素多元，既有主体性要素"人"的贫困，也有中介性要素"业"的贫困，还有情境性要素"地"的贫困，更有"人""业""地"不协调导致的贫困[①]。

《中国农村扶贫开发纲要（2011—2020 年）》（2011）明确提出，要加大投入和支持力度，加强对跨省片区规划的指导和协调，从根本上改变连片特困地区面貌。之后，中国制定《集中连片特困区扶贫攻坚开发纲要》，确定中央国家机关 18 个部门分别联系 14 个片区，这些部门出台了许多支持集中连片特困地区发展的政策。

二、贫困县

贫困县包括国家扶贫开发工作重点县和集中连片特困县（市），由国务院扶贫办认定，全国共有 832 个。

确定贫困县，是中国扶贫开发区域瞄准的重要手段之一。主要原因在于：一是中国贫困的区域分布较为清晰，限制区域发展的制约因素较多，其中县域经济的辐射和带动具有重要意义。优先解决影响县域经济发展的自然、资源、环境、交通、教育、人口等限制区域发展的瓶颈性因素，能够为穷人提供更多的发展机会。二是在中国行政体制中，县为承上启下、无法跳过的重要层级，具有比较完整的行政区划和组织结构。县作为一个执行单元，传递扶贫政策、组织扶贫开发、调配扶贫资源、实施和监管扶贫项目的成本相对比较低。三是不管以任何贫困标准来衡量，贫困县贫困人口数量众多、占总人口比例很高是改革开放初期面临的突出问题。四是当财政能力一般、尚不具备大规模投入条件的时候，选择一些贫困程度较深的贫困县进行扶持，以县为单元进行资源分配和集中管理，符合财政资金投入利用最大化的要求[②]。

中国 1986 年首次确定国家重点扶持贫困县，1994 年至今进行过三次调整。

1986 年 4 月，国家首次将扶贫开发列入《国民经济和社会发展第七个五年计划》并提出，必须十分重视少数民族地区的经济和文化建设，同时采取有力的措施，积极扶持老革命根据地、边疆地区和其他贫困地区改变落后面貌。为此，中国按 1985 年农民人均纯收入计算，将农区县低于 150 元、牧区县低于 200 元、革命老区县低于 300 元的县（自治县、旗），列为国家重点扶持贫困县。当时全国确定了 331 个国家重点扶持贫困县。

---

① 游俊、冷志明、丁建军：《中国连片特困区发展报告（2016—2017）》，北京・社会科学文献出版社，2017 年版，第 1 页。

② 汪三贵、曾小溪：《从区域扶贫开发到精准扶贫——改革开放 40 年中国扶贫政策的演进及脱贫攻坚的难点和对策》，载《农业经济问题》2018 年第 8 期，第 40—50 页。

第一次调整。1994 年 3 月，国务院下发《国家八七扶贫攻坚计划(1994—2000 年)》，明确提出从 1994 年到 2000 年，集中人力、物力、财力，动员社会各界力量，力争用 7 年左右的时间，基本解决全国农村 8000 万贫困人口的温饱问题。为此，中国对国家重点扶持贫困县进行了第一次调整，具体办法为：按照 1992 年农民人均纯收入超过 700 元的县一律退出（根据当时的测算，凡是超过 700 元的县，90% 以上的贫困人口基本上解决温饱问题），低于 400 元的县全部纳入。全国共有 592 个国家重点扶持贫困县，分布在 27 个省、自治区、直辖市，涵盖了全国 72% 以上的农村贫困人口。

第二次调整。《中国农村扶贫开发纲要（2001—2010 年)》提出："按照集中连片的原则，国家把贫困人口集中的中西部少数民族地区、革命老区、边疆地区和特困地区作为扶贫开发的重点，并在上述四类地区确定扶贫开发工作重点县。"为此，中国对国家重点扶持贫困县进行第二次调整，具体办法是：贫困县改称国家扶贫开发工作重点县；将东部 33 个重点县指标全部调到中西部，东部不再确定国家级重点县。同时，西藏自治区作为特殊扶持区域，整体享受重点县待遇，不占重点县指标。经过调整，全国仍保留 592 个重点县，作为扶贫开发的重点区域。2002 年，国务院扶贫办对外公布了"631 指数法"确定重点县的数量，即贫困人口多的县数占 60% 权重（其中绝对贫困人口与低收入人口各占 80% 与 20% 比例)；农民人均纯收入较低的县数（占全国比例）占 30% 权重；人均 GDP 低、人均财政收入低的县数占 10% 权重。

第三次调整。《中国农村扶贫开发纲要（2011—2020 年)》提出："要做好连片特困地区以外重点县和贫困村的扶贫工作。原定重点县支持政策不变。各省（自治区、直辖市）要制定办法，采取措施，根据实际情况进行调整，实现重点县数量逐步减少。重点县减少的省份，国家的支持力度不减。"中国对国家重点扶持的县进行第三次调整。本次调整的最大特点是权力下放到省(自治区、直辖市)，即允许各省（自治区、直辖市）根据实际情况，按"高出低进，出一进一，严格程序，总量不变"的原则进行调整，但不得将连片特困地区内重点县指标调到片区外使用。这次调整，原重点县共调出 38 个，原非重点县调进 38 个；14 个连片特困地区内的重点县数量，由调整前的 431 个增至 440 个，共增加 9 个；连片特困地区以外的重点县数量，由调整前的 161 个减至 152 个，共减少 9 个。2012 年 3 月 19 日，国务院扶贫办公布最新的 592 个国家扶贫开发工作重点县，其中中部地区有 217 个，西部地区有 375 个，民族 8 省区共 232 个。一些省份还确定了一批省级扶贫开发工作重点县。

此外，新疆生产建设兵团 1991 年开始实施大规模的扶贫开发，将纯收入低于贫困线的人口占总人口30%以上的团场确定为贫困团场，当时兵团42个边境团场和腹地20个贫困团场，被纳入农业部农垦扶贫序列。2007年，中央将兵团南疆三地州困难团场、边境团场统一纳入国务院扶贫序列。2008年，兵团共有62个贫困团场，其中农业部农垦扶贫团场（国家级贫困团场）42个，内部重点扶贫团场（兵团级贫困团场）20个。这些贫困团场遍及兵团13个农业师、新疆维吾尔自治区的15个地、州、市。目前，兵团有30个贫困团场尚未摘帽①。

三、贫困村

我国农村贫困人口呈现“大分散、小集中”的特点。国务院扶贫开发领导小组提出将“整村推进”作为2001年到2010年扶贫开发的重点工作。《中国农村扶贫开发纲要（2001—2010年）》（2001）提出，各有关省、自治区、直辖市要分别制定本地区的扶贫开发规划。规划要以县为基本单元、以贫困乡村为基础，明确奋斗目标、建设内容、实施措施、帮扶单位和资金来源。2002年，全国有扶贫开发工作任务的省（自治区、直辖市）共确定148051个贫困村实施整村推进，占当时全国行政村总数的近1/4。

贫困村由省级扶贫部门确定。在实际操作中，贫困村主要是有脱贫攻坚任务的县（市、区）的行政村，确定标准为“一高一低一无”，即行政村贫困发生率比全省贫困发生率高一倍以上，行政村2013年全村农民人均纯收入低于全省平均水平60%，行政村无集体经济收入。贫困村的规模按照“省负总责”的要求，由省级扶贫开发领导小组研究确定，并报国务院扶贫办核定。北京、天津、辽宁、上海、江苏、浙江、福建、山东、广东东部9省（直辖市）贫困村识别规模原则上控制在行政村总数的15%左右；河北、山西、吉林、黑龙江、安徽、江西、河南、湖北、湖南、海南中部10省的行政村原则上控制在20%左右；内蒙古、广西、重庆、四川、贵州、云南、西藏、陕西、甘肃、青海、宁夏、新疆西部12省（自治区、直辖市）的行政村原则上控制在30%左右。贫困村的确定程序为，各省（自治区、直辖市）将贫困村识别规模逐级分解到乡镇，符合条件的行政村采取“村委会自愿申请、乡镇人民政府审核、县扶贫开发领导小组审定”的流程进行。贫困村需填写《贫困村登记表》，内容包括基本情况、发展水平、基础设施状况、生产生活条件、公共服务情况、帮扶情况和帮扶成效七个方面。截至2010年底，全国共有12.6

① 兰玲玲：《兵团扶贫攻坚，如何啃下“硬骨头”?》，2016年4月14日《兵团日报》。

万个贫困村实施了整村推进，占贫困村总数的84%。“十二五”期间，我国规划完成了30000个贫困村整村推进和200个贫困乡镇的整乡推进。

此外，21世纪10年代中期，一些地方调整脱贫攻坚思路，针对以县为单位连片扶贫开发范围过大、效果难以体现，以村为单位整体推进范围太小、资源难以整合的实际，研究确定贫困乡镇，探索扶贫开发整乡推进模式。具体要求为同时满足“一高一低”标准：即乡镇贫困发生率比全省贫困发生率高一倍以上，乡镇农村居民人均纯收入低于全省平均水平的60%；全省贫困乡镇占全省乡镇总数不超过35%。有意见认为，整乡推进是缩小了的整县推进、放大了的整村推进，更有利于统筹协调行政区域内的资源优势和便利条件，在更大区域内谋划布局产业发展，更有利于充分调动基层干部群众的积极性，是推进脱贫攻坚与区域发展相结合的有效平台和重要抓手。

四、深度贫困地区

深度贫困地区是脱贫攻坚的坚中之坚，是决定脱贫攻坚进展和成效的关键区域。2017年9月，我国发布了《关于支持深度贫困地区脱贫攻坚的实施意见》，明确西藏、四省藏区（青海藏区、四川藏区、云南藏区、甘肃藏区）、南疆四地州（新疆喀什地区、和田地区、阿克苏地区、克孜勒苏柯尔克孜自治州）和四川凉山州、云南怒江州、甘肃临夏州（以下统称“三区三州”），以及贫困发生率超过18%的贫困县和贫困发生率超过20%的贫困村，都属于深度贫困地区。各省份据此确定了本省份的深度贫困区域范围，全国共确定了334个深度贫困县。

2018年到2020年，中央财政对深度贫困地区投入的资金达到2140亿元，其中用于“三区三州”的将近一半，达1050亿元。其中，2019年中央财政专项扶贫资金中，专门安排“三区三州”144亿元。

深度贫困地区（贫困县、贫困村）的致贫原因和贫困现象有许多共同点。

一是集革命老区、民族地区、边疆地区于一体。深度贫困县中，有革命老区县55个，少数民族县113个。自然地理、经济社会、民族宗教、国防安全等问题交织在一起，加大了脱贫攻坚的复杂性和难度。

二是基础设施和社会事业发展滞后。深度贫困地区生存条件比较恶劣，自然灾害多发，地理位置偏远，地广人稀，资源贫乏。西南缺土，西北缺水，青藏高原缺积温。这些地方的建设成本高，施工难度大，要实现基础设施和基本公共服务主要领域指标接近全国平均水平难度很大。

三是社会发育滞后，社会文明程度低。由于历史等方面的原因，许多深度贫困地区长期封闭，同外界脱节。有的民族地区，尽管解放后实现了社会制度跨越，但社会文明程度依然很低，人口出生率偏高，生病不就医、难就医、乱就医，很多人不学汉语、不识汉字、不懂普通话，大孩子辍学带小孩。有的地区文明法治意识淡薄，家族宗教势力影响大，不少贫困群众沿袭陈规陋习，有病不就医靠信教、搞法事，婚丧嫁娶讲排场、搞攀比，“一婚十年穷”。不少群众安于现状，脱贫内生动力严重不足。

四是生态环境脆弱，自然灾害频发。深度贫困地区往往处于全国重要生态功能区，生态保护同经济发展的矛盾比较突出。还有一些地方处在地质灾害频发地带，“十年一大灾、五年一中灾、年年有小灾”，实现脱贫和巩固脱贫成果都存在很大不确定性。

五是经济发展滞后，人穷村也穷。很多深度贫困村发展产业欠基础、少条件、没项目，少有的产业项目结构单一、抗风险能力不足，对贫困户的带动作用有限。深度贫困县村平均集体收入只有8800多元，同所有贫困县平均5万元相比，差距较大。①

此外，中国还针对赣闽粤原中央苏区、陕甘宁、左右江、大别山、川陕等革命老区，“以支持贫困老区为重点，全面加快老区小康建设进程，把贫困老区作为老区开发建设的重中之重”，要求各级党委和政府把加快老区开发建设作为“一把手工程”，把扶持老区人民脱贫致富作为义不容辞的责任。

第四节　2020之后不会消失的贫困

我国作为全球人口最多的发展中国家，将长期处于社会主义初级阶段，发展不平衡不充分将长期存在。2020年打赢脱贫攻坚战的后贫困时代，消除的只是绝对贫困现象，相对贫困问题依然存在：届时无论国家是否公布新的扶贫标准，中国城乡贫困人口不会自动消失，总人数达到数千万之巨（仅社会救助对象就有4000多万人），欠发达地区（届时的贫困地区）仍然存在。

一、2020后贫困时代的贫困人口

一方面，现行农村建档立卡贫困人口是按照扶贫标准（相当于2010年

① 习近平：在深度贫困地区脱贫攻坚座谈会上的讲话，http://cpc.people.com.cn/n1/2017/0831/c64094-29507970.html。

2300 元不变价）确定的，调整扶贫标准会影响贫困人口规模。另一方面，社会救助兜底保障的这一部分“不救不活”群体是客观存在的，他们当中的绝大多数人并不会在 2020 年及之后成为“富人”而退出救助帮扶。因此，2020 后贫困时代，无论国家是否公布新的扶贫标准，我国城乡贫困人口仍然存在，且数量达到数千万之巨。具体构成如下：

1. 存量贫困人口

主要是指 2020 后贫困时代仍然存在的贫困人口。包括：一是社会救助对象，即已经享受社会救助且不享受救助难以维持基本生活的“不救不活”群体。这一部分人群理所当然是贫困人口，主要包括城乡特困人员救助供养对象、城市最低生活保障对象、农村最低生活保障对象，以及其他诸如传统救济对象、生活无着流浪乞讨人员、孤儿等需要救助帮扶的群体。二是建档立卡贫困人口（部分与最低生活保障对象、特困人员救助供养对象重合）。按现行政策，贫困村退出标准第一条就是贫困村当年度贫困发生率（贫困人口/本村农业人口）要低于 2%；贫困县摘帽标准第一条是贫困县综合贫困发生率（贫困人口/全县农业人口数）低于 2%（西部地区贫困县低于 3%）。由此判断，一些脱贫摘帽的贫困村、贫困县仍有 2% 或 3% 以下不等的农村人口。三是困难职工。家庭人均收入略高于当地最低生活保障标准的最低生活保障边缘户、长期在城市生活的贫困农民工等人群，在 2020 后贫困时代仍然需要救助帮扶。

2. 增量贫困人口

是指 2020 后贫困时代有极大概率陷入生存困境的贫困人口。主要包括下列人员：一是易地搬迁产生的新贫困人群。按照现行政策，建档立卡贫困人口居住在六种“一方水土养不起一方人”区域的要进行易地搬迁。实施整村搬迁的，非建档立卡贫困人口也须同时同步搬迁（称为随迁户）。大量建档立卡贫困人口和随迁户进城入镇之后，其中无稳定收入来源又不能享受城市最低生活保障或其他救助者，会因城镇生活成本的提高而陷入困境，成为新贫困户。二是大型工程移民、生态移民等政策性移民产生新贫困人群。因大型工程（如大型水电站）建设、生态环境保护等的需要而搬离原住地的城乡居民，在享受各项移民政策后家庭基本生活仍然出现较大困难者，将成为新贫困人口。三是生活临时陷入急难境地的城乡贫困人群。贫困边缘人口中有近 300 万存在致贫风险；城乡居民家庭成员遭受意外事件、意外伤害或死亡导致基本生活暂时出现较大困难者；家庭主要劳动力罹患重病、失踪、入狱服刑、财产遭强制执行或冻结、因经济性因素有自杀之虞者。四是供给侧改革去产能过程中失业且无力维系基本生活者。五是脱贫后因疾病等各种因素返贫人员。中国已脱贫人口中有近200万人存在返贫风险。

需要强调的是，如果2020年之后，国家继续公布扶贫标准且扶贫标准与农村最低生活保障标准不一致，则统计意义上的新的农村贫困人口会持续出现。

二、2020后贫困时代新的贫困地区

国家统计局报告显示，新中国成立70年来，我国区域经济发展不断迈上新台阶，区域板块之间融合互动，区域发展协调性持续增强，区域发展差距呈缩小态势。但我国发展不平衡不充分的问题将长期存在。

1935年，34岁的国立中央大学地理系主任胡焕庸，在《地理学报》发表了其代表作《中国之人口分布》。当时，他搜集整理了全国各地区的人口数据，精确到县级单元尺度，绘制出中国第一张人口分布图和人口密度图，并提出了“黑龙江瑷珲（今黑河市）—云南腾冲”的人口地理分界线。在分界线的东南方，36%的国土居住着96%的人口，这些地区海拔低，平原、水网、丘陵、喀斯特和丹霞地貌为主要地理结构，受东南季风影响，降水充沛，气候积温高，适合农作物生长和人类生存，自古以农耕为经济基础。在分界线的西北方，64%的国土居住着4%的人口，人口密度极低，这些地区以高原、横断山脉、荒漠地带为主，西南季风受到喜马拉雅山阻挡，东南季风也很难到达，水资源匮乏，生存环境恶劣。这条人口地理分界线就是著名的“胡焕庸线”①。

“胡焕庸线”是20世纪中国地理学界最重要的发现之一。这条线所揭示的我国人口“东密西疏”格局，经历80多年的岁月淘洗，至今没有发生根本性变化。每次人口普查，“胡焕庸线”东西两侧的比例都没有出现超过1%的变化。2010年的第六次人口普查显示，东侧人口仍然占到93.7%——近80年间，东侧人口累计仅减少2.3%。专家还大胆预言，“胡焕庸线”的稳定性将

---

① 有人称“胡焕庸线”是“经济、资源、产业与路网的最具标志性的分界线”，是“解读中国的人口分布、区域平衡、城镇经济、历史人文、生态文明与自然环境最好的注脚”；“是新经济、新模式的分界线，也是财富的分界线，更是繁华与寂寥的分界线”。有人用诗词形容，“胡焕庸线”东边是“绿树村边合，青山郭外斜”“杏花春雨江南”；西边则是“大漠孤烟直，长河落日圆”“白马秋风塞上”。有人还发现，中国400毫米等降水量线（半湿润区和半干旱区的分界线）、二三级阶梯分界线、古代农耕和游牧民族分界线、“八纵八横”高铁网、春运迁徙路线，甚至QQ同时在线人数，都有意无意与“胡焕庸线”基本重合。一张广泛流传的夜晚灯光图也显示，夜晚的中国在“胡焕庸线”东南部更亮。

长期存在。

“胡焕庸线”真的跨越不了吗？《数字经济助力中国东西部经济平衡发展》的研究报告表明，2013 年至 2018 年期间，“胡焕庸线”东西部两侧的电商数量比值差距下降了 28%；2011 年至 2018 年期间，数字金融覆盖广度，东西部差异下降了 26%；2014 年至 2018 年间，东西部物流到货时间差距缩小了 9.25%。相对应地，西部地区的经济总量占全国的比重，从 2011 年的 18.7% 提升到 2018 年的 20.1%；货物贸易占比则从 2011 年的 4.3% 提升到 2018 年的 8.0%。[①]

再看中国东北的“铁锈”问题——铁锈地带（Rust Belt）泛指曾经工业繁盛，如今已衰退的地区。美国五大湖区、德国鲁尔区、伦敦工业区都曾是铁锈地带——中国东北曾被称作“共和国长子”。20 世纪 50 年代，东北经济总量一度占全国的三分之一以上，其中工业占 85%。改革开放以来，东北经济错过了工业化更新改造升级的良机，因固守原有的发展模式而一步步陷入了困境，经济地位不断下滑。近年来，东北地区经历了持续的衰退，普遍出现了经济发展的“铁锈化”问题，且日益严重——无论是用 GDP 总量、财税收入、用电量、人口流动和资金流向，还是以科技创新、注册企业数量、高铁线路和产业结构形态特别是战略性新兴产业等指标追踪衡量，都表现得十分明显[②]。根据恒大研究院报告《中国城市发展潜力排名：2019》，东北有 30 座城市位列全国 200 名之后，占本区域地级单位个数的 83.3%。“投资不过山海关”成为盘桓于东北地区的魔咒。东北怎么啦？如何走出颓势？

2019 年，这个魔咒开始逐步被破解。辽宁省经济走出最困难时期，时隔 5 年重返合理区间[③]，GDP 增速稳中有进；吉林省经济运行保持了总体平稳的发展态势；黑龙江省固定资产投资快速提升。东北各地的体制机制、营商环境等也在不断改善，“孔雀东南各自飞，投资不过山海关”的负面现象正在得到改变。当然，如今东北地区的发展速度与质量同全国相比仍有较大的差距。

“胡焕庸线”和东北的“铁锈”问题不是简单的个案。放眼全国，2020 后贫困时代的相当一段时期内，由于自然地理条件、既有发展基础、资源的

---

① 匡贤明：用新经济跨越“胡焕庸线”，http://finance.people.com.cn/n1/2019/1216/c1004-31508244.html。

② 刘志彪、徐宁：《东北经济“铁锈化”问题的根源与破解之道》，载《中国国情国力》2019 年第 12 期，第 10—12 页。

③ 辽宁经济增速 6.1%，时隔 5 年重返合理区间！http://finance.people.com.cn/n1/2019/0429/c1004-31057176.html。

空间配置、各地的“地区导向政策”（发展路径选择）、无序开发与恶性竞争等因素，不同地区、不同省域或各省域内部不同县份之间的经济、政治、社会、文化、生态等仍然会存在发展差距，区域分化现象不会很快消除，区域发展不平衡不充分问题依然不同程度存在——相较于发达地区，届时全国仍然会有相当一部分的落后地区，它们将成为新的贫困地区。

本章小结

中国的贫困标准包括扶贫标准和社会救助标准。通常意义说的贫困标准为扶贫标准。1978 年以来，中国采用过三条基于不同生活水平的扶贫标准，分别是“1978 年标准”“2008 年标准”和“2010 年标准”。现行农村贫困标准为“2010 年标准”，是按 2010 年价格每人每年 2300 元所确定的扶贫标准。社会救助标准主要是最低生活保障标准，是依据维持居民基本生活所必需的吃饭、穿衣、用水、用电、燃气、住房、子女教育等费用确定的保障标准，并随着当地生活必需品价格变化和人民生活水平提高适时调整，既是精准识别社会救助对象的标尺，也是确定社会救助待遇的主要依据。

中国的贫困人口，包括城市贫困人口和农村贫困人口，及在城乡间流动的贫困人口。具体类别为：农村建档立卡贫困人口、城乡最低生活保障对象、城乡特困人员救助供养对象、传统救济对象、困难职工家庭等。

中国的贫困地区包括 14 个集中连片特困地区、832 个贫困县和 12.8 万个贫困村。其中很多贫困区域或地处西部地区，或东北地区，或革命老区，或原中央苏区，或边疆民族地区等。334 个贫困县地处深度贫困地区（深度贫困县）。

2020 后贫困时代，无论国家是否公布新的扶贫标准，中国城乡贫困人口不会自动消失，包括存量贫困人口和增量贫困人口，总量有数千万之巨。欠发达地区（届时的贫困地区）仍然存在。

第三章　中国贫困治理的创新与成效

誓言，乃相互约定的具有约束力的话。《书·汤誓》载："尔不从誓言，予则孥戮汝，罔有攸赦。"大意是，你们不遵守誓言，就将你们降成奴隶，或者杀死你们，不会有所赦免。

脱贫攻坚实践中，誓言并不少见。西部某县的誓言如下：

"为打赢脱贫攻坚战，我郑重宣誓：从今天起，以工作为担保、职位作抵押，全力以赴，坚韧求成，苦战60天，打好脱贫攻坚'五大战役'，补齐弱项和短板。坚决做到人在阵地在，攻无不克、战无不胜，发誓与××镇共存亡，用宁愿站着生也不坐着死的精、气、神和铁齿铜牙啃下脱贫攻坚最后这块硬骨头，冲出一条血路，绝不拖全县脱贫摘帽的后腿。如不能按时完成工作任务，主动接受组织一切处理，绝无半点怨言。宣誓人×××"

脱贫宣誓并非该县的首创。中西部很多县都搞脱贫攻坚的誓师大会或宣誓仪式，目的是鼓舞士气、集中力量，冲刺脱贫攻坚战。

宣誓只是形式。驻村干部还要做"最能打"的扶贫干部，就是成为贫困识别最精准的"调查员"，群众需求解决最及时的"贴心人"，致富项目最科学的"策划人"，基层党建最积极的"教导员"。

不仅如此，中西部省份的党政一把手也有新动作。

为如期完成脱贫攻坚任务，中国22个省份的党政一把手同时向中央签下军令状；省、市、县、乡、村的五级书记，层层签订脱贫攻坚责任书或军令状。这在共和国历史上前所未有。

"系列减贫政策+临战出征干部"，中国开展了世所罕见的大规模减贫行动。有评论认为："中国正在推行的脱贫攻坚行动，将会成为全球反贫困事业的教科书。"

近年来，中国出台了一系列的减贫文件，围绕减贫目标大力推进制度创新，对贫困人口实施特惠政策，扶持贫困地区发展，开展了举世瞩目的贫困治理创新实践，以确保到2020年现行标准下农村贫困人口实现脱贫，贫困县全部摘帽，解决区域性整体贫困，做到脱真贫、真脱贫。

第一节　贫困治理的实践创新

中国的贫困治理围绕解决好“扶持谁”“谁来扶”“怎么扶”“如何退”四个基本问题，实行“五个一批”即“发展生产脱贫一批，易地扶贫搬迁脱贫一批，生态补偿脱贫一批，发展机遇脱贫一批，社会保障兜底一批”，做到“六个精准”即“扶持对象精准、项目安排精准、资金使用精准、措施到户精准、因村派人（第一书记）精准、脱贫成效精准”，构建脱贫攻坚四梁八柱顶层设计与制度保障，形塑专项扶贫、行业扶贫、社会扶贫等多方力量、多措并举有机结合和互为支撑的大扶贫格局，大胆探索推进贫困治理创新。

一、嵌入国家重大战略布局的贫困治理目标

中国立足国家重大战略布局，优化贫困治理目标。综合脱贫攻坚顶层设计有关文件，中国减贫的基本目标是：到 2020 年，确保现行标准下农村贫困人口实现脱贫，消除绝对贫困；确保贫困县全部摘帽，解决区域性整体贫困；实现贫困地区农民人均可支配收入增长幅度高于全国平均水平，基本公共服务主要领域指标接近全国平均水平。这是中国贫困治理具有里程碑意义的目标，也是贫困治理相关制度设计及执行的基本前提。

这一目标，是国家把脱贫攻坚嵌入“五位一体”总体布局和“四个全面”战略布局，作为实现第一个百年奋斗目标的底线任务而作出的一项重大部署。

之所以选择 2020 年，因为 2020 年是“两个一百年”奋斗目标的历史交会点。具体来说，就是到建党一百年时，全面建成惠及十几亿人口的更高水平的小康社会，使经济更加发展、民主更加健全、科教更加进步、文化更加繁荣、社会更加和谐、人民生活更加殷实。这是中国共产党向人民作出的庄严承诺。贫困人口全部脱贫是全面建成小康社会的底线任务、标志性指标，是三大攻坚战之一。因此，必须“确保到 2020 年所有贫困地区和贫困人口一道迈入全面小康社会”。

二、以贫困线为主的目标瞄准、监测与退出机制

贫困线是瞄准机制、监测机制与退出机制的基石。中国坚持以贫困线为

主，实行“贫困人口＋贫困地区”的瞄准、监测与退出机制。

1. 以扶贫标准确定建档立卡贫困人口

中国先后制定实行“1978 年标准”“2008 年标准”和“2010 年标准”三个扶贫标准。各地将农业户籍农村常住人口家庭人均纯收入当年扶贫标准，且符合相应条件者纳入建档立卡贫困户。很多地方结合实际，不断健全完善建档立卡贫困人口的精准识别与动态调整机制。如贵州等地探索提出以“五看法”精准衡量贫困户，即“一看房，二看粮，三看劳动力强不强，四看家中有没有读书郎，五看有没有病人躺在床”。

2. 以社会救助标准确定救助帮扶人群

各地以最低生活保障标准为判断依据，将家庭人均收入低于当地最低生活保障标准的城乡居民，确定为城乡最低生活保障对象。将“三无”人员确定为特困人员救助供养对象。

3. 以综合性标准确定贫困地区

中国根据贫困发生率和农民人均纯收入等因素确定 832 个贫困县，12.8 万个贫困村。国家依据地理位置及经济社会发育程度等因素，将地理位置相连的跨行政区划的欠发达县域，确定了 14 个集中连片特困地区。依据民族分布及贫困发生率等因素，划定“三区三州”、334 个深度贫困县，及一大批深度贫困村等深度贫困地区。

4. 以综合性标准确定退出机制

各地结合实际确立了以贫困线、贫困发生率等为基础的贫困户、贫困村、贫困县的退出标准。其中，贫困户退出标准主要为“一达标、两不愁、三保障”；贫困村退出标准为贫困发生率降至 2% 以下（西部地区 3% 以下），并统筹考虑村内基础设施、基本公共服务、产业发展、集体经济收入等综合因素；贫困县退出以贫困发生率为主要衡量标准，即全县贫困发生率降至 2% 以下（西部地区 3% 以下）。

5. 建立完善贫困监测预警机制

在国家层面，1997 年，国家统计局等部门建立国家农村贫困监测体系，重点监测 592 个贫困县的农村居民收入、农村贫困人口规模和贫困发生率等核心指标。2012 年，中国依托全国居民收支与生活状况调查和国家农村贫困监测调查[①]两大系统，进一步完善贫困监测预警体系。

三、兼顾保生存与促发展的减贫措施

在中国的减贫实践中，贫困是多维度的。中国政府随着经济社会的发展不断拓宽贫困的维度，并针对贫困人口和贫困地区作出更加多维的制度安排。

1. 保障贫困人口的生存与发展

各地以“两不愁、三保障”为基本目标，促进贫困人口发展。其中，“不愁吃、不愁穿”是解决贫困群众维持个体生命的基本需求，属于生存的维度。而“义务教育、基本医疗、住房安全有保障”则是强调促进贫困群众发展的基本能力，属于发展的维度。此外，各地采取有效措施解决贫困群众的行路难、吃水难、用电难、通信难等问题，通过发展产业、转移就业、易地搬迁、生态保护、兜底保障、社会扶贫等各种方式与途径减贫，最终目的都是为了实现贫困人口向非贫困人口的转移，促进贫困人口发展。近年来，中国加大对贫困地区尤其是深度贫困地区的扶持力度，共实施扶贫产业项目超 98 万个，累计建成各类扶贫产业基地 10 万个以上；全国 92% 的贫困户已参与到产业发展中，67% 的已脱贫人口主要通过发展产业实现脱贫[②]。很多地方推行“新型学徒制”，由企业与技工院校、职业院校、职业培训机构采取企校双师带徒、工学交替培养等模式共同培养贫困学生，把贫困学生培养成新型技能人才，既圆了贫困学生的上学梦，又解决了他们的就业等问题。

2. 促进贫困地区跨越式发展

各地在脱贫攻坚实践中，统筹各类资源和要素，推动贫困地区弯道超车、跨越发展。首先，补齐基础设施和公共服务短板。很多地方采取得力措施，有效解决了农民群众的出行、吃水、用电、通信、上学、就医和住危房等问题。进一步完善农村社会保障体系，优化医疗保障政策，发展学前教育、义务教育、高等教育等提高群众的素质与技能，为贫困地区的跨越发展累积基

① 全国居民收支与生活状况调查主要是反映全国和各省份的农村贫困状况，调查范围覆盖全国，采取分层、多阶段、与人口规模大小成比例的概率抽样方法，在全国抽取了约 16 万个居民住户进行调查，样本分布在所有城市市区和 1/3 的县。国家农村贫困监测调查主要是反映连片特困地区和贫困县的贫困状况及参与脱贫攻坚项目情况，在与全国居民收支及生活状况调查共享部分样本基础上，扩充样本调查贫困地区，抽取了 6.2 万个居民住户进行调查。数据采集采取调查户记家庭收支日记账与调查员访问调查相结合的方式。统计报告、贫困监测报告是形式。

② 乔金亮：《让贫困户更多参与产业发展》，2020 年 2 月 3 日《经济日报》。

础条件与人力资本。其次，不断健全完善现代经济体系。各地结合实际，不断创新实施良种良法、“党支部+合作社”等模式，探索农业保险试点，推进传统农业转型升级，发展壮大特色产业；建立扶贫产业园、工业园，大力发展现代服务业，构建现代经济体系，为贫困地区发展提供持续的支撑与动力。最后，强化生态环境建设。坚持“两山”理论，强化环境保护和河湖治理，做好“生态+”大文章，为绿色发展高质量发展打牢基础。作为国家级贫困县，福建省武平县围绕“生态立县、工业强县、旅游富民”总体发展战略，紧盯改革开放水平不断提升、经济社会健康发展、生态环境不断优化和社会事业全面发展的目标，一任接着一任干，一张蓝图描到底，走出了一条从山区贫困县到“国家园林县城”“全国文明城市”“首批国家全域旅游示范区”，以及福建省“县域经济发展十佳县”的绿色崛起之路。

四、跨部门减贫机构主导的多元减贫组织体系

中国构建起在党委政府领导下的以跨部门减贫机构、业务主管部门、对口帮扶单位、驻村工作队等为主的多元组织体系。

1. 跨部门减贫机构

主要包括扶贫开发领导小组和社会救助联席会议等。

扶贫开发领导小组。在国家层面，中国于1986年5月16日成立国务院贫困地区经济开发领导小组。该领导小组1993年改为国务院扶贫开发领导小组。国务院扶贫开发领导小组下设办公室，负责领导小组的日常工作。在地方层面，省、市、县各级也成立相应的扶贫开发领导小组。

全国社会救助部际联席会议。在国家层面，中国建立了由20多个部门组成的全国社会救助部际联席会议制度，民政部为联席会议牵头单位，民政部部长担任联席会议召集人。在地方层面，社会救助跨部门领导机构有不同的形式，如湖南省为省城乡社会救助体系建设工作领导小组，副省长担任领导小组组长；多数省（自治区、直辖市）建立社会救助（工作）联席会议制度，分管社会救助工作的副省长（副主席、副市长）任总召集人。很多市、县也形成了社会救助（工作）联席会议。

2. 减贫业务主管部门

主要包括解决贫困人口温饱问题（基本生活救助和临时救助）的民政部门，主管贫困人口医疗、子女上学、住房、就业、灾害救助等的医疗保障、教育、住房与城乡建设、人力资源社会保障、应急管理等部门，贫困人口家

庭经济状况核查涉及的人民银行、银保监会、证监会、公安、工商、税务、住房公积金管理、不动产登记、法院、统计等部门，主管减贫资金、资源与项目管理的财政、发展改革等部门，贫困地区经济社会发展涉及的交通、工业与信息、电力、水利、自然资源等部门。这些部门借助科层制分别管辖相应的减贫与发展事务。

3. 对口帮扶单位

在国家层面，310 多个中央和国家机关单位定点扶持贫困县；北京、天津等9省（直辖市）对口帮扶内蒙古、河北等 14 个省（区、市）[①]。在地方层面，中西部地区的省、市、县、乡四级行政机关、事业单位等直接联系贫困村或贫困户，实行对口帮扶。据统计，全国共有 17.68 万个党政机关事业单位参与结对帮扶工作。

4. 驻村工作队

驻村工作队是从县级以上各级国家机关、国有企业、事业单位选派长期驻扎在村参加帮扶工作的人员。每个驻村工作队一般不少于 3 人，每期驻村

---

① 东部9个省（市）和13个城市对口帮扶西部12个省（区、市），实现了对30个民族自治州结对帮扶的全面覆盖。具体的对口帮扶为：

1. 北京市帮扶内蒙古自治区、河北省张家口市和保定市。
2. 天津市帮扶甘肃省、河北省承德市。
3. 辽宁省大连市帮扶贵州省六盘水市。
4. 上海市帮扶云南省、贵州省遵义市。

5－1. 江苏省帮扶陕西省、青海省西宁市和海东市；
5－2. 苏州市帮扶贵州省铜仁市。
6－1. 浙江省帮扶四川省；
6－2. 杭州市帮扶湖北省恩施土家族苗族自治州、贵州省黔东南苗族侗族自治州；
6－3. 宁波市帮扶吉林省延边朝鲜族自治州、贵州省黔西南布依族苗族自治州。
7－1. 福建省帮扶宁夏回族自治区；
7－2. 福州市帮扶甘肃省定西市；
7－3. 厦门市帮扶甘肃省临夏回族自治州。
8－1. 山东省帮扶重庆市；
8－2. 济南市帮扶湖南省湘西土家族苗族自治州；
8－3. 青岛市帮扶贵州省安顺市、甘肃省陇南市。
9－1. 广东省帮扶广西壮族自治区、四川省甘孜藏族自治州；
9－2. 广州市帮扶贵州省黔南布依族苗族自治州和毕节市；
9－3. 佛山市帮扶四川省凉山彝族自治州；
9－4. 中山市和东莞市帮扶云南省昭通市；
9－5. 珠海市帮扶云南省怒江傈僳族自治州。

时间不少于2年，驻村期间不承担原单位工作；驻村工作队长一般为处科级干部或处科级后备干部。目前，全国派出以扶贫为主要任务的驻村工作队25.5万个、驻村干部91.8万人。

五、以涉农资金整合和社会帮扶为重点的减贫资源支持

整合各类涉农资金，提高资金使用效率，广泛动员社会资源参与脱贫攻坚，是中国贫困治理最重要的资源保障。

1. 涉农资金整合

我国的扶贫资金主要包括中央和地方财政资金（专项资金）、以工代赈资金、扶贫贴息贷款等。《国务院关于探索建立涉农资金统筹整合长效机制的意见》（2017）要求，按照涉农专项转移支付和涉农基建投资两大类，对交叉重复的中央涉农资金予以清理整合。中央涉农资金实行“大专项＋任务清单”管理模式。任务清单按照专项转移支付、基建投资两大类，分别由财政部、国家发展改革委衔接平衡，依据两部门的职责分工，各自会同有关部门按照因素法、项目法等方式分配中央涉农资金，以大专项为单位，实现涉农资金和任务清单集中同步下达。2017年以来，全国832个贫困县开展涉农资金整合，尽可能在“大类间打通”“跨类别使用”，做到“应整尽整”。

各地按照“渠道不乱、用途不变、统筹安排、形成合力、各记其功”的基本要求，将有限的涉农涉牧资金整合捆绑使用，促进资金整体效益发挥。据统计，2016—2018年，中国832个贫困县累计整合各级各类涉农资金超过9000亿元，其中2018年整合涉农资金3283亿元。2019年上半年，全国832个贫困县实际整合涉农资金2343亿元。

2. 社会帮扶

中国政府积极动员社会力量参与减贫，引导支持社会帮扶资源向贫困村、贫困户流动，有效促进精准扶贫。各地结合实际情况，突出抓好帮扶体系建设，组建了“村企结对”“高校结对”及“医疗帮扶”等各种帮扶模式，充分调动社会力量，形成全社会共同参与的大扶贫格局。据不完全统计，中国正式立项开展脱贫攻坚的全国性社会组织共有686家，2018年共开展扶贫项目1536个，扶贫项目总支出约323亿元，受益建档立卡贫困人口约581万人；2018年全国近7000家省级社会组织专门立项开展了脱贫攻坚活动，投入资金近200亿元，受益贫困人口约1600万；34000余家民营企业参与脱贫攻坚。

六、以责任落实为抓手的减贫保障体系

建立完善的责任体系，实行科学规范的考核评价，强化党建引领扶贫等做法，既是脱贫攻坚实践的有效举措，也是打造中国特色贫困治理格局的重要保障。

1. 构建科学的责任体系

中国建立“中央统筹、省负总责、市县抓落实”的减贫责任体系。各地通过省、市、县、乡、村各级层层签订脱贫攻坚责任书或军令状等形式，进一步明确脱贫攻坚的具体责任，确保各项任务落到实处。“中央统筹”体现为：党中央、国务院主要负责统筹制定脱贫攻坚大政方针，出台重大政策举措，完善体制机制，规划重大工程项目，协调全局性重大问题、全国性共性问题。国务院扶贫开发领导小组负责全国脱贫攻坚的综合协调。“省负总责”要求，中西部22个省（自治区、直辖市）党委和政府对本地区脱贫攻坚工作负总责，并确保责任制层层落实。“市县抓落实”基本要求为：市级党委和政府负责协调域内跨县扶贫项目，对项目实施、资金使用和管理、脱贫目标任务完成等工作进行督促、检查和监督。县级党委和政府承担脱贫攻坚主体责任，负责制定脱贫攻坚实施规划，优化配置各类资源要素，组织落实各项政策措施，县级党委和政府主要负责人是第一责任人。

2. 完善考核评价办法

中国对中西部22个省（自治区、直辖市）党委和政府扶贫开发工作成效进行考核，其间从2016年到2020年，每年开展一次。多数省份出台了市级党委和政府扶贫开发工作成效考核办法，采取平时考核与集中考核相结合的方式，对辖区内各市的脱贫攻坚工作进行考核评价。此外，《中共中央国务院关于打赢脱贫攻坚战的决定》要求“建立对扶贫政策落实情况和扶贫成效的第三方评估机制”。一些省份出台相应的政策文件，如《安徽省脱贫攻坚第三方监测评估办法》（2016），陕西出台年度第三方评估工作方案，以切实提高脱贫攻坚的精准度、实效性和可持续性。

3. 党建扶贫

党建扶贫就是依托党的政治优势、组织优势和密切联系群众优势，把党组织作为脱贫攻坚的“主心骨”，实行省、市、县、乡、村五级书记抓脱贫，发挥党组织在脱贫攻坚中的核心作用，发挥基层党组织在脱贫攻坚中的战斗堡垒作用，带领全村群众脱贫致富。

4. 脱贫攻坚专项巡视与民主监督

中国出台脱贫攻坚督查巡查工作办法，对各地各部门落实中央决策部署开展督查巡查，2018 年 10 月至 11 月，十九届中央第二轮巡视对内蒙古、国家发展和改革委员会等 26 个地方、单位开展了脱贫攻坚专项巡视。支持民主党派中央开展脱贫攻坚民主监督，明确 8 个民主党派中央分别对口 8 个全国贫困人口多、贫困发生率高的中西部省区，开展脱贫攻坚民主监督[①]。加强与纪检监察、审计、财政、媒体、社会等监督力量的全方位合作，健全脱贫攻坚监督体系。

第二节　贫困治理的成效经验

一、减贫促进的发展

经过多年的实践，中国的反贫困取得了重大历史性成就，具有中国特色的现代贫困治理体系日益完善，贫困治理能力大幅提高，创造了人类历史上的减贫奇迹。

1. 直接效果

2020 年 3 月 12 日，国务院扶贫办宣布：经过 7 年多的精准扶贫，中国 832 个贫困县中，有 780 个摘帽，未摘帽的有 52 个。

一是贫困人口大幅减少。截至 2019 年底，中国有农村贫困人口 551 万，比上年末减少 1109 万人，下降 66.8%。三大区域 2019 年末农村贫困人口均减少，减贫速度均超上年。西部地区还有农村贫困人口 323 万，比上年减少 593 万人；中部地区有农村贫困人口 181 万，比上年减少 416 万人；东部地区有农村贫困人口 47 万，比上年减少 100 万人。从更长的历史看，中国农村贫困人口从 2012 年末的 9899 万人，减少至 2019 年底的 551 万人，累计减少 9348 万人，每年减贫人数均保持在 1000 万人以上。

二是农村贫困发生率大幅降低。截至 2019 年底，中国的贫困发生率为 0.6%，比 2018 年下降 1.1 个百分点。分省看，2019 年各省贫困发生率普遍下降至 2.2% 及以下。其中，贫困发生率在 1% ~2.2% 的省份有 7 个，包括广

① 民革中央对口贵州、民盟中央对口河南、民建中央对口广西、民进中央对口湖南、农工党中央对口云南、致公党中央对口四川、九三学社中央对口陕西、台盟中央对口甘肃。

西、贵州、云南、西藏、甘肃、青海、新疆；贫困发生率在 0.5%～1%的省份有 7 个，包括山西、吉林、河南、湖南、四川、陕西、宁夏。贫困发生率从 2012 年的 10.2%下降至 0.6%，累计下降 9.6 个百分点。

三是贫困人口可支配收入大幅增加，增速持续高于全国水平。2019 年，贫困地区农村居民人均可支配收入为 11567 元，比上年名义增长 11.5%，扣除价格因素，实际增长 8.0%；名义增速和实际增速分别比全国农村高 1.9 个和 1.8 个百分点。2013—2019 年，贫困地区农村居民人均可支配收入增速分别为 16.6%、12.7%、11.7%、10.4%、10.5%、10.6%、11.5%，年均名义增长 12.0%，扣除价格因素，年均实际增长 9.7%，实际增速比全国农村平均增速高 2.3 个百分点。2019 年，贫困地区农村居民人均可支配收入，是全国农村平均水平的 72.2%，比 2012 年提高 10.1 个百分点，与全国农村平均水平的差距进一步缩小①。全国建档立卡贫困户人均纯收入由 2015 年的 3416 元增加到 2019 年的 9808 元，年均增幅 30.2%。

四是贫困地区生产生活条件明显改善。脱贫攻坚以来，贫困地区的道路、电力、饮用水、住房和人居环境等保障生产生活的基础性条件，得到了极大改善。具备条件的建制村全部通硬化路，开通了贫困乡村旅游路、产业路、资源路。村村都有卫生室和村医，村民的基本医疗服务有了稳定的保障。10.8 万所义务教育薄弱学校的办学条件得到改善，群众不再为上学难发愁。农网供电可靠率达到 99%，深度贫困地区贫困村通宽带比例达到 98%，通信难问题得以解决。960 多万贫困人口，以及中西部 500 万非贫困人口，通过易地扶贫搬迁，彻底“挪穷窝、断穷根”。

2. 积极影响

事实上，中国的反贫困在不同的维度产生积极深刻的影响。

就一般群众而言，他们不仅直接从反贫困的基础设施、基本公共服务、产业发展和易地搬迁等政策中受惠，很多地区的群众收入增速持续高于全国农村平均水平，生活质量不断提高，而且增加了新的经济机会，增强了发展的意识与信心，拓展了发展空间。数据显示：2019 年，贫困地区农村居民人均工资性收入 4082 元，比上年增长 12.5%；人均经营净收入 4163 元，增长

① 2019 年全国农村贫困人口减少 1109 万人，http://www.stats.gov.cn/tjsj/sjjd/202001/t20200123_1724700.html。

7.1%；人均财产净收入159元，增长16.5%；人均转移净收入3163元，增长16.3%[①]。

就区域协调发展而言，大规模的减贫举措，补齐了贫困地区基础设施、产业发展与公共服务的短板，扩大了有效需求，优化了经济空间，提升了生态环境、社会服务、人力资源开发水平，极大改善了本地区发展条件。大规模的易地搬迁还改变了城乡人口结构，为新型城镇化和新型工业化发展注入了更多生机与活力，为本地区深入实施乡村振兴战略、推进高质量发展奠定了坚实基础。对口帮扶、东西部协作扶贫等进一步丰富了区域协调发展机制，“统筹发达地区和欠发达地区发展”迈上新的台阶。

就治国经邦而言，反贫困是培育历练干部的主阵地。近些年的脱贫攻坚实践，极大提升了广大干部的政治意识和思想认识，提高了他们的政策管理水平，健全完善了一线选拔干部机制，建立了一支甘于奉献、不怕吃苦、善于冲锋、敢打硬仗的“铁军队伍”，为持续推动落实国家各项重大发展战略、实现两个“一百年”奋斗目标提供了牢固高效的组织与干部人才保障，党在农村的执政基础更加巩固，基层治理能力和治理水平显著提升。

就全球贫困治理而言。一方面，中国积极开展南南合作，累计向近170个国家和国际组织提供援助资金4000多亿元，实施各类援外项目5000多个，为120多个发展中国家落实千年发展目标提供帮助[②]，支持和帮助其消除贫困，携手共建人类命运共同体。另一方面，具有鲜明中国特色的贫困治理体系，是输血造血相结合、公共基础设施与个人经济机会相结合、个体发展与区域发展相结合的一揽子措施方案，是全球贫困治理的关键组成部分，也是响应《2030年可持续发展议程》最鲜活最有效的制度创新。

二、贫困治理的中国经验

中国把发展作为解决贫困的根本途径，有组织有计划地开展大规模的脱贫攻坚行动，探索出一条有中国特色的减贫与发展之路，成为最早实现联合国千年发展目标的发展中国家，为全球减贫事业贡献了中国智慧和中国方案。

有人认为，中国特色减贫之路的核心内涵是：在全球化的背景下和国家改革开放促进现代化进程中，坚持党对扶贫开发的领导，以经济发展为带动

---

① 2019年贫困地区农村居民收入情况，http://www.stats.gov.cn/tjsj/zxfb/202001/t20200123_1724697.html。

② 国务院扶贫办综合司：《人类历史上最波澜壮阔的减贫篇章》，2019年9月18日《光明日报》。

力量、以增强扶贫对象自我发展能力为根本途径，政府主导、社会帮扶与农民主体作用相结合，普惠性政策与特惠性政策相配套，政府、市场、社会互动，专项扶贫、行业扶贫、社会扶贫联动，开发式扶贫与综合保障扶贫并重，脱贫攻坚与实施乡村振兴战略相衔接①。

事实上，中国近些年来能够实现高速发展与大规模减贫同步、经济转型与消除绝对贫困同步，主要得益于统筹推进减贫与发展方略的组织领导、精准施策、强化投入、补齐短板、社会参与、促进自我发展等具有中国特色的制度安排。

1. 强化组织领导是减贫根本

一方面，充分发挥中国共产党领导的政治优势和社会主义制度优势，始终坚持党对脱贫攻坚的领导，严格执行脱贫攻坚一把手负责制，省市县乡村五级书记一起抓脱贫，发挥好基层党组织在脱贫攻坚中的战斗堡垒作用；强化中央统筹、省负总责、市县抓落实的工作机制，层层落实脱贫攻坚责任。另一方面，把扶贫开发嵌入国家总体发展战略，纳入国家五年发展规划，在每年的全国人民代表大会《政府工作报告》中作为战略性任务进行部署，并作为对地方各级党政主要负责人和领导班子综合考核评价的重点内容。各部门各地区分阶段、有计划，集中力量组织开展大规模的专项扶贫行动，针对特定人群编制实施妇女儿童、残疾人、少数民族等发展规划。

2. 坚持精准施策是首要任务

中国不断完善精准扶贫政策工作体系，做到“六个精准”，实施“五个一批”，因村因户因人分类施策，切实提高减贫成效。首先，坚持以贫困线、贫困发生率等各种因素建立贫困瞄准、监测与退出机制，确保减贫对象精准。其次，出台有利于贫困地区、贫困人口发展的“1 + N”政策体系，注重开发式扶贫制度和社会保障制度相衔接，坚持普惠政策和特惠政策相结合，发挥政策叠加效应，既满足贫困人口和贫困地区发展的一般性需求，又对贫困群众、深度贫困地区格外关注、格外关爱、格外关心，给予特惠扶持。最后，加大督促检查和考核评估，强化专项巡视与“回头看”，确保减贫与发展的各项政策有效落实落地，确保脱贫人口实现“两不愁、三保障”、贫困地区实现减贫目标，坚决防止虚假脱贫。

---

① 黄承伟：全球贫困治理中的中国经验及启示，http://www.chinatoday.com.cn/zw2018/rdzt/fp/201810/t20181017_800144355.html。

3. 大力增加投入是基本保障

中国的脱贫攻坚建立了多元的筹资渠道，有巨额资金作为支撑。一是坚持政府投入作为减贫的主体资源，不断加大对脱贫攻坚的支持力度。据统计，2015—2019 年，中央财政累计安排财政专项扶贫资金 4311. 25 亿元，安排困难群众救助等补助资金约 7796 亿元。二是统筹整合使用农业发展领域行业间的涉农专项转移支付和涉农基建投资。进一步强化“三农”投入保障，加强涉农资金监管，解决涉农资金“九龙治水、各自为政”的乱象，提升涉农资金使用效益。三是强化金融扶贫。中国创新扶贫小额信贷产品，支持贫困农户发展产业和投资创业；设立扶贫再贷款，实行比支农再贷款更优惠的利率；鼓励和引导商业性、政策性、开发性、合作性等各类金融机构加大对扶贫开发的金融支持。

4. 补齐发展短板是重点领域

各地始终坚持基础设施建设先行和发展农业优先，解决制约贫困地区发展的短板问题。一是抓好基础建设。大力改善贫困地区的路、水、电、气、网络等基础设施，不断加大涉及发展生产和改善民生等方面的建设，为贫困地区发展创造良好的基础环境。二是提升农村人力资本。中国围绕“人人受教育，个个有技能，家家能致富”的目标，通过提高贫困地区基础教育的普及程度和办学质量，大力发展服务当地特色优势产业和基本公共服务的现代职业教育，实施中等职业教育协作计划，强化农村劳动力转移就业，促进高等教育与当地经济、社会、科技发展和城镇化建设深度结合，以及完善农村社会保障体系等措施，进一步加快农村人力资源开发，提升农村人力资本。三是强化产业扶贫。实行统筹城乡经济社会发展的方略和工业反哺农业、城市支持农村与“多予少取放活”的方针，以农业农村资源为依托，带动群众大力发展主导产业，构建以一二三产业融合发展为核心的乡村产业体系，全面促进区域经济社会发展，使贫困地区和农村贫困人口普遍受益。

5. 动员社会参与是重要基础

中国不断提升扶贫脱贫国家动员能力，运用好政府、市场与社会三种资源，为脱贫攻坚凝聚巨大的合力。一是构建了专项扶贫、行业扶贫、社会扶贫“三位一体”的大扶贫格局，建设国家扶贫开发大数据平台、省级扶贫开发融资平台、县级扶贫开发资金项目管理平台、贫困村扶贫脱贫工作落实平台和社会扶贫对接平台，充分调动和发挥各方面的积极性。二是提高东西部扶贫协作水平，加强党政机关定点扶贫，推进军队和武警部队帮扶，开展多党合作脱贫攻坚行动，动员民营企业、社会组织、个人参与脱贫攻坚，形成社会合力。三是开展教育扶贫、健康扶贫、金融扶贫、交通扶贫、水利扶贫、科技扶贫、劳务协作对接、危房改造与人居环境改善、中央企业革命老区百县万村帮扶、民营企业万企帮万村十大精准扶贫行动，实施干部驻村帮扶、职业教育培训、扶贫小额信贷、易地扶贫搬迁、电商扶贫、旅游扶贫、光伏扶贫、构树扶贫、致富带头人创业培训、龙头企业带动等十项精准扶贫工程，为精准扶贫精准脱贫提供强大支撑。

6. 促进自我发展是终极目标

中国始终坚持以人民为中心的发展思想，不断调整完善减贫与发展政策体系。首先，把解决贫困人口的基本生活作为头等任务。围绕“两不愁、三保障”目标，根据贫困群众的实际困难和需要，对贫困人口坚持做到“应扶尽扶，应保尽保”，稳定可持续解决贫困人口基本生活困难。其次，改善贫困地区生产生活条件，激发贫困人口脱贫致富的积极性、主动性、创造性，为他们提供大量就业机会，提升他们的自我组织能力、自我发展能力和参与市场竞争的能力，最终实现贫困人口自我发展。最后，充分发挥党组织战斗堡垒作用和党员先锋模范、致富带头人、乡贤等的示范引导作用，率领贫困群众共同培育适应扶贫开发和乡村振兴的致富产业，壮大集体经济，实现增收、脱贫、致富的目标，带动贫困群众发展。

第三节 贫困治理的挑战

中国现行反贫困政策有其特定的历史背景，加之“脱贫攻坚是最大的政治”，导致两个结果：一是反贫困认知有误区。认为建档立卡贫困人口和贫困县就代表了中国的全部贫困境况，扶贫开发（脱贫攻坚）构成了中国的反贫困整体格局，社会救助及工会帮扶等其他反贫困政策的地位与重要作用，未得到充分的理解和重视。二是反贫困政策梗阻。针对贫困人口的扶持政策交叉，扶贫开发政策与部分区域发展政策交叉，政策执行中的资源浪费、形式主义、瞄准偏离、执行梗阻等在一些地方不同程度存在，机械执行、变通执行和选择性执行没有杜绝①，政策失范现象是今后减贫与发

① 陈辉、陈讯：《精准扶贫实践中的政策执行偏差及其调适》，载《中共福建省委党校学报》2018 年第 9 期，第 86—92 页。

展过程中应当警惕和坚决反对的①——当前以贫困人口和贫困地区为瞄准对象、同步一体管理的减贫模式，在2020后贫困时代既无必要存续，也难以高效持续运行。

一、多维减贫政策与政策过多包含并存

中国针对贫困人口的扶贫开发（脱贫攻坚）、社会救助与工会帮扶等主体政策自20世纪80年代延续而来，政策衔接不够顺畅；脱贫攻坚与西部大开发，革命老区、原中央苏区、边疆民族地区等区域发展政策有交叉叠加，各项政策的资源配置与执行方式不同，影响政策效能。

1. 贫困人口多线多库、扶持政策多重交叉，形成不同的减贫板块

一方面，如前所述，建档立卡贫困人口是按扶贫标准确定，社会救助对象主要是按最低生活保障标准确定，困难职工家庭主要是依据城市最低生活保障标准确定。由此，中国反贫困形成了“多线”（扶贫标准、最低生活保障标准等）与“多库”（建档立卡贫困人口、城乡最低生活保障对象、城乡特困人员救助供养对象、困难职工等若干数据库）并存，并且数据库间有交叉现象（见表3－1）。

表3－1　中国2018—2019年城乡贫困人口各数据库情况　　单位：万人

年份	建档立卡贫困人口	农村低保对象	特困人员供养对象	纳入农村社会救助的建档立卡贫困人口	享受社会救助的建档立卡贫困人口占农村社会救助比重	困难职工（万户）	城市低保对象	纳入城市低保的困难职工（万户）
2018	1660	3520	482.3	1812	45.6%	93.27	1008	35.96
2019	551	3456.1	439.3	1857	47.7%		861	

注：本表的农村社会救助主要是农村最低生活保障和农村特困人员救助供养对象。

另一方面，扶贫开发、社会救助、工会帮扶等都立足解决贫困人口基本生活、医疗、教育、住房等方面的基本需求，但相关政策重合交叉。贫困人口多线多库并存、反贫困政策重叠交叉，导致中国的反贫困形成不同的板

① 政策失范是指在公共政策过程中，不同层级的政策规范之间，在主要条款或关键细节上发生的偏离，以及政策规范的执行结果与政策目的之间产生的偏离。见朱勋克：《公共政策失范及其政策管理研究——以农村最低生活保障对象的规定为例》，载《理论与改革》2010年第6期，第67—70页。

块——在2020年全部实现脱贫摘帽的高强度压力下，扶贫开发（脱贫攻坚）独树一帜，作为“兜底保障一批”的社会救助像是跑龙套，工会帮扶等反贫困政策几无声息。

2. 贫困地区适用多重发展政策，发展的支撑要素亟待整合

我国很多欠发达地区尤其是县市区域，既享受脱贫攻坚政策，又能享受西部大开发等政策，还可享受革命老区、原中央苏区等相关政策。表面看，一个县域能够享受脱贫攻坚与其他区域发展政策，各项政策资源叠加使用，对其经济社会发展似乎较为有利。然而，仔细分析发现，各项政策之间多规并行、内容交叉、管制重叠、标准不一，政策之间相互“打架”，地方在执行过程中，未能完全实现各项政策规定的目标。有的县反映，一些发展政策资金少项目小，像是撒胡椒面，办不了大一点的发展事项。西部不少县对多重发展政策无感，它们反映虽然地处西部，没有从西部大开发中得到多少对区域发展或民生保障有重大利好的政策，建议整合各种政策资源，集中力量解决制约县域发展的基础设施、教育与人力资本开发等关键问题。

3. 一些减贫政策过多包含、难以执行

中国政府作出打赢脱贫攻坚战的部署以来，一些地方没有认真学习研究、全面理解减贫政策文件，政策叠加与政策提标并不少见。一方面，把2020年全面建成小康社会的目标当成脱贫标准，在反贫困政策上加塞吊高胃口，搞过度扶持、福利叠加，贫困群众集各种好处于一身，与普通群众形成新的福利悬崖，引起建档立卡贫困人口与普通群众之间的分化，既不利于减贫与农村工作的开展，也不利于团结群众。另一方面，对本地减贫与发展的潜能估计不足，凭借惯常的“政治热情”“政治正确”，层层加码，不断丰富减贫指标、提高减贫标准，无端增加减贫与发展的难度与工作量。如西部地区有的省份在脱贫攻坚之初确定“695”的脱贫高标准，而到脱贫攻坚冲刺阶段“被迫”减为“571”标准——前后两个标准的变化体现为：一是新的“571”标准调整归并了“695”旧标准的相关内容，减少了一些过多包含的指标；二是“571”标准降低了一些具体标准的要求，减少了减贫工作的难度，如贫困户的教育、医疗、养老等保障指标，贫困县的退出指标等（见表3-2）。

表 3－2　某省贫困退出标准比较

类别	“695”标准	“571”标准
贫困户退出标准	①有人均可支配收入 ②有安全稳固住房 ③适龄青少年就学得到保障 ④基本医疗有保障 ⑤社会养老有保障 ⑥享受扶贫政策、资金、项目帮扶	（一）人均纯收入 （二）住房安全 （三）义务教育 （四）基本医疗 （五）饮水安全
贫困村退出标准	①贫困发生率 ②道路硬化到村 ③贫困村通电 ④贫困村通广播电视 ⑤贫困村通网络宽带 ⑥农村饮水有保障 ⑦卫生室建设 ⑧公共活动场所 ⑨适龄儿童少年有学上	（一）贫困发生率 （二）交通 （三）电力 （四）广播电视 （五）网络宽带 （六）医疗设施 （七）活动场所
贫困县退出标准	①贫困发生率 ②农村常住居民人均可支配收入增幅 ③贫困村退出 ④扶贫政策、项目、资金精准到户 ⑤实现县域义务教育发展基本均衡	主要指标：综合贫困发生率低于3% 参考指标：脱贫人口错退率低于2%，贫困人口漏评率低于2%，原则上群众认可度达到90%

二、多元减贫主体与能力方法不匹配

中国的反贫困实践，建立了与“中央统筹、省负总责、市县抓落实”、五级书记抓脱贫、各级党政部门按部门分工与科层制负责相应减贫工作等机制相适应的人力资源体系，包括驻村干部、第一书记、乡镇干部和村干部等，形成多管齐下的贫困治理体系创新①。中国打造了一支包括第一书记、驻村干部、乡镇扶贫干部和数百万村干部组成的专责减贫工作队伍。然而，从实践来看，反贫困责任主体多而杂乱，一些干部的能力方法与当地实际需求不匹配。

① 左停、金菁、李卓：《中国打赢脱贫攻坚战中反贫困治理体系的创新维度》，载《河海大学学报》2017 年第 5 期，第 6—12 页。

1. 村干部的能力素质与脱贫攻坚需求不适应

减贫一直是村庄治理的核心内容，村庄是减贫政策落地的“最后一公里”。一些地方的村庄治理难以适应减贫需要。一方面，村干部能力不足。村支“两委”人员老龄化严重、文化程度偏低，只能处理一些常规事务，不可能带领村民发展产业。有些地方推行“能人干部化、干部党员化”，企图追求“一个村干部致富、村庄基层组织威望提高、村民增收‘多赢’结果”①，在具体实践中面临巨大风险——村干部在技术、管理、市场化等环节的能力不足，由其带头负责的村庄发展项目也存在失败的风险。另一方面，村干部主观能动性不足。中国虽然没有推行村干部职业化，但村干部成为事实上的全职工作人员，加之报酬低、工作量大、工作要求高，以及第一书记、驻村工作队等专责脱贫攻坚工作，很多村干部的工作积极性主动性并不高。有村干部直言，脱贫攻坚政策的专业性强、技术要求高，还不时有变化，村干部难以吃透，具体落实工作就让驻村工作队去做——村干部的主要工作是为驻村工作队“带路”“防狗”（防止队员被狗咬），做好相应的“服务”。

2. 乡镇干部的数量配置及其专业能力与减贫需要不适应

乡镇是行政命令无条件生效的最低一级政府组织，也是农村直接面对不可逾越的最低层级政府组织。当前，缺编严重、缺人做事是中西部多数乡镇反映最强烈的共性问题。首先，乡镇工作人员数量不足。近年来，乡镇公务员和事业编受到严格限制。很多地方出台政策解决乡镇干部的频繁流动问题，要求在乡镇工作不满 5 年的人员一律不得调动，但对县或县以上机关的抽调和借调无法强行拒绝，且被抽调人员多为乡镇的业务骨干，乡镇人力资源短缺的现象比较突出，很多乡镇干部的工作不堪重负。其次，乡镇工作人员能力不足。有人形容乡镇干部是“万金油”“千斤顶”“灭火器”“出气筒”和“替罪羊”，面对上级众多领导和部门名目繁多的工作安排，哪项工作都不敢怠慢；面对农村千家万户，那件事都得处理好，不能出错。同时，乡镇工作人员的专业技能不足。在中西部很多乡镇，发展种养殖业或推进传统农业升级改造是减贫的重要内容，但乡镇的技术服务跟不上。最后，乡镇干部作用发挥受阻。脱贫攻坚以来，乡镇的资金资源更加富足，但很多乡镇干部顾忌产业发展的市场风险及脆弱性，不敢大胆开拓工作。大量的减贫资金闲置——如果乡镇自主使用，若项目失败会牵涉自己；如果给企业使用，又怕

---

① 孙兆霞、张建、曹瑞波、毛刚强：《政治制度优势与贫困治理》，长沙·湖南人民出版社，2018 年版，第 75 页。

产生乡镇干部与企业利益输送的嫌疑。在反腐败高压下，面对减贫及其他各项乡村工作，乡镇干部宁可选择消极作为，也要避免所有犯错误的可能①。

3. 驻村干部的综合素质及其专业技能与脱贫攻坚需要不完全匹配

在中西部很多村庄，驻村扶贫工作队员中，约30%的人员来自省、市（州）级机关，其余的由本县各部门和乡镇抽调。由于各级机关的工作重点及任务要求不同，导致派出的驻村人员素质参差不齐。一方面，各地要求挂包单位要派出能力强的优秀干部，但这些干部是派出单位的“顶梁柱”，他们必须承担起派出单位的核心业务，只能让那些业务能力相对弱的“边缘”干部去驻村。另一方面，大规模全方位的减贫是一项专业性很强的工作，驻村工作队员必须了解农业农村的专业知识及群众工作方法。在实践中，脱产长期驻村干部五花八门、良莠不齐，有的能力贫困，“谋良策促脱贫”观念陈旧、思路不清，群众工作方法不当；有的“熬资历”“等退休”“等摘帽”，缺乏带领群众脱贫解困、发展致富的热情与针对性举措。一些挂钩帮扶人员为“履行帮扶责任”，不定期到村“刷脸”“打酱油”，作用发挥有限。这种人浮于事“秀扶贫”现象在深度贫困地区并不少见。

三、减贫政策执行效果与预期目标偏离

减贫的要旨在于，系统解决长期困扰贫困人口与贫困地区发展的要素缺失和制度性障碍。然而，2018年中央脱贫攻坚专项巡视对26个巡视对象的反馈显示，有的地区和单位学习贯彻党中央脱贫攻坚决策部署不够精准，有的落实脱贫攻坚主体责任不够到位，有的落实脱贫攻坚监督责任有差距，有的对各项监督检查发现和反馈的问题整改落实不够到位，有的落实定点帮扶责任不够扎实。事实上，由于政策衔接不顺畅，制度隔离明显，一些地方落实反贫困措施不够精准有力，政策执行效果与预期目标存在不同程度的误差。

1. 扶贫工作重心偏离

个别地方工作时序混乱，到脱贫攻坚冲刺阶段，还在要求基层摸清底数；一些部门开展专项扶贫或提供某项服务，动辄就是排查摸底，劳民伤财不知何为。基层脱贫攻坚工作的文牍主义、形式主义严重，各种文件、表、卡、册等材料繁多。仅建档立卡贫困人口劳动力转移就业一项，有的地方档案资料就达20多种，且要求入户调查、精确填写，有的还要求建档立卡贫困人口

① 孙兆霞、张建、曹瑞波、毛刚强：《政治制度优势与贫困治理》，长沙·湖南人民出版社，2018年版，第84—88页。

在上面签字或按手印，驻村干部、村干部和贫困户对此极不耐烦。此外，上级各式各样的督察、督导、抽查、明察暗访、第三方评估、各种学习传达等较多，让基层不堪重负。据统计，有的贫困县在一年之内，迎接上级各部门及兄弟县市的督查检查、考评考核、考察调研共计 900 批次 5000 多人次。一些基层被迫用档案材料和样板户、样板村虚假迎检，“扎扎实实走程序，认认真真走过场”，看起来热热闹闹“减贫”，其实是“为完成任务”，没有把主要精力放在为贫困群众谋实惠、谋长远发展上。

2. 数字脱贫和样板脱贫并未禁绝

在“脱贫攻坚是最大的政治”高压下，各部门各地区的扶贫政策名目繁多，有的规定机械细碎、有的频繁变动，基层干部为图省事图“和谐”，搞“平均主义”“好人主义”，把建档立卡贫困人口、困难职工等纳入城乡最低生活保障，“错扶”“漏扶”等现象并未全部杜绝，导致一些政策待遇难以精准落实到位。很多地方高喊“脱贫攻坚是压倒一切的任务”，但实际工作中以点带面、以个案代替普遍，搞“样板工程”“数据脱贫”，把精准施策变“精准应付”。比如夸大脱贫项目成效或虚报建档立卡贫困人口实际收入，搞“数据脱贫”；有的集中资源解决公路边、村道旁的建档立卡贫困人口脱贫问题，或发展一两个脱贫产业，打造光鲜的脱贫样板让各级领导“高兴看”“放心看”，但对地处偏僻的贫困户和贫困村关注不够；有的地方减贫工作“三分实干、七分宣传”，脱贫解困挂在嘴上、吹在媒体上并不少见。一些地方对减贫政策理解不透、工作落实不到位，还抱怨群众“不听话”“素质低”“瞎捣乱”。

3. 禁而不止“减贫运动”

一些基层政府由于缺乏对脱贫长期性、动态性、复杂性的考虑，其减贫举措更加关注任务型经济指标的脱贫①。一些地方追求政绩的行政命令，而不尊重市场规律，搞脱贫“锦标赛”，动辄“引进龙头企业”“党支部 + 合作社”，大建快干农村集体经济或扶贫产业，用行政命令短期“繁荣市场”而脱贫，不考虑产业的持续性，扶贫结果难以长期维持。西部一些地区充分利用东西扶贫协作机制，组织劳动力到珠三角地区就业，以此成就脱贫政绩，但由于珠三角地区工资低于长三角地区，外出务工者纷纷从珠三角地区转移到长三角地区：有的跳槽成功；有的盲目跳槽，在长三角找不到岗位再打道回

---

① 王春光：《贵州省脱贫攻坚及可持续发展研究》，载《贵州民族大学学报》2018 年第 3 期，第 39—56 页。

贫瘠的故乡。有的贫困地区砸钱限期搞易地搬迁，但公共服务、商业等配套设施滞后，群众从农村脱贫户变成城市新穷人。一些“老少边穷”县患减贫“急躁症”，到2020年能否脱贫尚需努力，却喊出“2017结束战斗，2018清理战场”的口号[①]，脱贫根基既不稳固，也难以持续。

本章小结

中国近年来开展了教科书式的贫困治理实践创新，具体做法包括：把贫困治理目标嵌入国家重大战略布局，构建以贫困线为主的目标瞄准、监测与退出机制，减贫措施兼顾保生存与促发展，建立跨部门减贫机构主导的多元减贫组织体系，集中动员以涉农资金整合和社会帮扶为重点的减贫资源，建立以责任落实为抓手的减贫保障体系等。

我国的反贫困取得了重大历史性成就，创造了人类历史上的减贫奇迹。截至2019年底，我国有农村贫困人口551万人，832个贫困县中，有780个摘帽，未摘帽的有52个。同时，减贫政策对一般群众、区域协调发展、治国经邦、全球贫困治理等不同的维度产生积极深刻的影响。

贫困治理的中国经验，要点是高速发展与大规模减贫同步、经济转型与消除绝对贫困同步，主要得益于统筹推进减贫与发展方略的组织领导、精准施策、强化投入、补齐短板、社会参与、促进自我发展等具有中国特色的制度安排。

2020后贫困时代，中国现行的贫困治理模式面临严峻挑战。一是多维减贫政策与政策过多包含并存，各项政策的资源配置与执行方式不同，影响政策效果。二是减贫责任主体多而杂乱，一些减贫干部的能力方法与当地实际需求不适应。三是减贫政策执行效果与预期目标偏离，一些地方落实反贫困措施不够精准有力，政策执行效果与预期目标存在差距。

---

① 王敏：《论精准扶贫中的形式主义——基本表征、生成机制与治理进路》，载《现代管理科学》2018年第7期，第114—116页。

第二篇　贫困人口：核心权利与全面发展

第四章　贫困人口的权利谱系

人们对查理·卓别林（Charlie Chaplin）在1914年首创的艺术人物夏尔洛（Charlot）津津乐道，尤其是《大独裁者》（1940）中的经典语录令人印象深刻：抬头看吧，汉娜！人类的灵魂插上了翅膀。他正飞入彩虹之中，飞进希望之光，飞向未来。光辉的未来属于你，属于我，属于我们所有的人。卓别林的艺术被称为“贫困的美学”。这些艺术鼓励贫困者在窘境中企冀。正是贫苦的出身，对卓别林产生了重要影响，给予他塑造银幕人物形象的依凭。夏尔洛就是卓别林。他的79部电影都充盈着一个贱民艰辛的身世[①]——卓别林曾经回忆道：“能不能在家里吃烤肉，是区分穷人里不同阶层的标准。那些周日在家里吃不上一顿饭菜的孩子，都属于近乎乞丐的阶级。”“我至今还不知道，有哪一个穷人怀念穷苦。”母亲汉娜·希尔因营养不良引起精神失常，让卓别林耿耿于怀。“母亲的那句话一直在我脑海里回荡着：‘那天下午你们要是给我吃一丁点东西，我也不会这样了。’”[②]

抛开卓别林及其艺术，看看周遭现实。西方人在吃饭前的指定动作是祷告，称之为谢饭祷告——有画为证。法国画家夏尔丹（Chardin）1740年创作了一幅现实主义帆布油画《午餐前的祈祷》，现藏于巴黎卢浮宫。画面描写一个母亲将午餐饭菜摆好，准备让孩子饭前做祷告。最小的女孩还背不好祈祷文，母亲正关切地教着她——这是欧美的宗教习惯，甚至成为一种生活规律。很多日本人用餐之前会双手合十说一句“いただきます”（直译“我开始吃了”，有承蒙恩惠、恩赐之意）。中国则不同——汉传佛教中吃饭为“过堂”，吃饭用膳的地方叫五观堂，有专门的仪轨，坐不窥堂、端身无语，强调吃饭也是修行，要“食存五观”。佛门之外，很多中国人吃饭前的指定动作是拍照

① 沈大力：《贫困的美学——摩登时代的夏尔洛》，2014年11月17日《光明日报》。

② ［英］查理·卓别林：《卓别林自传：喜剧人生》（王敏译），合肥·安徽人民出版社，2012年版，第41页。

晒朋友圈，曰记录美食、享受美味。

无论艺术作品还是现实世界，无论东方人还是西方人，无论男女老幼还是富人穷人，吃饭用餐都是头等大事——人人都要吃饭！这是最重要的不可剥夺的基本人权——除了食物，人们还有健康、劳动、住房、教育、政治活动参与、社会参与等人权。

第一节 贫困人口的核心利益

社会学、经济学、人类学、管理学、法学等众多学科的分析框架，都为贫困人口描绘了丰富的脸谱。但单一学科的分析方法有其局限，可能在深度阐释贫困人口的某些面向的同时，忽略或淡化贫困人口的其他面向或整体骨架。本书综合法学和公共政策等的分析方法，把核心利益——权利作为观察分析贫困人口的一个主要视角，探讨贫困人口的核心利益及其实现问题。

“千头万绪，温饱第一”。食物安全（food security）是人类社会生存繁衍的基本需求，也是描绘贫困图景的起点——食物的总量不足，或者食物质量不安全，人们必将陷入饥荒和贫困。

阿玛蒂亚·森对饥荒问题的分析表明，饥荒很少对社会所有阶层造成同样的苦难，困难群体比其他群体更容易遭受饥荒的折磨，即使不存在粮食总量短缺，有些阶层也仍有可能遭受极为严重的绝对贫困①。

国内有研究发现，食物安全与贫困紧密相关。一是贫困和食物安全状况高度相关。66%的食物不安全人群为贫困户，而收入水平越高的家庭，其食物安全水平越高。贫困地区留守人口（老人、妇女、儿童）和有慢性病的家庭是食物安全的最脆弱人群。二是贫困地区食物不安全农户常表现出一定的脆弱性。在面临突发、不确定性冲击（比如气候异常导致粮食减产、疾病、食物价格大幅波动等）时，应对乏力，造成一定程度的食物短缺。三是食物安全不仅需要关注贫困人口对食物量的需求，还要提高食物的营养均衡和质量安全，保证人体必需营养的摄入和控制地方病的集中暴发。四是收入和食物价格是影响贫困地区农户食物消费的主要因素。完善收入分配制度能够显著改善农户生活质量。五是保障贫困地区农户食物安全，既要注重农户自身

---

① ［印］阿玛蒂亚·森：《贫困与饥荒》（王宇、王文玉译），北京·商务印书馆，2001年版，第55页。

发展能力建设，通过科学种植或外出务工增加收入，也要改善饮用水、医疗卫生等设施设备，提升贫困地区农户食物利用能力，还要改善市场、交通、信息等基础设施，采取多种综合措施促进贫困地区经济发展，为食物安全创造有利条件[①]。

综上，食物安全是包括贫困人口在内的所有人群最重要的核心利益——食物安全是关乎所有人群生死存亡的、任何人不可将其交易或让渡的重大利益，是其他利益存在的基本前提——首先解决个人的生存（以食物安全维系生命与健康），这个人或这些人才有条件有可能追求其他利益。

权利是对核心利益的确认——这是人类为避免重蹈过去的不正义而累积的经验[②]。近世以来，权利被视为解构“人之所以为人”的钥匙。传统学说认为，权利与人形影相伴，是与生俱来的。“人人享有尊严生活的权利，人人享有其人权得到尊重的权利。”[③] 美国建国文献《独立宣言》指出：“上帝是我们权利的源泉。”美国前总统小布什（George Walker Bush）曾说：“我们只需用常识判断，便能了解我们的权利来自上帝。”（2002）联合国强调：“对人类家庭所有成员的固有尊严及其平等的和不移的权利的承认，乃是世界自由、正义与和平的基础，确认这些权利是源于人身的固有尊严。”梁启超先生 1902 年曾言，凡人之所以为人者有两大要件：一曰生命，二曰权利。二者缺一，时乃非人。[④]更有学者认为，没有权利的人可不称其为人[⑤]。贫困人口概莫能外。

国际人权公约体系中，对与公民的基本需求密切相关的食物、健康、劳动、住房、教育、政治活动参与等权利有着详细广泛的规定。这些规定同样适用于贫困人口——当充分就业难以保障或社会服务不发达时，国际人权公

① 高帅：《贫困地区农户食物安全研究——以西部六县为例》，西北农林科技大学学位论文，2013 年。

② 艾伦·德肖维茨（Alan Morton Dershowitz）认为权利来自不义。他指出，权利并非来自造物主，因为造物主并未以一致的声音对人类说话，就算没有造物主，权利应该也会存在；权利并非来自自然，因为自然是价值中立的；权利并非来自逻辑，因为人们对于权利赖以演绎的先验前提几乎没有共识；权利并非只来自法律，因为假如果真如此，我们对既有法律体系的判断将缺乏依据。权利来自人类的经验，特别是不正义的经验——我们从历史的错误中学到，为了避免重蹈过去的不正义，以权利为基础的体系以及某些基本权利至关重要……我们将权利建立在灾难、错误以及人类独有的从错误中学习以免再次犯错的能力上。[美] 艾伦·德肖维茨：《你的权利从哪里来?》，北京·北京大学出版社，2014 年版，第 1—8 页。

③ 中国扶贫基金会：《人道主义宪章与赈灾救助最低标准》，上海·东方出版中心，2006 年版，第 25 页。

④ 梁启超：《梁启超全集（第二册）》，北京·北京出版社，1999 年版，第 678 页。

⑤ 程燎原、王人博：《权利论》，桂林·广西师范大学出版社，2014 年版，第 1 页。

约体系的规定，对贫困人口显得更为迫切和重要。如《世界人权宣言》（1948）第25条规定："人人有权享受为维持其本人和家属的健康及福利所需的生活水平，包括食物、衣着、住房、医疗和必要的社会服务。"《经济、社会和文化权利国际公约》（1966）第11条规定："一、本公约缔约各国承认人人有权为他自己和家庭获得相当的生活水准，包括足够的食物、衣着和住房，并能不断改进生活条件，各缔约国将采取适当的步骤保证实现这一权利，并承认为此而实行基于自愿同意的国际合作的重要性。"

对身陷贫困的人而言，"吃饱肚子大于天"——他们因事实因素或制度因素陷于困境，温饱不保、营养不足、发展乏力——生存尚难，何言权利？因此，贫困人口的权利紧紧围绕食物安全及其关联要素展开。具体来说，优先保障贫困人口维持基本需要的食物安全，进而保护关涉贫困人口生存发展的健康、劳动、住房、教育、政治活动参与、社会参与、利益保障等权利，构成了贫困人口不可或缺的权利链条，也是社会权的主要内容。

第二节　贫困人口的核心权利

在贫困人口的权利链条中，最重要的是食物权，同时还包括维持生存发展必不可少的健康权、劳动权、教育权、住房权、政治权利等——这是贫困人口的核心权利。若欠缺这些权利或这些权利得不到保障，贫困人口维持生存发展将遭受极大风险与不测。这些权利是贫困人群依其自然属性和社会属性所应享有的权利，是不可或缺、不可剥夺、不得转让的基本权利。

一、食物权

食物也称食品，是指可供人类食用或饮用的物质，包括加工食品、半成品和未加工食品，不包括烟草或只作药品用的物质。食物乃人类生存之根本。取得充足食物以维持人类生存，已是全球范围普遍认可的一项国际性人权。《世界消灭饥饿和营养不良宣言》（1974）呼吁："男女老幼人人都有不挨饿和不受营养不良之害的不可剥夺的权利，借以充分发展他们的身心能力。"

1996年，世界粮食大会特别重申："人人有权得到安全和有营养的食物，这与相当的食物权和免受饥饿的基本权利是一致的。"1999年，联合国经济、社会和文化权利委员会在其《第12号一般性意见》（*General comment* 12）中第一次使用了食物权一词，并提出："当每个男人、妇女和儿童，单独或同他人一道在任何时候都具备取得足够食物的实际和经济条件或获取食物的手段时，取得足够食物的权利就实现了。”

食物权有具体的含义。联合国人权委员会食物权问题特别报告员让·齐格勒（Jean Ziegler）认为：“食物权是消费者有权根据自己的文化传统经常、长期和无限制地直接获得，或以金融手段购买适当质量和足够数量的食物，确保能够在身体和精神方面单独和集体地过上符合需要和免于恐惧的有尊严的生活。”联合国人权高级事务专员认为，取得足够食物的权利是指：食物在数量和质量上都足以满足个人的饮食需要，无有害物质，并在某一文化中可以接受；此类食物可以可持续、不妨碍其他人权的享受的方式获得。食物权的含义强调以下几个方面：

一是食物数量适足性。人们只有获得数量充足的食物，才能免于饥饿及免于营养缺乏，才能保持适当生活水准——适当生活水准意味着可以过上不低于当地贫困线的生活，既能摄取最低限度标准的营养，又有其他基本必需品的开销，能够适当地参与社会生活。饥饿和营养状况可以通过人体摄入的营养量来界定，主要是计算人体摄取的热量。国际上规定，慢性饥饿的饮食标准是每天摄取的热量约为 1000 千卡。

二是食物质量安全性。食物质量的安全性，最基本的要求就是食物不含有害物质。联合国《第 12 号一般性意见》规定：“在满足人的维持生命的最低消耗的基础上，食物应当含有身心发育、发展和促进身体健康所需的各种营养物，这些营养物质与人的整个生命期各阶段的生理需要相一致，并能满足男女和不同职业的需要。”食物安全性还强调，防止食品在食物链各阶段因掺杂掺假或因环境卫生问题或处置不当而受到污染；必须设法识别、避免或消除自然生成的毒素。

三是食物文化限制性。是指食物符合权利人的特定文化习俗以及消费习惯和尊严，要求人们不得被迫接受违背其宗教信仰、文化背景的食物。联合国《第 12 号一般性意见》规定：“食物能够被特定文化习俗所接受，要求人们不得被迫接受违背其宗教信仰、文化背景的食物。文化上或消费者的可接受性，是指需要尽可能考虑到食品和食品消费附带的非基于食品的价值，并考虑到消费者对可获取的食品的特性的关切。”食物的文化限制性主要强调食物在伦理道德上的制约和宗教信仰上的制约，如尊重穆斯林不食猪肉等非反刍类肉食品等。

四是食物可持续性。食物获取的可持续性强调，权利主体应有以长期可持续的方式获取食物的机会和条件。“关于获取食物的机会和条件的要求，包括对经济方面和自然方面的机会和条件的要求。对于无土地的人们和其他困难群体而言，这一要求尤为重要。可持续性意味着可提供性，是指个人可以通过耕种田地来获取食物，或者通过运作良好的食物分配体系来获取食物。”一方面，人们通过耕种直接获得，或以金融手段购买食物具有无限制性和持续性；另一方面，食物权离不开尊严，人们应当有尊严地享有食物权，“任何人都不能生活在这样的条件下，即唯一满足自己需求的方式是使自己受到羞辱或被剥夺基本自由，例如通过乞讨卖淫或奴役劳动。”

在中国，十几亿人的粮食问题始终是头等大事。为保障公民的食物权益，中国坚持两手抓。

一方面，依靠自身力量端牢自己饭碗。中国确立了“以我为主、立足国内、确保产能、适度进口、科技支撑”的粮食安全战略，提出了“谷物基本自给、口粮绝对安全”的新粮食安全观，通过健全完善国家宏观调控、保护和调动粮食种植积极性、全面建立粮食科技创新体系、稳步提升粮食生产能力、创新完善粮食市场体系、大力发展粮食产业经济等措施，用占全球9%的耕地、6%的淡水资源，养活了全球近20%的人口，有效解决了贫困人口吃饭问题，人民群众实现了由“吃不饱”到“吃得饱”，并且“吃得好”的历史性转变。

另一方面，中国建立食品安全监测体系，确保食物安全。中国制定实施《中华人民共和国农产品质量安全法》（2018修订）、《中华人民共和国食品卫生法》（1995）、《中华人民共和国食品安全法》（2018修订）等法律，建立食品安全监督管理制度，重点对农业初级产品，食品生产，食品经营，食品的贮存和运输，食品添加剂的生产经营，用于食品的包装材料、容器、洗涤剂、消毒剂和用于食品生产经营的工具、设备等食品相关产品，食品的生产经营场所、设施和有关环境等，进行监督管理，防止食品污染和有害因素，保证食品安全。

二、健康权

《世界卫生组织组织法》开篇就指出：“健康不仅为疾病或羸弱之消除，而系体格、精神与社会之完全健康状态。”事实上，健康乃“众善之首”，是公民生存、参加一切社会活动、享有其他一切权利的基础——没有健康的人，就不能有健康的发展。

健康是一个连续统，可分为健康、亚健康、亚临床和疾病状态四个层次，也可分为两极，即健康—疾病。从健康到疾病是一个发展过程（见图4－1）。

除了维持生命，健康到底还有多重要？健康影响着生产率，创造着价值和财富。有充分的证据表明，健康改善对劳动者工资有强大的关联性，与经

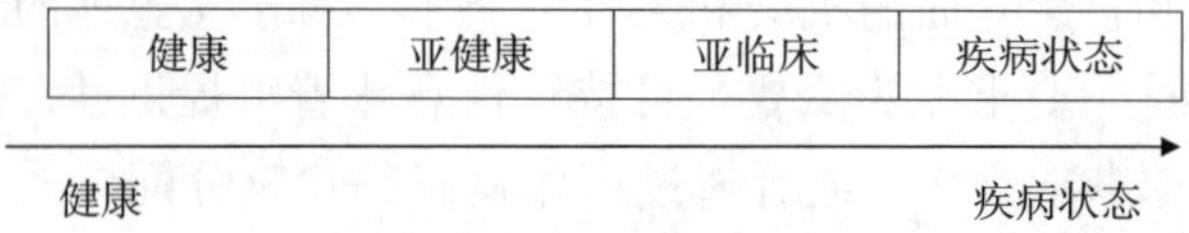

图 4－1　健康连续统

济增长存在相互促进关系。长得更高的工人，很可能在孩童时期具有更好的营养，赚得更高的工资：身高每增加 1%，与此相联系的工资增长近 8%。控制了影响经济增长的其他因素后，区域的预期寿命每增加 10 岁，将转换为每年 0.3% ~0.4% 的经济增长。除此之外，良好的健康也可能影响增加储蓄和投资的其他关键渠道①。

健康是所有人的基本人权之一，是“人人享有可能达到最高标准的、维持身体的生理机能正常运转以及心理良好状态的权利”②。《世界卫生组织组织法》规定：“享受最高而能获致之健康标准，为人人基本权利之一。不因种族，宗教，政治信仰，经济或社会情境各异，而分轩轾。”《经济、社会和文化权利国际公约》第 12 条规定：“一、本公约缔约各国承认人人有权享有能达到的最高的体质和心理健康的标准。二、本公约缔约各国为充分实现这一权利而采取的步骤，应包括为达到下列目标所需的步骤：

（甲）降低死胎率和婴儿死亡率，使儿童得到健康的发育；

（乙）改善环境卫生和工业卫生的各个方面；

（丙）预防、治疗和控制传染病、风土病、职业病以及其他的疾病；

（丁）创造保证人人在患病时能得到医疗照顾的条件。”

健康权不仅包括及时、可接受、负担得起和质量适当的卫生保健服务，也包括决定健康的基本因素，以及健康自由。其中，卫生保健服务包括治疗保健和预防保健。决定健康的基本因素包括安全的饮用水、适当的卫生设备、适当的营养、有关健康的信息、环境卫生和职业卫生等——健康权与食物权有部分重叠，如食物供给充足、消除营养不良、健康相关产品安全权等，但食物安全是健康的基础，保障公民健康是实现食物权的目标。健康自由包括有权控制自己的健康和身体（例如性、生殖权利等），并且不受任何干涉（例如不受酷刑、非自愿的治疗和实验等），以及有权享有某种健康保障制度，使

---

① ［美］德怀特·H. 波金斯、［美］斯蒂芬·拉德勒、［美］戴维·L. 林道尔、［美］斯蒂芬·L. 布洛克：《发展经济学（第七版）》（彭忆欧等译），北京·中国人民大学出版社，2018 年版，第 244—245 页。

② 林志强：《健康权研究》，北京·中国法制出版社，2010 年版，第 33 页。

每个人有均等机会享受最高而能获致之健康水平。

健康权具有民事权利、社会权利和政治权利“三维”属性。作为民事权利的健康权，是指在民事法律关系中，公民作为民事主体依法享有并受法律保护的健康利益范围，其本质是实施某一行为（作为或不作为）以实现自己健康利益的可能性，即民事主体自由地“控制自己的健康和身体”。作为社会权利的健康权，是指公民作为一个社会中的基本成员，依法享有的健康保障利益，旨在以基本医疗卫生服务和其他公共服务，保护公民能够作为社会主体参与文明社会的活动，使其能够在社会上有效地生存和发展。社会权利意义上的健康权的核心是健康保障体系（获得）权，以便为人们实现最高可能达到的健康水准提供均等机会。作为政治权利的健康权，就是公民为了个体和群体的生命健康利益（要求）参与国家政治生活的一切权利和自由①。

检视健康权必须坚持的原则标准包括：

一是可得性。有足够数量、行之有效的公共卫生和卫生保健设施、商品和服务，以及卫生计划。

二是可及性。卫生设施、商品和服务必须面向所有人。可及性包括四个相互重叠的方面：不歧视，实际可及性，经济可及性（负担得起），信息可及性。

三是接受性。所有卫生设施、商品和服务必须遵守医务职业道德，在文化上是适当的，并对性别和生活周期的需要敏感。

四是质量。卫生设施、商品和服务必须在科学和医学上是适当和高质量的。

五是问责。国家和其他责任人应对尊重和保障人权负责。

为满足人民的医疗服务需求，保障全民健康权益，中国在 1998 年建立城镇职工基本医疗保险制度，开启了以基本医疗保险制度为主体的新型医疗保障制度体系的建设进程。现如今，中国构建起了世界上最大的、较为完善的多层次医疗保障体系，其制度设计分托底层、主干层和补充层三个层次。其中，医疗救助、健康扶贫等是托底层，主要针对贫困人口；城乡居民基本医疗保险和城镇职工基本医疗保险是主干层——截至 2019 年底，全国参加基本医疗保险人数达 13. 5 亿人，参保率稳定在 95% 以上；大病医疗保险、商业医疗保险是补充层。

---

① 黄清华：《健康权再认识——论健康权的民事、社会和政治权利属性》，载《社会科学论坛》2016 年第 1 期，第 195—214 页。

三、劳动权

劳动权是公民的基本权利，但并非每个公民都享有劳动权——只有在法定劳动年龄内具有劳动能力的公民才享有劳动权：一是年龄条件。公民必须达到最低就业年龄方能有资格进入劳动者大军。二是健康条件。劳动者应具备自己所从事的职业所必需的健康条件。完全丧失劳动能力者不具有劳动者资格，部分丧失劳动能力者只能从事其健康状况许可的职业。三是智力条件。劳动者进入一些技术性职业或岗位，必须具有一定职业技能或专业技术。

劳动权包含人身权、财产权的内容，同时也包含政治参与的权利。

劳动权中属于人身权的权利主要有职业获得权、免于强迫和强制劳动、择业自由、就业保护的权利、职业安全权、休息权等。职业获得权表现为要求国家和社会为劳动者提供工作机会的权利。免于强迫和强制劳动强调，公民从事劳动建立在个人自愿的基础上，劳动不侵犯公民的自由和尊严。择业自由强调，公民有选择职业、工作场所、工作或其他有报酬活动的自由。就业保护的权利是指实际上已经就业的劳动者，应受到关于维持和保护劳动关系的法律和其他安排的保护的权利，主要包括：不被任意或不公正解雇的权利、维护劳动关系的稳定性和不可侵犯的权利等。职业安全权是指劳动者在职业劳动中人身安全和健康获得保障，免遭职业伤害的权利。休息权是指劳动者在经过一段时间的劳动后，拥有处理私人事务或实现自我发展需要的自由时间，且不受非法干涉和骚扰的权利，包括休整权、休假权、休闲权和安宁权等[①]。

劳动权中属于经济方面的权利主要包括获得就业服务权利、职业培训权、劳动报酬权、社会保障权等。获得就业服务的权利指公民在寻找工作时，有自由得到信息、指导和帮助的权利，以便能够找到适当的工作。职业培训权是劳动者获得职业训练和教育以提高自身素质技能的权利。劳动报酬权指劳动者按照自己提供劳动的数量和质量取得相应报酬的权利。劳动报酬包括约定报酬和法定报酬。约定报酬即劳动者与用人单位在劳动合同或集体合同中协商约定劳动报酬；法定报酬是通过法定标准（如最低工资标准）等确定劳动者的报酬。社会保障权是指劳动者获得社会保险和社会福利的权利。

劳动权中属于政治方面的权利主要是团结权和民主管理权。团结权是指

① 朱勋克：《休息：法定权利及其实现机制》，载《中国工运》2017 年第 6 期，第 16—17 页。

劳动者运用组织的力量对抗雇主以维护自身利益的权利，其具体内容主要包括三个方面：组织和参加工会并保证工会自主运行的权利（狭义的团结权）、团体交涉权和罢工权。民主管理权是劳动者对本单位的生产经营管理工作进行监督和提出建议的权利。

劳动权具有双重性，即劳动既是权利，又是义务。劳动者享有劳动权，同时必须履行相应的义务，其他与劳动关系相关联的主体也需要履行相应的义务。国家负有保障公民实现劳动权的义务，如促进就业、规范劳动力市场、为劳动者的劳动权提供救济等。社会团体负有保障劳动者的义务，如工会维护劳动者的权利。特定社会成员，如用人单位、劳动服务机构在劳动关系及基于劳动关系产生的法律关系中对劳动者负有义务。不特定社会成员，即任何组织和个人都不得侵犯劳动者的劳动权。

农民享有特定劳动权。农民是我国劳动者的重要组成部分，尽管农民的农业劳动样式繁多、标准不一，但农民同样享有劳动权，而且是天然地享有劳动权。农民劳动权的特殊性在于：第一，农民劳动权是劳动者的自足性权利，它不依赖于劳动合同（契约或雇用关系）。第二，农民劳动权对劳动者的劳动权利能力及行为能力并无最低要求。第三，农民劳动权的内容比较宽泛，既包括农民从事农业生产相关的权益，也包括国家对农业、农村、农民等给予优惠扶持的各项权益。

为保障公民的劳动权益，促进就业，中国把扩大就业放在经济社会发展的突出位置，实施积极的就业政策，坚持劳动者自主择业、市场调节就业、政府促进就业的方针，多渠道扩大就业；政府通过发展经济和调整产业结构、规范人力资源市场、完善就业服务、加强职业教育和培训、提供就业援助等措施，创造就业条件，扩大就业。

一方面，中国政府鼓励各类企业兴办产业或者拓展经营、发展国内外贸易和国际经济合作，实行有利于促进就业的财政政策以改善就业环境，统筹城乡就业政策引导农村富余劳动力有序转移就业，建立健全失业保险制度，鼓励区域协作促进区域经济发展，积极扩大就业规模，增加就业岗位。另一方面，中国倡导劳动者树立正确的择业观念，提高就业能力和创业能力；鼓励劳动者自主创业、自谋职业，大众创业，万众创新，并给予相应的支持。

中国依法发展职业教育，鼓励开展职业培训，促进劳动者提高职业技能，增强就业能力和创业能力。中国建立就业援助制度，采取税费减免、贷款贴息、社会保险补贴、岗位补贴等办法，通过公益性岗位安置等途径，对就业困难人员优先扶持和重点帮助——就业困难人员包括因身体状况、技能水平、家庭因素、失去土地等原因难以实现就业，以及连续失业一定时间仍未能实现就业的人员。

四、教育权

教育乃是成功地学习知识、技能与正确态度的过程。接受教育是过上更美好生活的基本途径——在世界范围内，无论是家长、政府，还是双边援助国或国际机构，都在倡导当代人和我们的后代接受更多的学校教育。从收益的角度看，一个人接受过更多年限的教育，他就会比接受过较少学校教育的人收入更高①——无论男性或女性、快速增长的经济体或停滞的经济体，还是不同收入水平的地区，这个结论都是成立的。

中外先贤对教育有过非常精辟的论述。中国哲学家管仲在公元前7世纪（春秋时代）就说："一年之计，莫如树谷；十年之计，莫如树木；百年之计，莫如树人。一树一获者，谷也；一树十获者，木也；一树百获者，人也。"捷克著名教育家夸美纽斯（J. A. Comenius）指出，只有受过一种合适的教育之后，人才能成为一个人②。

教育是"人人都享有的权利"，是一项基本人权。教育权的基本含义在于，一方面，包括贫困人口在内的公民通过教育权完善其人格及生存能力，获得其应有的发展。另一方面，国家必须为公民教育权的实现，提供均等的受教育机会与条件。

按照时间顺序，教育权分为三个阶段：开始阶段的"学习机会权"，包括升学机会权、教育选择权、学生身份权等；过程阶段的"学习条件权"，包括教育条件建设请求权、教育条件利用权、获得教育资助权等；结束阶段的"学习成功权"，包括公正评价权，获得学业、学位证书权等。

自由是教育权的基本要求。教育权首先被认可为自由权，其基本的要义是，公共教育须由国家主办，但国家不介入教育自由，即公民能自由接受教育、自由吸收知识等免遭国家权力影响。在我国，教育自由主要体现为：在义务教育阶段，包括贫困人口在内的公民有选择私立学校的自由（不包括在公立学校之间进行选择的自由）；在非义务教育阶段，包括贫困人口在内的公

① ［美］德怀特·H. 波金斯、［美］斯蒂芬·拉德勒、［美］戴维·L. 林道尔、［美］斯蒂芬·L. 布洛克：《发展经济学（第七版）》（彭忆欧等译），北京·中国人民大学出版社，2018年版，第203页。

② ［捷克］夸美纽斯：《大教学论》（傅任敢译），北京·教育科学出版社，1999年版，第39页。

民有选择是否接受教育的自由，有选择不同类型教育（如职业教育或普通教育）的自由，以及选择哪一所学校的自由。

平等是教育权的基本价值。教育本身能促使人与人之间的平等，而平等又是教育追求的理想目标①。在经济、社会地位等方面不平等的情况下，教育给人提供公平竞争、向上流动的平等机会，帮助贫困人口摆脱他出身的那个群体的局限，能够显著地改善人的生存状态，减少社会性的不公平。联合国教科文组织通过的《取缔教育歧视公约》（1960）规定，教育平等包括消除教育歧视和消除不平等（教育机会和待遇的不平等）两个方面。

人的自我实现是教育权的根本目标。人的发展是教育的目的——个人从花费在读书和学习上的时间中获得素质和能力。教育的深层功能，主观上在于启发每一个人成为自我人格开展的主体，客观上在于形塑每一个人拥有人格自由开展的空间，从中促进每一个人自我实现的最大可能性。包括贫困人口在内的人的全面发展是一个集家庭教育、社会教育与学校教育于一体的结果。无论正规教育还是非正规教育，无论显性教育还是隐性教育，国家、学校、教师、父母等主体以不同的身份或形式参与进来，国家需以绝对主导地位叠加社会主体的辅助功能，共同促进公民受教育权优质、完满地实现②。

为保障公民教育权，中国把教育摆在优先发展的战略地位，坚持“面向现代化、面向世界、面向未来”的发展方向，坚持科教兴国，建立了包括学前教育、初等教育、中等教育、高等教育和继续教育的完整的教育体系，同时鼓励民间多渠道、多形式办学。

中国通过加强基础教育、完善职业教育和培训网络、促进高等教育特色发展、提高学生资助水平等方式，实施大规模的教育扶贫。具体的措施包括：

一是提高基础教育的普及程度和办学质量，到2020年，基本普及学前教育，义务教育水平进一步提高，普及高中阶段教育。二是提高职业教育促进脱贫致富的能力，到2020年，职业教育体系更加完善，教育培训就业衔接更加紧密，培养了一大批新型农民和在二、三产业就业的技术技能人才。三是提高高等教育服务区域经济社会发展能力，增加群众接受高等教育的机会，使高等教育能为当地传统产业改造升级、新兴产业培育发展和基本公共服务提供有效的人才支撑和智力支持。四是提高继续教育服务劳动者就业创业能

---

① 龚向和：《受教育权论》，北京·中国人民公安大学出版社，2004年版，第86页。

② 马涛、王广辉：《受教育权实现路径新论——基于法律基本权利功能的视角》，载《社会科学战线》2012年第4期，第209—213页。

力，通过带技能转移、带技能进城、带技能就业，支持劳动力多渠道、多形式稳定就业。五是提高学生资助水平，稳步推进农村义务教育学生营养改善计划，提高学生的营养健康水平，完善职业教育资助政策，健全家庭经济困难学生资助政策，保障每一个学生不因家庭经济困难而失学。

五、住房权

“人要屋住，鸟要窝歇。”人有了住房，才能安居乐业，就像鸟有草窝才能安歇——住房也是人的基本需求。住房权是一项国际社会公认的基本人权，是指每个公民有获得维持其本人及家庭成员生存、生活必需的住房的权利，住有所居。

1992 年联合国环境与发展会议通过的《21 世纪议程》指出：“作为争取实现为所有人提供适足住房目标的第一步，各国应立即采取措施为其无家可归的穷人提供住所。”然而，住无所居、居无定所是个全球性问题。

联合国的报告指出，虽然世界大多数人口生活在某种形式的住所中，但世界约有半数人口并不享有被认为住房适足所必需的所有权利。就全球而言，适足住房权普遍遭到侵犯。联合国的估计表明全世界约有 1 亿人无住处，10 亿多人住房条件不适足。

住房权是有标准的。联合国经济、社会和文化权利委员会 1991 年通过的关于适足住房权的“第 4 号一般性意见”强调，应确保所有人不论其收入或经济来源如何都享有住房权利，适足住房的标准决不只限于四面有墙壁和头上有屋顶，它必须至少要包括以下要素：使用权保障、力所能及、适于居住、住房机会、各种服务近便、能提供基础设施以及适当的文化环境。适足的住所意味着……适足的独处居室、适足的空间、适足的安全、适足的照明和通风、适足的基本基础设施……一切费用合情合理。具体的权利内容包括：居住权、舒适权（又称安全与健康权）、住宅公平权、住宅隐私权、住房选择偏好权、住宅救济权，以及住宅不受侵犯权和自由处分的权利等。

一些具有法律约束力的国际人权文书——《世界人权宣言》《经济、社会、文化权利国际公约》《儿童权利公约》，以及《消除对妇女一切形式歧视公约》和《消除一切形式种族歧视国际公约》——规定各国有义务采取措施，争取使人人都享有适足住房权，并由此采取措施防止无家可归现象。特别强调“某一国家不论现有资源状况如何，都必须立即为充分实现适足住房权采取一些措施”；“农村和城市地区都需要有力的社会住房方案”，“国家卫生保健方案必须考虑到处境不利群体，包括精神病患者和其他残疾人的特殊住房需要。”

在中国，住房权作为一种重要的社会权，是有房可住或求房而住的权利，其本质属性乃是生活诉求与民生福祉的法益表达[①]。中国向联合国报告时指出，住房问题是影响民生和国家稳定发展的核心问题。如何在提高住房供给量的同时，使得所有人，特别是中低收入家庭能够享有适足住房，是中国经济社会发展面临的一个重要问题。

中国政府根据国情，建立房地产调控长效机制，包括：第一，长期坚持“房住不炒”的定位。第二，建立“保障与市场，租购并举”的供应体系，通过保障体系和市场体系共同发挥作用，满足居民不同层次的住房需求。第三，坚持“因城施策”的调控思路，根据各个地方不同的房地产市场发展情况施策，不搞一刀切。第四，坚持“中央定方向，城市负总责”的工作机制，各地根据自身房地产的发展状况，在中央大方向的基础上细化具体政策。第五，坚持“市场平稳、住有所居”的发展目标。

中国坚定不移地开展保障房建设工作，逐步建立完善了多层次住房保障体系。概括起来就是“低端有保障、中端有支持、高端有市场”。

“低端有保障”，就是通过保障性住房建设解决低收入群体的基本住房需求。低收入群体由于自身经济条件限制，没有能力进入住房市场，只能依靠政府保障解决住房问题。

“中端有支持”，就是采取措施支持中等收入群体解决住房问题。中等收入特别是中等偏下群体，既享受不了政府提供的保障性住房，又难以承担价格高昂的商品房，被称为“夹心层”。对这部分群体，主要通过经济适用住房、限价商品房、公共租赁住房等方式，积极帮助他们解决住房困难。

“高端有市场”，就是支持有支付能力的群体通过市场解决住房问题，强调逐步完善房地产市场体系，使其在满足高收入群体多样化的住房需求、促进经济发展方面发挥更大作用。

中国农村的住房模式，是国家无偿提供宅基地给农民，农民在免费的宅基地上自行建造住房，其核心是“一户一宅”的宅基地使用权制度。中国政府针对经济困难、住房困难的农民，实施农村危房改造——通过修缮房屋或新建住房等方式，确保他们住房安全有保障。

六、政治权

公民政治权利是指公民依法享有的参与国家政治活动的权利。它事关公

① 汤闳淼：《住房权理念与意蕴的法哲学之维》，载《东北师大学报》2017年第4期，第159—164页。

民的人格完整、自由、尊严和个人权利保障，并最终实现公共权力与个人权利之间的平衡。公民政治权利的主要依据，是联合国大会通过的《公民权利和政治权利国际公约》（1966）。中国 1998 年 10 月 5 日在联合国总部签署了公约，但由于公约与中国现行法律有诸多冲突之处，全国人民代表大会至今尚未批准该公约。

政治权利是公民的基本权利，当然也是贫困人口作为“人”而应当享有的基本权利——贫困人口并不因其“贫困”而减损其享有的权利或享有特权。有的研究强调，只有政治权利的落实才能保障贫困人口真正受到政策的惠顾、保障扶贫资源的正确靶向、充分彰显扶贫对象的主体性，在贫困治理中积极吸纳扶贫对象参与扶贫项目的决策过程与实施监督过程，增强贫困人群的自主性和公共精神①。

《中华人民共和国宪法》（2018 修订）规定：“中华人民共和国的一切权力属于人民。人民依照法律规定，通过各种途径和形式，管理国家事务，管理经济和文化事业，管理社会事务。”中国的贫困治理中，涉及贫困人口的政治权利具体包括知情权、选举与被选举权、自由、监督权等。

一是知情权。知情权又称知悉权、资讯权、信息权，是指知悉、获取信息的自由与权利，包括从官方或非官方知悉获取相关信息的权利。贫困人口的知情权包括三个层次：第一，知政权，即贫困人口依法享有的知悉国家事务、政府行为以及国家机关工作人员的活动，了解国家政策、法律法规，特别是知悉国家反贫困的政策、法律法规等的权利。第二，社会知情权，即贫困人口依法享有的知悉其所感兴趣的社会现象和社会问题，了解经济社会与生态文明发展变化等社会发展状况的权利。第三，个人信息知情权，即贫困人口依法享有知悉涉及本人的相关信息，特别是本人所应获得的各项减贫帮扶待遇及其变化情况的权利。

二是选举与被选举的权利。政治平等体现着人们在国家政治生活中的地位。贫困人口平等地享有选举权和被选举权是公民政治平等的重要体现——贫困人口与普通公民之间类似情形类似对待、不同情形不同对待，既反对某一方的特权也反对歧视另一方。宪法（2018 修订）第三十四条规定：“中华人民共和国年满十八周岁的公民，不分民族、种族、性别、职业、家庭出身、宗教信仰、教育程度、财产状况、居住期限，都有选举权和被选举权；但是

---

① 徐琳、樊友凯：《赋权与脱贫：公民权理论视野下的贫困治理》，载《学习与实践》2016 年第 12 期，第 62—69 页。

依照法律被剥夺政治权利的人除外。”贫困人口平等地享有选举权与被选举权，即通过选举代议机关代表、国家公职人员或村民（居民）委员会组成人员间接参政，以及通过被选举或其他合法方式进入相应国家机关或村民（居民）委员会履职，不因其“贫困”而遭受歧视。贫困人口既可以组织化议政，在选举过程中对国家政策和被选举人发表评论，非因身陷贫困而遭受歧视；也可以非组织化地议政，在正式组织之外、日常生活中对国家政治过程发表意见，不因其“贫困”而遭受歧视。贫困人口的选举权与被选举权是公民有序政治参与的重要部分。实现国家治理体系和治理能力现代化，扩大公民有序政治参与，既要依序扩展公民政治权利，也要稳步提升公民政治权利[①]。

三是自由。自由是相对他人而言的生存状态，即不受任何其他社会主体的干扰、束缚，自由自在地生活。自由通常包括表达自由与支配自由。表达自由是公民能够自由而不受干涉地作出完整的意思表达，是人作为人的社会性的自我实现、人格的自我表现、人的不断自我发展与完善的必要条件。支配自由是公民能够自由而不受限制地支配自己的权利、资源、时间与行为。宪法（2018 修订）规定：公民“有言论、出版、集会、结社、游行、示威的自由”，“有宗教信仰自由”，“公民的人身自由不受侵犯”。贫困人口与普通公民一道享有：言论、出版、集会、游行、示威自由，创作、学术活动自由；宗教信仰自由等表达自由；享有参加工会、共青团、妇联等组织的自由。贫困人口因享受减贫政策而产生的权利、物质与服务等，均可自由支配，不受他人或主管机关的干预。

四是监督权。监督权是指公民有监督一切国家机关及国家工作人员的公务活动的权利。它包括公民直接行使的监督权和公民通过自己选举的国家代表机关代表行使的监督权，主要包括五项内容，即批评权、建议权、申诉权、控告权、检举权。在反贫困实践中，贫困人口的监督权主要是指对反贫困工作提出建设性意见，对反贫困主管机关及其工作人员在工作中的缺点和错误提出谴责性意见，对反贫困主管机关及其工作人员的违法、失职、失当行为给本人、他人或社会公共利益造成损害的，向有权机关请求纠正错误、惩治违法行为人并给予救济的权利。此外，因被选举人违法犯罪、严重违纪、自身原因无力或不能履职，贫困人口有依法罢免自己选出的代表、其他国家公职人员或村民（居民）委员会组成人员的权利。

---

① 方木欢、郑凯：《双重视角下广东扩大公民有序政治参与的现状与方向》，载《岭南学刊》2017 年第 6 期，第 32—40 页。

七、其他关联权利

除前述食物权、健康权、劳动权、教育权、住房权和政治权外，与贫困人口的基本需求相关的其他权利也不可忽视——可以想象，在经济和社会资源方面处于劣势的人群无法饮用清洁健康的水，或在社会上被歧视被嘲讽，作为人的尊严丧失殆尽，或得不到国家提供的及时有效的帮扶救助，“没有地方讲理”，他们仍然会继续陷于困境之中——水权、人格权、受益权、权利救济权等也是贫困人口生产生活离不开的基本权利。

水权是一项不可或缺的人权，是人得以尊严生活的必要条件。联合国认为，水权也是实现其他人权的一个前提条件；水权赋予人人能为个人和家庭生活得到充足、安全、可接受、便于汲取、价格上负担得起的水的权利。人格权强调……不管是来自政府当局或自然人或法人……政府应采取立法及其他措施，以禁止这种干涉和攻击，能够保护这种权利，国家立法最需要规定保护该条所定的权利。受益权强调，贫困人口获得的行政给付是专属贫困人口的“新财产”（new property），对其剥夺受正当程序的限制，政府在剥夺前必须经过某种听证[①]，“属于不得随意放弃的权利”[②]。权利救济权强调，权利必须有救济方法和程序[③]。当贫困人口的权利发生冲突或受到侵害时，贫困人口可请求反贫困主管机关或司法机关通过行政复议、诉讼等程序予以解决，也可自行解决，以使贫困人口的合法权益得以恢复或实现。

需要强调的是，一方面，贫困人口乃是我国公民的组成部分，他们与其他公民一样在宪法和法律面前享有平等的权利——他们并无超越宪法和法律规定的特殊的权利。上述关涉贫困人口基本生活需要的食物、健康、劳动、住房、教育、政治参与等核心权利，并不是贫困人口所特有的权利——这些核心权利同样也是任何一个公民生存发展所不可或缺的基本权利。另一方面，贫困人口的核心权利在实践中如何得以实现面临重大挑战。因事实因素或制度因素，贫困人口在权利实现的差序格局中处于劣势[④]，他们无法通过自己的行为获取生存发展所需的完整的食物、健康、劳动、教育、住房等基本需要。从法治的角度看，国家推进贫困治理，就是要为贫困人口实现食物、健康、

---

① “新财产包括社会福利和公共职业等政府馈赠”。张千帆：《宪法学导论——原理与应用（第二版）》，北京·法律出版社，2008年版，第618页。

② 柳砚涛：《行政给付研究》，济南·山东人民出版社，2006年版，第128页。

③ 程燎原、王人博：《权利论》，桂林·广西师范大学出版社，2014年版，第383页。

④ 郝铁川：《权利实现的差序格局》，载《中国社会科学》2002年第5期，第112—124页。

劳动、教育、住房、政治参与等核心权利提供制度上的保证，帮助提高贫困人口的行为能力，保障他们能够无障碍获得基本需求——而不是对贫困人口的权利能力无限制地给予特殊照顾。因此，不论采取什么样的制度安排，反贫困必须纳入法制轨道，用科学理性且有持久生命力的制度规范，保障贫困人口最大限度实现他们的权益。

第三节　权利实现的逻辑路径

贫困人口核心权利的实现，不是贫困人口纯粹的私人事务，而是依赖于减贫政策设计、行动策略、资源调动、政策执行等完整的政策过程，有其相应的逻辑路径。

一、从应有权利到法定权利

应有权利是没有被现实法律确认，而实际上法律又“应当”在目前或将来确认的权利。应有权利虽尚未被法律所确认，但它实实在在地构成了法定权利的价值基础[①]。将应有权利转变成法定权利，就是通过立法对应有权利进行确认和规范，也就是立法者依据一定的价值理念，对应有权利中哪些权利“应当”规范、“如何”规范、“怎样”保护等进行判断，将纷繁复杂的权利现象具象化、定型化，并通过法律规范予以明示。应有权利上升为法定权利，要避免权利宣示的立法漏洞——对于条件成熟的立法，立法者首先要穷尽确认公民的各项权利，防止“故意”遗漏权利；其次要拓展立法信息资源，提升自身甄别判断能力，从庞杂的社会现象中归纳提炼权利，防止“无意识”遗漏权利；最后要学习掌握经济社会和信息技术前沿知识，对经济社会发展提出前瞻性科学性的判断，在此基础上合理扩张权利内容，防止出现“预见不足”遗漏权利或者权利规定瑕疵。

法定权利是权利存在的主要形态，以真实的具体的面貌出现于宪法和法律中，形成特定的权利制度。在我国，贫困人口核心权利在宪法和相关法律中得到确认并据此形成反贫困的若干权利制度。例如，现行宪法第 33 条第三款规定，“尊重和保障人权”；第 36 条第三款规定“建立健全社会保障制度”；第 45 条规定“中华人民共和国公民在年老、疾病或者丧失劳动能力的情况

① 程燎原、王人博：《权利论》，桂林·广西师范大学出版社，2014 年版，第 327 页。

下，有从国家和社会获得物质帮助的权利。国家发展为公民享受这些权利所需要的社会保险、社会救济和医疗卫生事业”。此外，《中华人民共和国教育法》《中华人民共和国农业法》《中华人民共和国社会保险法》《社会救助暂行办法》等法律法规也有贫困人口各项核心权利的规定。

总的看，贫困人口各项核心权利基本上得到我国法律法规的确认，但也还存在两个问题：一是享受权利待遇的事由不全面，比如《中华人民共和国宪法》(2018 修订）第 45 条规定公民只有在“年老、疾病或者丧失劳动能力的情况下”才能获得救助，遭受急难事故、自然灾害等可能致使公民陷入困境的事由并未列入宪法。二是扶助的内容狭窄。宪法（2018 修订）第 45 条规定的扶助内容仅为“物质帮助”，对贫困人口亟须的精神抚慰、技术服务、社会工作服务等并未着墨。

二、法定权利变成现实权利

法定权利变成现实权利，具有过程和结果双重含义。从过程看，法定权利变成现实权利，是指权利从法定状态向现实状态运动，是动态的；从结果看，法定权利变成现实权利，是指法定权利所主张和保护的“虚拟”利益，变成权利人实际获得的可支配利益。法定权利变成现实权利必须依赖一定的制度。正如德国学者施米特（Carl Schmitt）所言：“不仅要在宪法中保障个人的权利，而且要规定一定的客观制度，由制度来保障公民个人权利的实现。”[①] 我国学者也指出，宪法和法律不能只是宣示权利，必须为其所宣示的权利实现提供必要、充分的方法和手段[②]。

保障权利实现的手段主要包括行政手段、经济手段、纠纷解决机制和思想教育手段。行政手段是依靠行政组织的权威，采用行政命令、指示、规定及规章制度等方式，按照行政系统、行政层次和行政区划落实法定权利的具体内容。经济手段是指根据客观经济规律和物质利益原则，利用各种经济杠杆，调节法律法规执行过程中的各种不同经济利益之间的关系，以保障法定权利的内容得以全部实现。纠纷解决机制是指法律法规实施过程中产生的各类纠纷，通过调解、仲裁和审判等诉讼及非诉讼机制予以解决，对法定权利的实现进行纠偏。思想教育手段是指通过制造舆论、说服教育、协商对话、

---

① 杨春福：《自由、权利与法治——法治化进程中公民权利保障机制研究》，北京·法律出版社，2007 年版，第 282 页。

② 程燎原、王人博：《权利论》，桂林·广西师范大学出版社，2014 年版，第 346 页。

批评表扬等引导社会和公民的行为而推动法定权利变成现实利益。

然而，公民的自身素质及所占有的经济社会资源，对其权利的实现发挥着不同的作用。对具体的个人而言，拥有越多的财富，意味着他实现法定权利的能力越强①。贫困人口处于弱势地位，无法通过自身力量实现宪法和法律规定的权利，必须给予特殊的关怀。首先，国家立法必须保证贫困人口权利的一致性和完整性，低层级的法规规章重申贫困人口的权利，其内容可超出但不得低于宪法和法律规定的权利内容；特别法中规定的贫困人口权利范围可超出但不得低于宪法和普通法律规定的权利内容，严格防止贫困人口的权利在国家和地方立法之间衰减。其次，各级政府及反贫困主管机关制定实施的各项政策制度，必须进行合法性审查，重点看其是否缩减贫困人口的权利，或者为贫困人口权利的实现增加限制条件。同时，反贫困政策制度必须做到“目标精准、对象精准、扶持措施精准、管理人员精准、资金使用精准、考评精准”，确保政策目标完全实现。再次，反贫困主管机关要担当好“守夜人”“监护人”的角色，对贫困人口进行动态管理，随时掌握贫困人口的生产生活情况，及时为他们提供必要的服务，让他们平等地享有基本权利和自由。最后，规范社会力量开展的反贫困行动。一方面，要充分利用现代信息技术，形成“互联网＋减贫”的良好局面，动员更多更优质的社会资源加入减贫事业中来，进一步壮大减贫的力量。另一方面，要引导社会力量针对“最需要的地方最需要的人群”科学减贫，提高资源利用效率和效果。同时创新宣传载体和宣传内容，形成良好的舆论氛围，杜绝冲击社会底线的贫困个案摧垮政府与社会、政府与贫困人口、社会与贫困人口间的“合理信任”。

三、现实权利向应有权利的升华

现实权利是已经实现了的权利，是权利价值的最高表现形式。它有三种不同层次的结构，外层带是依据法律形成的具体的权利义务关系，中层带是个体与社会的关系，而内层带是个体权利与国家权力之间的关系。当公民的权利变成现实的利益，公民与权利义务方形成具体的权利义务关系，双方享有权利并需要履行各自的义务；与社会形成平等共生关系，即权利人和社会任何人行使权利，不得剥夺或影响他人的权利，或给他人的利益造成损害；与国家权力形成新的平衡，即公民权利不能突破国家权力的边界，破坏法定的国家权力所欲维护的社会秩序和公共利益，国家权力不但不能任意剥夺公

① 吴睿：《法定权利实现的理论模型之建构》，载《前沿》2013 年第 14 期，第 65—67 页。

民的权利，而且必须履行国家职责，保护好公民那些自由的可支配的权益。从这个意义说，权利的实现，是社会秩序不断合理化的表征，是人类社会进步的标志①。

在反贫困实践中，贫困人口核心权利的实现意味着基本生存得到可靠保障。一方面，贫困人口可占有、支配其帮扶待遇，或申请国家履行帮扶者义务而足额给付相关的帮扶待遇，并以之合理应对生产生活困境。另一方面，贫困人口基于基本生存保障无虞，还有积极参与经济社会建设、追求更高生活品质和精神需求的发展之需——减贫不仅要满足贫困人群的物质供给，而且要创造机会和环境，充分调动贫困人群的积极性、主动性和创新能力，引导协助他们积极参与经济、政治、社会、文化、生态保护等各项事业的发展，与普通人群共创共享社会发展成果，最终实现个人的全面发展。因此，贫困人口实现核心权利、解决温饱的“后贫困”时代，参与发展、分享发展成果，享有更多的自由和尊严，既是贫困人口实现更高层次发展的需要，也成为他们新的应有权利，他们需要继续“为权利而斗争”，让这些应有权利能够在社会生活中成为现实的可能。

本章小结

食物是人类社会生存繁衍的基本需求，也是描绘贫困图景的起点。食物安全是包括贫困人口在内的所有人群最重要的核心利益。权利就是对核心利益的确认。

贫困人口核心权利，最重要的是食物权，同时还包括维持生存发展必不可少的健康权、劳动权、教育权、住房权、政治权利等。这些权利是贫困人群依其自然属性和社会属性所应享有的权利，是不可或缺、不可剥夺、不得转让的权利。水权、人格权、受益权、权利救济权等也是贫困人口生产生活离不开的基本权利。

贫困人口核心权利的实现有其相应的逻辑路径，通常是从应有权利到法定权利、法定权利变成现实权利、现实权利向应有权利的升华。

---

① 冯娜：《从应有权利到现实权利——以司法赔偿请求权为例》，载《长春工业大学学报》2007 年第 3 期，第 59—61 页。

第五章　贫困人口权利实现的主体性制度

阔别近20年的两个老友在城里重逢了。一个是农村大爷，因易地扶贫搬迁而进城；一个是退休干部，在城里颐养天年。

年逾六旬的丁伯和胡伯，都出生在F县的一个小山村，二人曾经是小学同学。之后，胡伯继续上中学，在改革开放初期考上大学，毕业后分配在省城工作，后来到市里担任领导职务直至退休。丁伯小学毕业后一直在农村务农，因土地贫瘠、交通闭塞、灾害频发，经常靠社会救助度日。脱贫攻坚战打响之后，丁伯一家易地搬迁到市里，成为城里人。

丁伯进城，并非个案。脱贫攻坚不仅改变了很多人的命运，也改变着农村的生产生活环境。

据新华社报道，为方便喂养和照看，长期以来，贵州省部分贫困农村人和家畜混居在一栋房子里，带来突出的环境和卫生问题。2019年以来，贵州推进农村"人畜混居"整治，引导村民把猪牛羊从人居住的房屋里迁出来。截至2019年底，贵州贫困农村7.12万户告别"人畜混居"，彻底改变了当地农村传统的居住方式。

权利体现在细微处。人类并不缺乏"纸上的权利"，这些"纸上的权利"风雅而不可触及。为权利而奋斗，就是要把纸上的权利变成现实的利益。贫困人口的核心权利要成为他们抵御贫穷、摆脱困境的可支配利益，必须经过一定的途径。

在中国贫困治理中，扶贫开发、社会救助是两大支柱，工会帮扶则是重要枝干，三者属于紧密相关又相互独立的政策体系，是保障贫困人口核心权利的主体性制度，是打赢脱贫攻坚硬仗的主要政策工具。

第一节　三项政策的简要回顾

新中国扶贫开发与社会救助的雏形肇始于20世纪50年代，之后逐步发展完善。以1986年为界，两项制度经历了“同根同源”与“渐行渐远”两个阶段。其中，社会救助始终以贫困人口为政策目标，“在贫困治理方面作用直接、效果明显”[①]；扶贫开发的政策目标，则是从以贫困人口为主演进成为兼具贫困人口与贫困地区。与此同时，工会帮扶逐步发展完善，成为城市反贫困的重要阵地。

一、政策含义

扶贫开发是国家和社会通过扶持产业发展，完善基础设施，改善教育、医疗、住房、文化等基本公共服务和生产生活条件，提高人口素质，开展技能培训，促进转移就业等措施，帮助农村牧区贫困地区及贫困人口提高自我发展能力，实现脱贫致富的活动。我国扶贫开发对象是贫困人口和贫困地区，扶贫开发主体是国家和社会，扶贫内容主要是生产扶持、生活救助及促进区域发展，扶贫开发的目的是帮助贫困人口和贫困地区摆脱贫困，实现自我发展。

社会救助是指对因各种原因造成家庭经济困难、不能维持基本生活，或者遭受急难事故、自然灾害的公民，由国家和社会给予一定物质帮助和服务的制度。社会救助的救助对象为特定公民，即家庭经济困难不能维持基本生活或者遭受急难事故、自然灾害的公民；社会救助是有限度的授益行为，救助内容包括货币、实物、其他形式的利益和各种服务，以基本生活救助为重点，包含医疗、教育、住房、就业、法律等专项救助，以及流浪乞讨、临时救助等急难救助；社会救助是一种单方行政行为，政府是社会救助的第一责任人[②]。

工会帮扶是指各级工会组织，为困难职工提供基本生活、就业、医疗、子女上学等方面的帮助和服务，依法保障职工合法权益。工会帮扶的主体包括作为群团组织的各级总工会，以及企业工会组织。各地工会组织成立帮扶

① 米勇生：《社会救助与贫困治理》，北京·中国社会出版社，2012年版，第3页。

② 朱勋克：《社会救助法新论》，北京·中国社会出版社，2015年版，第5页。

中心，专司职工帮扶服务；帮扶对象是困难职工（详见本书第二章），并无户籍限制——工会帮扶服务不限于本地户籍职工，而且惠及农民工和其他异地务工人员，这是职工帮扶制度与强调以户籍为基础的国家社会保障制度最显著区别之一。帮扶内容涉及职工的基本生活、送温暖、医疗互助、子女教育、技能培训与就业、工资追讨、法律援助、返乡交通等，基本上涵盖了职工生产生活的主要方面。经过多年的实践，各级工会组织构建起救助、维权、服务三位一体的帮扶模式。

二、同根同源：扶贫是农村社会救济的发展

新中国成立至1986年，扶贫开发与社会救助（当时称为社会救济）同根同源。其中，扶贫开发起源于20世纪50年代初的“扶助困难户生产”。1951年初，热河省（现河北省）民政厅扶助贫困户发展生产、帮助他们摆脱贫困的做法，获时任政务院副总理黄炎培批示[①]，成为扶贫开发的雏形。1964年2月，内务部党组在给中央的报告中第一次正式提出了农村扶贫问题[②]，中共中央指示各地进行扶贫试点。1978年9月，第七次全国民政工作会议召开，中共中央批转的《全国民政会议纪要》指出，实践证明，规划扶贫是帮助困难户改变贫困面貌的正确途径，应该努力做好这一工作[③]。随后，全国正式划定了农民贫困标准，当时全国农村贫困人口达2.5亿[④]，占农村总人口的30.7%。1979年2月，民政部转发黑龙江省肇东县《关于太平公社扶贫工作的调查报告》[⑤]，太平公社的做法成为20世纪80年代以后各地扶贫措施的蓝本。1982年4月，民政部在安徽滁县召开农村社会救济工作会，提出做好扶

① 时任政务院副总理黄炎培作出批示：“扶助困难户生产，是值得努力的一件事。希望热河积累经验，使困难村户逐渐减少，做出一个典型来。”《当代中国丛书》编辑委员会：《当代中国的民政（下）》，北京·当代中国出版社，1994年版，第166页。

② 内务部：《关于在社会主义教育运动中加强农村社会保险工作，帮助贫下中农困难户克服困难的报告》，1964年2月。

③ 程子华：《以揭批“四人帮”为纲，努力做好民政工作，为实现新时期的总任务而奋斗》，1978年11月8日《人民日报》。

④ 王瑞芳：《告别贫困：新中国成立以来的扶贫工作》，载《党的文献》2009年第5期，第44—50页。

⑤ 报告所列做法主要是：（一）逐户建立贫困户登记卡片，县、社统一掌握到户，随时督促检查扶持落实情况；（二）因户因人制宜，劳动分工给予照顾，帮助发展家庭副业；（三）集中经济力量重点扶持，同时动员群众互助；（四）建立干部包户和群众性包户小组，实行岗位责任制，包管、包教、包改变面貌，一包到底；（五）多方开展宣传教育工作，认真解决歧视贫困户的现象。

贫工作必须首先扶志扶本，扶志就是加强思想教育，克服单纯依赖救济的思想；扶本就是要从发展生产入手，千方百计地帮助贫困户种好承包田、自留地，搞好多种经营，广开财路[①]。1982 年 12 月，民政部、国家经委等 9 部门印发《关于认真做好扶助农村贫困户的通知》提出，扶贫工作是农村救济工作的发展，民政部门要协助党政领导制定扶贫规划，并明确了财政、农业、商业、物资、金融、教育等部门在扶贫工作中的职责任务。1984 年，中共中央、国务院发布《关于帮助贫困地区尽快改变面貌的通知》，标志着中国政府开始了有组织、有步骤的大规模减贫行动。到 1985 年底，全国贫困人口从 2.5 亿减少到 1.25 亿，占当时农村人口的 14.8%，平均每年减少 1786 万贫困人口。

同期，社会救助也不断发展。新中国成立初期，城市除无依无靠的鳏寡孤独外，失业、半失业人口多，尤其是那些人口多、劳动力少的家庭更困难。贫困人群中，有的是年老体弱的小摊贩、人力三轮车夫、被取缔的封建迷信职业者、刑事罪犯的无生活来源的家属等。1950 年，中国成立了中央救灾委员会和中国人民救济总会，通过了《中国人民救灾总会章程》，并确立了“生产自救，节约度荒，群众互助，以工代赈，并辅之以必要的救济”的救灾工作方针，分别在城市和农村开展救济。国家于 1953 年制定了全国城市救济标准，根据城市规模大小来确定不同城市的不同标准。而在农村主要是组织群众互助互济，开展捐赠“一把米”“一件衣”“一元钱”活动，支援困难群众；减免军烈属和贫困农民的公粮。1956 年，第一届全国人大第三次会议通过《高级农业生产合作社示范章程》，明确提出了对没有依靠的鳏寡孤独社员给予吃、穿、烧、年幼的受教育和年老的死后安葬五个方面的保障，简称为“五保”——这是新中国针对农村贫困群众的第一项政策规范。1950 年到 1954 年，国家共发放 10 亿元农村救灾救济款，同时还发放了大量的救济物资。

20 世纪 50 年代下半期至 60 年代中期，由于三年自然灾害等各种原因，中国的社会救济发生了较大变化。在城市救济方面，城市社会救济对象基本固定为孤老残幼等“三无”人员和困难户。20 世纪 60 年代初国民经济严重困难时期，城市社会救济对象大幅度增加，救济任务加重。全国城市救济 1961 年为 51.7 万人次，1962 年增加到 266.8 万人次，1963 年进一步上升到

① 张广友、王礼贶：《扶持贫困户，照顾五保户，民政部在滁县地区召开座谈会，交流工作经验》，1982 年 5 月 15 日《人民日报》。

332.5万人次。而在农村，国家于1963年下发《关于做好当前五保户、困难户供给、补助工作的通知》，农村五保供养制度得以进一步完善并延续至今。1966年“文化大革命”开始后，我国社会救济出现了严重的倒退。“文化大革命”期间，政府各项工作受到了严重冲击，也给社会救济工作带来空前的灾难。1969年内务部被撤销，各地许多民政机构也被冲垮，社会救济工作一度处于混乱停滞状态，工作无法正常开展，国家社会救济政策不能全面落实，很多按政策规定应该享受救济的人员没有得到救济。

1978年3月，民政部成立。随着各级政府组织体系的建立健全，社会救济工作开始走出“文化大革命”阴影，逐渐步入正常轨道。1978年9月，第七次全国民政工作会议确定了“依靠基层，生产自救，群众互助，辅之以政府必要救济”的社会救济方针，各地社会救济工作在此方针指导下有序展开。20世纪80年代以后，国家对社会救济进行改革，主要做法为：在城市，对特殊对象的救济除了继续执行原有政策外，还出台了对新增特殊对象的救济政策，主要包括：对“文化大革命”受迫害人员的救济，对平反释放人员的救济，对台胞台属的救济，对宽大释放的原国民党县团级以下人员的救济等。在农村救济方面，一是开始实行农村定期定量救济，保证农村救济费用的正常使用。民政部把推行定期定量救济作为农村社会救济改革的重要内容，先后推广了北京市门头沟区、青海省海东地区等定期定量救济的经验，要求各地保障救济经费固定使用，减少救济工作的随意性。二是加大对农村贫困对象的扶持力度。《关于认真做好扶助农村贫困户的通知》（1982）要求，各地扶持贫困户发展生产。各地每年从农村社会救济费中拨付一部分资金用于贫困户生产自救，并创办救灾扶贫经济实体。三是探索实行乡镇统筹困难补助经费，缓解贫困村集体无力筹集救助经费的困难。以五保供养为标志，1985年起，全国逐步推行乡镇统筹解决五保供养经费的办法，保证五保对象的基本生活来源。

三、渐行渐远：贫困地区经济开发与贫困人口救助

自1986年开始，我国在全国范围内对“输血式”扶贫进行改革，扶贫工作进入以开发为主的新阶段，其治理体系、扶持方式、扶持内容等与社会救助渐行渐远。1986年4月，国家将扶贫开发列入《国民经济和社会发展第七个五年计划》；5月，国务院贫困地区经济开发领导小组成立，办公室设在农

牧渔业部，专司农村扶贫开发工作①。1994 年 3 月，国务院下发《国家八七扶贫攻坚计划》提出，到 2000 年，基本解决全国农村 8000 万贫困人口的温饱问题。2001 年 6 月，国家发布《中国农村扶贫开发纲要（2001—2010 年）》提出，党中央、国务院决定从 2001 年到 2010 年，集中力量，加快贫困地区脱贫致富的进程，把我国扶贫开发事业推向一个新的阶段。

2011 年，国家将扶贫标准从 2010 年的年人均纯收入 1274 元提高到 2300 元，按此标准，农村贫困人口有 1.2 亿。同年，国家印发《中国农村扶贫开发纲要（2011—2020 年）》，进一步明确规定了新时期扶贫开发的对象范围、目标任务、专项扶贫、行业扶贫、社会扶贫等内容。2015 年 11 月，国家出台《中共中央国务院关于打赢脱贫攻坚战的决定》。2016 年 2 月，中共中央办公厅、国务院办公厅印发《省级党委和政府扶贫开发工作成效考核办法》，全国迅速掀起精准扶贫、精准脱贫的热潮。2018 年 6 月，国家出台《中共中央国务院关于打赢脱贫攻坚战三年行动的指导意见》，我国的脱贫攻坚进入最后冲刺阶段。

同一时期，社会救助不断向规范化、法治化迈进。经过 20 世纪 80 年代中后期的不断发展完善，现代社会救助制度逐步建立。上海等地 1993 年探索建立城市居民最低生活保障制度，1994 年国务院颁布《农村五保供养工作条例》，五保供养经费由“村提留或乡统筹”中列支。1999 年 9 月，国务院颁布《城市居民最低生活保障条例》；到 2002 年底，全国共有 1930.8 万城市最低生活保障对象，基本实现了“应保尽保”目标。2003 年 6 月，国务院公布实施《城市生活无着的流浪乞讨人员救助管理办法》。11 月，民政部、卫生部、财政部印发实施农村医疗救助的意见，决定在全国建立农村医疗救助制度。2005 年 3 月，国务院办公厅转发《建立城市医疗救助制度试点工作意见的通知》，决定在全国建立城市医疗救助制度。2006 年 1 月，国务院修订公布《农村五保供养工作条例》，农村五保供养由农村集体福利事业向现代社会保障制度转型。2007 年 5 月，国务院发布建立健全普通本科高校高等职业学校

---

① 1982 年 12 月，中央财经领导小组召开会议专题研究甘肃的河西、定西和宁夏的西海固（简称“三西”）地区农业建设发展问题，计划用 10 至 20 年的时间，每年拨款专项资金 2 亿元，对“三西”地区进行扶贫攻坚。1982 年 12 月，国务院成立“三西”地区农业建设领导小组，领导小组办公室设在农牧渔业部。1988 年 7 月，国务院将贫困地区经济开发领导小组与“三西”地区农业建设领导小组合并，办公室（简称开发办）设在农业部，保留“三西”地区办公室，同开发办合署办公。1993 年 9 月，国务院贫困地区经济开发领导小组更名为国务院扶贫开发领导小组，办公室设在农业部。

和中等职业学校家庭经济困难学生资助政策体系的意见，决定建立健全教育资助政策体系，解决家庭经济困难学生的就学问题。7 月，国务院下发在全国建立农村最低生活保障制度的通知，决定通过在全国建立农村最低生活保障制度，将符合条件的农村贫困人口全部纳入保障范围。8 月，国家颁布实施《中华人民共和国就业促进法》，第一次以法律的形式规范就业援助。11 月，建设部等 9 部门联合颁发《廉租住房保障办法》，保障对象由“城市最低收入住房困难家庭”扩大为“低收入住房困难家庭”。

2010 年 7 月，国务院颁布《自然灾害救助条例》，保障受灾人员基本生活有了法律依据。2014 年 2 月，国务院颁布《社会救助暂行办法》，确立了政府救助和社会力量参与相结合“8 +1”的社会救助制度体系，构建起以基本生活救助和专项救助为主的社会救助框架；10 月，国务院《印发全面建立临时救助制度的通知》，决定全面建立临时救助制度，解决城乡困难群众突发性、紧迫性、临时性生活困难。2016 年 9 月，国务院办公厅转发《关于做好农村最低生活保障制度与扶贫开发政策有效衔接指导意见的通知》，要求通过农村最低生活保障制度与扶贫开发政策的有效衔接，对符合最低生活保障标准的农村贫困人口，实行政策性保障兜底，确保到 2020 年现行扶贫标准下农村贫困人口全部脱贫。

四、工会帮扶：城市反贫困的重要阵地

新中国成立至 20 世纪 80 年代，各地工会出资和组织开展职工捐资捐物等互助活动，解决职工遭遇的特殊困难，缓解其生活压力。中华全国总工会于 1992 年元旦、春节期间开展“进万家门、知万家情、解万家难、暖万家心”的送温暖活动，以受灾地区和“双停”、亏损企业的困难职工、离退休职工为主要对象进行走访慰问。1994 年，全国总工会将为职工送温暖活动拓展为“送温暖工程”，实现送温暖活动的经常化、制度化、社会化。1998 年，全国总工会提出送温暖工程向再就业和维权方向拓展。全国总工会 2002 年建立困难职工帮扶中心，拓展工会帮扶工作平台。2004 年建立职工医疗互助制度，2005 年开展金秋助学活动，2006 年把农民工纳入帮扶范围，2007 年联合有关部门实施“农民工平安返乡行动”，2009 年开展阳光就业行动。经过多年的实践，各级工会组织构建起救助、维权、服务三位一体的帮扶模式，帮扶内

容涉及职工的基本生活、医疗、教育、就业、技能培训、交通、法律维权等①。

2016年1月，中华全国总工会党组就紧紧围绕国家脱贫攻坚大局，加大困难职工解困脱困的帮扶和保障力度向中央书记处汇报，得到中央书记处充分肯定和批准②。之后，中华全国总工会将困难职工解困脱困列为工会改革重要内容，并印发《中华全国总工会关于进一步做好困难职工解困脱困工作的实施意见》(2016)。意见提出了五大目标任务：一是对纳入最低生活保障且具有劳动能力但未实现充分就业的困难职工，着重帮助其实现就业创业，提高家庭收入实现解困脱困。二是对因各类因素造成实际收入或生活水平低于最低生活保障线但尚未纳入最低生活保障的困难职工，着重推动其纳入社会保障解困。三是对患重特大疾病、遭受自然灾害或意外事故等导致家庭支出突增，造成生活困难的职工，着重推动其纳入医保制度和政府临时救助、灾害救助制度。四是对长期居住在城市、生活遇到特殊困难的农民工，推动其享有均等化公共服务。五是对在供给侧结构性改革特别是化解过剩产能和僵尸企业兼并重组、破产清算、事业单位改革过程中生活困难的职工，协同政府落实政策措施，解决好转岗、再就业等安置和社会保障问题。

意见明确要采取“四个一批”措施开展分类帮扶：针对有劳动能力的困难职工，通过加强技能培训、提供创业援助等方式，以就业创业解困脱困一批；针对因企业欠缴社会保险费或没有落实相关社保待遇的困难职工，将其纳入国家社会保险制度覆盖一批；针对因病致困的职工，推动将其纳入大病保险和医疗互助保险保障一批；针对符合最低生活保障条件的困难职工，通过社会救助兜底一批。

目前，全国已有280万个基层工会组织、20多万个工会帮扶中心和站点；各地积极推进城市困难职工解困脱困工作融入党政工作大盘子、纳入脱贫攻坚大局。

第二节　三项政策的组合与叠加

在实践中，扶贫开发、社会救助与工会帮扶依据相应的政策规范，对各

---

① 朱勋克：《工会保障：发展逻辑及体系建构——以职工“需要—风险”为分析视角》，载《社会保障研究》2013年第1期，第35—44页。

② 焦开河：在全国工会开展困难职工解困脱困工作研讨会上的讲话，http://www.acftu.org/template/10041/file.jsp? aid=95478。

类贫困人口给予不同的帮扶救助。

一、扶助对象：多线与多库

如前所述，建档立卡贫困人口是“家庭年人均纯收入低于农村扶贫标准、具备劳动能力的农村居民”，而农村扶贫标准是以2010年2300元为不变价确定的，2019年为3750元。社会救助中的贫困人口，主要是家庭人均收入低于当地最低生活保障标准的农村居民（农村最低生活保障对象）和农村“三无”人员，而农村最低生活保障标准一般由市、县（区）民政部门会同财政、物价、统计等部门按照当地维持农村居民基本生活所必需的衣、食、住费用，适当考虑用电、用水、燃料等所需费用确定，并随着当地生活必需品价格变化适时调整。2018年，全国农村最低生活保障标准达到4833元/年·人，所有县（市、区）的农村最低生活保障标准均动态达到或超过国家扶贫标准。困难职工家庭主要是依据城市最低生活保障标准确定，其人群限定在当地城市最低生活保障标准3倍以下的部分职工。由此，我国反贫困形成了“三线”（扶贫标准、农村最低生活保障标准、城市最低生活保障标准）与“多库”（建档立卡贫困人口、最低生活保障对象、特困人员救助供养对象、困难职工、其他贫困人群等若干数据库）并存的格局（见第二章表2－4、表2－5）。

二、扶助目标：保生存促发展

我国现行规范性文件对扶持贫困人口的基本目标有明确规定。根据《中国农村扶贫开发纲要（2011—2020年）》《中共中央国务院关于打赢脱贫攻坚战的决定》等规范性文件，我国对贫困人口的扶持目标是，到2020年，稳定实现农村贫困人口不愁吃、不愁穿，义务教育、基本医疗和住房安全有保障；确保我国现行标准下农村贫困人口实现脱贫。这一目标又被简称为“两不三保障”，其中的“不愁吃、不愁穿”主要是解决贫困人口的温饱问题，而“义务教育、基本医疗和住房安全有保障”则在于满足贫困人口更高层次的需求，帮助促进他们的自我发展。

《社会救助暂行办法》第一条规定，为了加强社会救助，保障公民的基本生活，促进社会公平，维护社会和谐稳定，根据宪法制定本办法。第二条规定，社会救助制度坚持托底线、救急难、可持续，与其他社会保障制度相衔接，社会救助水平与经济发展水平相适应。从《社会救助暂行办法》的规定看，社会救助的基本目标分两个方面：一是保障贫困人口的基本生活，让他们能够与其他群众一道共享改革发展成果；二是维护社会的和谐稳定与公平正义。

《中华全国总工会关于进一步做好困难职工解困脱困工作的实施意见》（2016）提出，既要帮助困难职工解决眼前困难，做到无基本生活之忧；又要帮助他们脱困，走上致富之路，确保到2020年困难职工同步迈入小康社会。

总的看，三项制度都强调既要保障贫困群众的基本生活，又要帮助他们解困，助其自立发展。

三、扶助内容：基本生活需要多重保障

建档立卡贫困人口脱贫6条标准可概括为“一达标、两不愁、三保障”。“一达标”是指农村建档立卡贫困人口家庭年人均可支配收入稳定超过当年全国扶贫标准；“两不愁”是不愁吃、不愁穿，主要解决贫困人口的温饱问题，而“义务教育、基本医疗和住房安全有保障”主要是通过健康扶贫、危房改造、易地搬迁、教育扶贫、就业扶贫、社会扶贫等方式，满足贫困人口更高层次需求。社会救助中的最低生活保障、特困人员救助供养等也都强调满足贫困人口的基本生活需要，并在医疗、住房、教育、就业等方面视情况给予适当救助。工会帮扶既通过落实社会救助兜底、送温暖工程等，帮助困难职工解决基本生活，又通过职工医疗互助、金秋助学、阳光就业、创业援助、“一帮一”互助、工会法律援助等，帮助困难职工解决医疗、子女上学、就业、维权等各方面的困难（见表5－1）。

因此，三项政策都是在解决基本温饱问题的同时，同步帮助解决贫困人口在医疗、教育、住房、就业等方面的难题。三者在扶持内容上也有交集。

表5－1　扶贫开发、社会救助与工会帮扶的主要内容

项目	扶贫开发	社会救助	工会帮扶
基本生活	两不愁	最低生活保障、特困人员救助供养	落实社会救助兜底、送温暖工程
医疗	健康扶贫	医疗救助、大病救助	职工医疗互助
住房	危房改造、易地搬迁	城镇保障性住房、危房改造	城镇保障性住房
教育	教育扶贫	教育救助	金秋助学
就业	就业扶贫、以工代赈	就业救助	技能培训促就业、创业援助、阳光就业
法律服务	法律援助、司法救助	法律援助、司法救助	工会法律援助
社会支持	社会扶贫	社会力量救助	单位与困难职工“一帮一”、互助互济与志愿服务

四、主管机构：多维交叉治理

我国的扶贫开发和社会救助都有独立的管理机构和决策体系。国务院扶贫开发领导小组专司全国的扶贫开发工作；领导小组下设办公室，负责领导小组的日常工作。国务院扶贫开发领导小组办公室初为农业部内设机构。2002 年 2 月，经党中央、国务院批准，将原农业部内设机构国务院扶贫开发领导小组办公室单独设置，升格为副部级①。

在地方层面，省、市、县各级政府也成立相应的扶贫开发领导小组，党委政府相关负责人担任组长，成员包括与扶贫开发有关的部门负责人。领导小组办公室成为地方各级政府的重要办事机构。

2018 年 5 月 13 日，国家调整国务院扶贫开发领导小组组成人员。调整后的国务院扶贫开发领导小组由国务院副总理担任组长，国务院机关党组成员、国务院扶贫办主任、民政部副部长、财政部副部长等 10 人担任副组长，39 个相关部门负责人为成员②。

我国的社会救助管理先有主管机关，后设立议事协调机构。我国社会救助实行多部门分散管理，其中基本生活救助和临时救助由民政部门管辖，医疗救助、灾害救助、教育救助、住房救助、就业救助等分属国家医保局、应急管理、教育、住房和城乡建设、人力资源和社会保障等部门管辖，而贫困人口的家庭经济状况核查涉及人民银行、统计局、银监会、证监会、保监会等部门，社会救助资金保障和相关计划规划等涉及财政、发展改革等部门。2013 年 8 月，国家成立了由 23 个部门组成的全国社会救助部际联席会议制度（后来全国总工会也进入联席会议），联席会议办公室设在民政部。民政部为联席会议牵头单位，民政部部长担任联席会议召集人③。

仔细分析国务院扶贫开发领导小组和社会救助联席会议，其中发展改革委、教育部、财政部、人力资源和社会保障部、住房和城乡建设部、农业部、卫生健康委、人民银行、统计局、银保监会、证监会、全国总工会等 14 个部门既是国务院扶贫开发领导小组的成员单位，又是社会救助联席会议的成员

---

① 国务院办公厅关于印发国务院扶贫开发领导小组办公室职能配置内设机构和人员编制规定的通知，http://www.gov.cn/gongbao/content/2002/content_61370.htm。

② 国务院办公厅关于调整国务院扶贫开发领导小组组成人员的通知，http://www.gov.cn/zhengce/content/2018-05/21/content_5292430.htm。

③ 国务院关于同意建立全国社会救助部际联席会议制度的批复，http://www.gov.cn/zwgk/2013-09/10/content_2485151.htm。

单位，尤其是国务院扶贫办和民政部互为对方领导小组的组成单位。事实上，各类贫困群体的基本生活保障与医疗、教育、就业等专项帮扶，由不同的部门主管，并针对不同贫困人群实行分类施救，在实践中形成几套管理系统。如贫困人口的医疗保障问题乃典型的多部门“多重管理”，既有医保部门的医疗保险，有民政部门的医疗救助，还有卫生健康主管部门的健康扶贫等。

五、资金保障：分列分支

扶贫开发、社会救助、工会帮扶等各有其资金渠道，坚持“应保尽保”“应扶尽扶”、困难职工解困脱困，最大限度满足贫困人口多元需求。扶贫开发资金包括中央和地方的财政专项扶贫资金、信贷资金、社会扶贫资金、单位自筹资金、行业扶贫资金等。按照《中央财政专项扶贫资金管理办法》(2017)，财政专项扶贫资金主要用于支持扶贫对象发展生产经营、实施危房改造或易地扶贫搬迁、补助扶贫对象就业培训、缓解贫困对象生产性资金短缺等。自1980年设立支援经济不发达地区发展资金以来至2010年，中央财政累计安排财政专项扶贫资金2203.22亿元①。近年来，中央财政继续加大对贫困地区的转移支付力度，中央财政专项扶贫资金规模实现较大幅度增长，从2016年开始，中央财政专项扶贫资金每年增加200亿元，资金规模从2015年的467.45亿元增加到2019年的1260.95亿元（见表5－2）。全国各级财政专项扶贫资金2016年超过1000亿元，2017年超过1400亿元。

表5－2　中央财政专项扶贫资金与全国社会救助资金情况　　单位：亿元

类别	2014年	2015年	2016年	2017年	2018年	2019年
中央财政专项扶贫资金	433	467.45	660.95	860.95	1060.95	1260.95
全国社会救助资金支出	2009.6	2126.7	2213.2	2463.5	2534.2	

社会救助资金主要是财政预算资金，实行专项管理，分账核算，专款专用。2018年，全国社会救助资金支出2534.2亿元（含城镇最低生活保障支出、农村最低生活保障支出、农村特困人员救助供养支出、医疗救助总支出、临时救助支出）。一些地方为完成脱贫攻坚任务，对社会救助资金进行改

① 自1980年设立支援经济不发达地区发展资金至1984年，中央财政累计安排扶贫资金29.8亿元，年均增长11.76%；1985—1993年，中央财政累计安排扶贫资金201.27亿元，年均增长16.91%；《国家八七扶贫攻坚计划》实施阶段（1994—2000年）。中央财政累计安排财政扶贫资金约531.81亿元，年均增长9.81%；《中国农村扶贫开发纲要（2001—2010年）》实施阶段，中央财政累计安排财政专项扶贫资金约1440.34亿元，年均增长9.3%。

革，即以县级为主体统筹使用最低生活保障、特困人员救助供养、临时救助、医疗救助、孤儿生活保障、流浪乞讨人员救助等资金——这些资金由省、州（市）级按原渠道下达，资金项目审批权限、使用权限完全下放到县（市、区）。

工会帮扶资金来源为各级财政拨款、工会经费（包括上级工会经费补助、本级工会经费列支）、社会捐助资金等。

第三节　易地搬迁断穷根

易地搬迁是将生活在缺乏生存条件地区的贫困人口，搬迁安置到其他地区，并通过改善安置区的生产生活条件、调整经济结构和拓展增收渠道，帮助搬迁人口逐步脱贫致富。易地搬迁不仅是自然居住空间的改善，更是经济空间、生态空间、政治空间、文化心理空间和社会空间的消解与再造过程[①]。它是脱贫攻坚最难啃的“硬骨头”“头号工程”和“标志性工程”，是从根本上解决“一方水土养不起一方人”问题，帮助群众“挪穷窝”“换穷业”“断穷根”进而稳定脱贫，持续增进贫困地区民生福祉，使贫困人口共享发展成果的最直接、最有效的办法。

从 2001 年开始，中国安排专项资金，在全国范围内陆续组织开展了易地扶贫搬迁工程。截至 2015 年底，已累计安排易地扶贫搬迁中央补助投资 363 亿元，搬迁贫困人口 680 多万人。一些地方也根据本地实际，统筹中央财政专项扶贫资金，扶贫移民、生态移民、避灾搬迁等资金实施了搬迁工程。在中央和地方的共同努力下，全国已累计搬迁 1200 万人以上。

截至 2015 年底，中国约有 1000 万人居住在水土资源严重不匹配、生态环境极度脆弱和水、旱、泥石流等自然灾害高发地区。这些地区由于自然地理条件差、发展基础薄弱，形成了“贫困—基础条件差—企业不愿意投资—经济不发展—进一步贫困”的恶性循环。要从根子上解决这些地区的贫困问题，就必须将这些地区的群众整体搬迁到适宜居住的地方重建家园，确保他们搬得出、稳得住、能脱贫、可致富。国家《“十三五”脱贫攻坚规划》提出对这 1000 万人口实施易地搬迁。

---

① 郑娜娜、许佳君：《易地搬迁移民社区的空间再造与社会融入——基于陕西省西乡县的田野考察》，载《南京农业大学学报》2019 年第 1 期，第 58—68 页。

根据国家发改委《“十三五”时期易地扶贫搬迁工作方案》(2015)、《全国“十三五”易地扶贫搬迁规划》(2016)、《“十三五”脱贫攻坚规划》(2016)等政策文件，易地搬迁的政策要点如下。

一、易地搬迁对象

易地扶贫搬迁对象主要是居住在地震活跃带及受泥石流、滑坡等地质灾害威胁，或居住在深山、石山、高寒、荒漠化、地方病多发等生存环境差、不具备基本发展条件，以及生态环境脆弱、限制或禁止开发地区的农村群众，包括农村建档立卡贫困人口和普通群众（随迁户）。“十三五”期间，中国拟对生活在自然条件严酷、生存环境恶劣、发展条件严重欠缺且建档立卡贫困人口相对集中的农村贫困地区的约1628万人实施易地搬迁，其中建档立卡贫困人口约981万人，同步搬迁约647万人（见表5－3）。这些人口分布在全国22个省（自治区、直辖市）约1400个县（市、区）。

迁出区域主要为：一是深山石山、边远高寒、荒漠化和水土流失严重，且水土、光热条件难以满足日常生活生产需要，不具备基本发展条件的地区。二是国家主体功能区规划中的禁止开发区或限制开发区。三是交通、水利、电力、通信等基础设施，以及教育、医疗卫生等基本公共服务设施十分薄弱，工程措施解决难度大、建设和运行成本高的地区。四是地方病严重、地质灾害频发，以及其他确需实施易地扶贫搬迁的地区。

边境一线地区、工矿塌陷区、工程性强制搬迁区域等不纳入易地搬迁范围。

表5－3　中国“十三五”期间易地搬迁人口情况

类　别	建档立卡搬迁人口（万人）	比重（%）	搬迁人口总规模（万人）	比重（%）
资源承载力严重不足地区	316	32.2	462	28.4
公共服务严重滞后且建设成本过高地区	340	34.7	593	36.4
地质灾害频发易发地区	106	10.8	210	12.9
国家禁止或限制开发地区	157	16	257	15.8
地方病高发地区	8	0.8	13	0.8
其他地区	54	5.5	93	5.7
合计	981	100	1628	100

各地结合实际确定具体的搬迁人口。如陕西省主要搬迁四类农村人口：一是扶贫类，指在扶贫建档立卡信息系统能够查到，而且是通过搬迁来脱贫的贫困户。二是避灾类，主要指居住在滑坡点、泥石流易发区等地质灾害隐患点，常发大水的河边、沟边等山洪灾害频发区以及采煤塌陷区的农村人口。三是生态类，主要指生活在省级以上自然保护区和生态环境脆弱区内，对生态环境影响较大的农村人口。四是其他类，主要指公路、铁路、水利等重点工程建设、城镇建设以及镇村综合改革等涉及的需搬迁的农村人口。

二、搬迁方式与安置方式

搬迁方式包括自然村整村搬迁和分散搬迁两种。其中，生存环境差、贫困程度深、地质灾害严重的村庄，以自然村整村搬迁为主，同时，按照统一规划、分批实施的原则给予优先安排。搬迁对象中，自然村整村搬迁约565万人，占34.7%；分散搬迁约1063万人，占65.3%。

搬迁与安置按照群众自愿、应搬尽搬的原则，综合考虑水土资源条件和城镇化进程，采取集中安置与分散安置相结合的方式多渠道解决。其中，全国集中安置约1244万人，占76.4%；分散安置约384万人，占23.6%。

集中安置主要采取如下方式：

——行政村内就近安置。依托靠近交通要道的中心村或交通条件较好的行政村，引导搬迁对象就近集中安置，占集中安置人口的39%。

——建设移民新村安置。依托新开垦或调整使用耕地，在周边县、乡镇或行政村规划建设移民新村集中安置，占集中安置人口的15%。

——小城镇或工业园区安置。依托新型城镇化建设，在县城、小城镇或工业园区附近建设安置区集中安置，占集中安置人口的37%。

——乡村旅游区安置。依托当地旅游、民俗文化等特色资源，因地制宜打造乡村旅游重点村镇或旅游景区，引导搬迁对象适度集中安置，占集中安置人口的5%。

——其他安置方式。特困人员、残疾人等符合集中供养条件的搬迁对象，通过纳入迁入地供养机构或建设专门住房实行集中安置，占集中安置人口的4%。

分散安置主要是：

——插花安置。依托安置区已有公共设施、空置房屋等资源，由当地政府采取回购空闲房屋、配备耕地等方式进行安置，占分散安置人口的70%。

——其他安置方式。主要为自主选择进城务工、投亲靠友等方式进行安置，占分散安置人口的30%。

云南省按照“三符合、四避开、五靠近”的原则，科学选择搬迁安置点。“三符合”是符合主体功能区规划、土地（林地）利用总体规划和城乡总体规划。“四避开”是避开地震断裂带、地质灾害隐患区、洪涝灾害威胁区和永久基本农田。“五靠近”是有条件的尽量靠近县城、重点乡镇、产业园区、旅游景区和中心村。

三、安置住房保障与配套公共服务设施

按照“保障基本、安全适用”的原则，建档立卡搬迁人口住房建设面积严格执行不超过25平方米/人的标准（宅基地严格按照当地标准执行）。这是“保障基本”的强制性标准，也是最高限制标准。其中单人单户安置住房可采取集中建设公寓，与幸福院、养老院共建等方式解决，具体建设方式和标准由地方政府结合当地实际确定。国家发改委政策要求，安置住房“按照一户一宅方式安置的，可以在分配的宅基地预留续建空间，稳定脱贫后可自行扩建”；“搬迁安置房打两层地基或者三层地基，只建设一层，为搬迁群众脱贫后加盖房屋预留条件和空间（简称‘打二建一’‘打三建一’）”。“十三五”期间，全国建档立卡搬迁人口住房建设总面积约2.2亿平方米，同步搬迁人口住房建设总面积约1.9亿平方米。

各地制定最低补助标准、实行差异化补助政策，对建档立卡贫困人口和随迁户给予补助。如贵州省规定，本省建档立卡贫困人口、同步搬迁人口的人均住房建设补助标准，分别为2万元和1.2万元。在此基础上，签订旧房拆除协议的，每人再奖励1.5万元。广西壮族自治区实行分类补助：滇桂黔石漠化片区县和国家扶贫开发工作重点县，住房建设基准补助标准为每人不低于2.4万元；区级扶贫开发工作重点县、滇桂黔石漠化片区“天窗县”和享受待遇县，基准补助标准为每人不低于1.8万元；其他县，基准补助标准为每人不低于1.35万元。随迁户按不高于当地确定的建档立卡贫困搬迁户基准补助标准执行。

安置区配套设施包括：一有学校、幼儿园，实现中小学、公办或普惠性民办幼儿园与安置点同步配套，建强配齐教师队伍，保障搬迁群众家庭适龄子女就地就近入学。二有卫生院，统筹区域内医疗和公共卫生服务资源，配齐医疗设施和医务人员，保障搬迁群众就地就近就医。三有水电路信，实现安全饮用水有保障，生活用电入户达标，安置点内道路100%硬化，合理设置城镇公交车站，电视信号全覆盖，互联网全覆盖。四有文体设施，规划建设

集文化活动、强身健体、休闲娱乐、宣传教育等功能为一体的文化体育活动场所，兼顾应急避难、紧急疏散等功能。五有污水处理，合理布局污水管网，建设污水处理设施，确保安置点生产生活污水（雨水）收集、处理达标，建立运行维护的长效机制。六有垃圾处理，在安置点内合理配置垃圾收集、密闭清运设施，配备环卫或保洁人员，妥善收集处理安置点的生产生活垃圾。七有公共卫生厕所，按照国家三类以上水冲厕所标准建设规模适当的公共厕所，做到功能实用、管理到位、卫生清洁、免费使用。八有便民服务站，设立民政、社会保障、就业创业、卫生计生、文化服务等便民服务窗口或“一站式”便民服务站，为安置群众提供优质服务。九有购物场所，合理布局商业网点、菜市场、超市、购物中心、电商服务站，方便群众日常生产生活。十有物业管理服务，组建物业管理机构，做好安置点公共秩序维护、环境卫生管理、安全防范和养护维修等工作。

“十三五”期间，全国共需建设安置区道路 11.4 万千米、铺设饮水管网 14.1 万千米、供配电网 11.5 万千米。建设学校及幼儿园 1612 万平方米、卫生室 573 万平方米、其他村级服务设施 2477 万平方米。改造基本农田 595 万亩，新增和改善灌溉面积 478 万亩、复垦宅基地 280 万亩。迁出区生态修复 1543 万亩。

四、资金筹措与城乡建设用地增减挂钩

根据各地建设总规模、平均工程造价等数据测算，“十三五”期间，全国易地扶贫搬迁工程总投资约 9463 亿元。其中，建档立卡搬迁人口住房建设投资约 3094 亿元，安置区配套基础设施建设投资 1962 亿元，基本公共服务设施建设投资 866 亿元，共计 5922 亿元，占总投资额的 62.58%。同步搬迁人口住房（配套基础设施和基本公共服务设施与建档立卡搬迁人口共享）建设投资约 2640 亿元，占 27.9%；土地整治、生态修复等其他费用 901 亿元，占 9.52%。

表 5－4　中国“十三五”期间易地搬迁资金预算情况

内容	投资额（亿元）	所占比例（%）
建档立卡搬迁人口住房和安置区建设投资	5922	62.58
其中：住房建设	3094	52.25
配套基础设施建设	1962	33.13
基本公共服务设施建设	866	14.62

续表

内容	投资额（亿元）	所占比例（%）
同步搬迁人口住房建设投资	2640	27.90
土地整治、生态修复等其他投资	901	9.52
总计	9463	100

易地搬迁所需资金通过中央预算内投资、地方政府债务资金、专项建设基金、低成本长期贷款、农户自筹资金和地方自筹及整合其他资金等途径解决。其中，地方政府债务资金在国务院批准的地方政府债务用于易地扶贫搬迁的近1000亿元限额内安排；低成本长期贷款由国家开发银行和中国农业发展银行提供总规模3413亿元、贷款期限一般不超过20年的长期贷款，中央财政对贷款给予适当贴息；农户自筹资金原则上户均不超过1万元（人均国家投入含基础设施费用高达6万元），建档立卡搬迁人口自筹建房资金215亿元，各地计划同步搬迁人口自筹建房资金683亿元。

表5－5　中国“十三五”期间易地搬迁资金筹措方案

内容	总投资（亿元）	所占比例（%）
中央预算内投资	800	8.4
地方政府债务资金	994	10.5
专项建设基金	500	5.3
低成本长期贷款	3413	36.1
农户自筹资金	898	9.5
其中：建档立卡搬迁人口	215	
地方自筹及整合其他资金	2858	30.2
总投资	9463	100

城乡建设用地增减挂钩，是指依据土地利用总体规划，将拟整理复垦为农用地的农村建设用地地块（即拆旧地块），与拟用于城乡建设的地块（即建新地块），共同组成拆旧建新项目区，通过土地复垦和调整利用，实现项目区内建设用地总量不增加，耕地面积不减少、质量有提高，促进土地节约集约利用，优化城乡用地结构，使布局更加合理。增减挂钩的实质体现在三个方面：

一是增减挂钩的核心是一种资源补偿机制。按照以城带乡、以工补农的要求，通过增减挂钩，把多余资源的发展权让渡一部分出来，取得资源发展权的地方对其进行合理补偿，建立城乡之间、区域之间发展权让渡与资金补偿渠道。

二是增减挂钩的动力是土地级差收益。偏远地区土地的价值，没有发达地区或者是比较繁华地区的土地价值高，通过有序的流转产生的级差收益最后用于新农村的建设。增减挂钩就是利用土地区位差异，扩大土地级差收益，并全部返还产生指标的农村，用于支持新农村建设。

三是增减挂钩的目的是达到两个平衡：耕地数量、质量的平衡和建设占用的平衡。开展增减挂钩必须做到项目区内建设用地总量不增加，耕地面积不减少、质量有提高。据测算，增减挂钩指标在县域范围内使用获得的收益，一般在15万—20万元/亩，扩大到省域范围内流转使用获得的收益，可提高到25万—30万元/亩，大大增加了增减挂钩收益。

从2014年起，报经国务院同意，允许贫困地区将节余增减挂钩指标在省域范围内流转使用。国土资源部2017年同意，东西部扶贫协作和对口支援省份之间可以流转土地交易增减挂钩节余指标，相关省份优先安排深度贫困地区增减挂钩节余指标交易——城乡建设用地增减挂钩节余指标可在对口支援省市范围内流转。

五、产业就业扶持与社区治理

安置区要做强产业就业扶持，确保安置群众稳定脱贫。一有主导产业，确保每个安置点至少有1项主导产业辐射带动脱贫发展。二有扶贫车间，力争安置点至少建成1个扶贫车间。三有技能培训，确保有培训意愿和劳动能力的搬迁群众至少接受1次职业技能培训、掌握1项职业技能。四有就业服务，确保有劳动能力的搬迁群众至少接受1次就地就业或向经济活跃地区外出务工就业服务。五有公益性岗位，确保有劳动能力但不具备外出务工推进的搬迁群众家庭至少有1个公益性岗位，消除“零就业”家庭。六有权益收益，确保搬迁群众继续享有农村权益、集体资产权益，退耕还林还草、草原生态保护等国家各项惠农政策补贴。七有流转收益，引导鼓励搬迁群众以流转、合作、参股等方式用好用活承包地、林地、宅基地。八有资产收益，鼓励组建合作社或平台公司，统一经营管理安置区商铺、车间、仓库、集贸市场、停车场等营利性物业，其收益由搬迁群众共享。

安置区要强化社会治理，建立和谐社区。一有基层党组织，密切联系群众，有效扩大党的组织覆盖和工作覆盖。二有基层自治组织，依法选举产生村（居）委员会，负责社区日常事务管理。三有群团组织，建立健全工会、共青团、妇联等组织，加强服务群众和维护群众合法权益工作。四有社会组织，建立业主委员会、文体协会、老年协会、红白理事会等组织，在生活融入、纠纷调解、平安创建等方面为搬迁群众提供帮助。五有片长、楼栋长，加强群众自我管理服务，及时反映群众诉求，协助解决矛盾纠纷和生活困难问题，促进楼栋、片区居民和谐相处。六有警务室、调解室，因地制宜设立派出所、警务室、治安执勤点，把警力选派到基层一线；合理设置调解室，配备调解员，及时排查、调处、化解群众矛盾纠纷。七有经费保障，按政策规定落实城镇社区工作人员工资待遇，足额安排办公经费和服务群众专项经费，确保工作正常开展。鼓励探索采取多种方式，对从事片长、楼栋长、调解员等岗位的工作人员给予一定的工作补贴。

本章小结

中国贫困治理中，扶贫开发、社会救助是两大支柱，工会帮扶则是重要枝干，三者属于紧密相关又相互独立的政策体系，是打赢脱贫攻坚硬仗的主要政策工具。

新中国成立至1986年，扶贫开发与社会救助（当时称为社会救济）同根同源，扶贫是农村社会救济的发展。自1986年开始，中国在全国范围内对“输血式”扶贫进行改革，扶贫工作进入以开发为主的新阶段，强调贫困地区经济开发与贫困人口救助，其治理体系、扶持方式、扶持内容等与社会救助渐行渐远。始于20世纪90年代的工会送温暖活动逐渐发展完善成为工会帮扶，是我国城市反贫困的重要阵地。

在实践中，扶贫开发、社会救助与工会帮扶依据相应的政策规范，对各类贫困人口给予不同的帮扶救助，但也存在扶助对象多线与多库、扶助内容多重保障、主管机构多维交叉治理、资金保障分列分支等现象。

易地搬迁是从根本上解决“一方水土养不起一方人”问题，帮助群众“挪穷窝”“换穷业”“拔穷根”，进而稳定脱贫、持续增进贫困地区民生福祉，是贫困人口共享发展成果的最直接、最有效的办法。“十三五”期间，中国拟对生活在自然条件严酷、生存环境恶劣、发展条件严重欠缺且建档立卡贫困人口相对集中的农村贫困地区的约1628万人实施易地搬迁，其中建档立卡贫困人口约981万人，同步搬迁约647万人。这些人口分布在全国22个省（自治区、直辖市）约1400个县（市、区）。

第六章　基于“反贫困法”的2020后减贫策略

“骗贫”“闹贫”是近些年出现的新词，是指群众故意通过不正当手段骗取扶贫待遇，或者因得不到扶贫待遇而无理取闹、缠访围堵，扰乱正常秩序等行为。这在贫困地区成为不容忽视的现象。

有地方政府终于对“骗贫”“闹贫”出手了。

2019年11月4日，甘肃省西和县发布《西和县关于依法严厉惩治阻碍脱贫攻坚工作行为的通告》称，在全县脱贫攻坚工作中，有下列行为之一的，将依法严厉惩处：根据情节轻重，给予违法行为人员以教育、训诫、治安处罚，构成犯罪的依法追究刑事责任；对屡教不改、屡犯不改的，将依法从严从重惩处。具体的行为包括：故意隐瞒、编造家庭收入、财产情况，争当建档立卡贫困户；通过不正当手段获取、享受扶贫资金、项目、政策的行为；不履行赡养义务、抚养义务的行为；有能力偿还精准扶贫贷款而拒不偿还；故意捏造扶贫领域违纪违法事实，无理缠访闹访，诬告滥诉、陷害他人等。

我国中、西部地区很多县都制定发布过类似的公告。有的地方还“把扫黑除恶与脱贫攻坚工作有机结合起来，严厉打击脱贫攻坚工作中的违法行为，特别是涉黑涉恶违法犯罪及其‘保护伞’和长期横行乡里、欺压百姓的‘村霸’‘村痞’、宗族势力、家族势力，为全县脱贫攻坚保驾护航，进一步提高人民群众的获得感、幸福感、安全感”。

2019年10月17日，世界银行集团发布报告《终结学习贫困：需要哪些条件》。报告称，目前有至少53%的儿童不能阅读，甚至他们到12岁时仍无法阅读，学习贫困率在撒哈拉以南非洲数值更高——世界银行将“学习贫困（Learning Poverty）”定义为直至10岁仍不能阅读和理解一个简单故事的儿童，并提出到2030年，将全球“学习贫困”率降低至少一半。

西和县的反向约束治理与世界银行的学习贫困报告，看起来是毫不相干的两个事件，但其背后的一个共同点在于：贫困治理该如何精准有效“管理”贫困人口，引导帮助他们发展。

第一节　如何管理贫困人口

社会学者认为，在贫困治理中，贫困人口是减贫政策的核心目标，应当通过“赋权增能”的方式，解决他们的权利保障及能力构建问题，激发他们的自主性和内生动力，通过自力更生脱贫致富。然而，现实残酷，并非如此。

一、村庄的无公德个人

中国政府反复强调，要着力激发贫困群众发展生产、脱贫致富的主动性，着力培育贫困群众自力更生的意识和观念，引导广大群众依靠勤劳双手和顽强意志实现脱贫致富。然而，在现有的贫困治理架构中，中国的法律法规，没有明确规定贫困人口应当享有的实体性权利及对应的义务，贫困人口对于自身角色及主体性认知不足——片面强调“国家义务”的贫困治理体系，导致了权利与责任的非对称性，由此引发了精准扶贫场域中农民主体性的紊乱，在乡村社会产生了“无公德个人”①：基层扶贫大包大揽，部分农民“靠着墙根晒太阳，等着别人送小康”——过去艰苦奋斗自力更生的优良传统不见了，群众的慵懒、讲索取不讲奉献、唯利是图等，成为包括减贫在内的惠农政策的一个意想不到的副产品。

一是求贫。群众的“等靠要”“越穷越光荣”等思想严重。许多群众认为“穷占便宜富吃亏”，想尽一切办法，攀比强要、软磨硬泡，硬说自家如何地困难，努力争当建档立卡贫困人口或最低生活保障对象，目的就是想得到贫困人口的各种帮扶救助待遇。有的贫困人口把扶贫资金看作净收益，已经达到脱贫标准也不愿摘帽；有能力偿还但到期拒不偿还扶贫贷款；已享受易地扶贫搬迁或危房改造政策，却拒不腾退、拆危以及拆旧复垦、长期占有“一户两宅”。有的对减贫发展项目徘徊观望，认为直接发钱最实惠，“一兜了之”。有的贫困人口拒不参加社区环境整治、卫生保洁、政策宣传、义务劳动等理应参与的活动。有的建档立卡贫困人口认为“脱贫是干部的事，我不脱贫干部难交差”。

二是骗贫。有的群众已经享受各项扶贫政策，却在各级各部门调研、核

① 刘建：《主体性视角下后脱贫时代的贫困治理》，载《华南农业大学学报》2019 年第 5 期，第 17—25 页。

查、评估脱贫攻坚工作过程中，不配合、不如实陈述，故意隐瞒、编造家庭收入、财产情况。有的群众长期在外地工作生活，返回户籍地后不如实报告经济状况，通过不正当手段获取各类扶贫资金、项目、政策。有的群众不符合建档立卡或社会救助条件，但通过分家分户等方式，想方设法隐瞒收入、隐瞒住房、隐瞒经商行为、隐瞒各类财产，骗取国家扶贫资金与帮扶待遇。有的胆子更大，冒领教育资金，骗取住房保障和危房改造资金，以赖医获利，浪费国家医疗资源，侵害贫困群众利益。

三是闹贫。有的群众申请“入贫”，经村民代表大会民主评议，未评上建档立卡贫困人口或农村最低生活保障对象的，就无理取闹、聚众围堵、缠访闹访，甚至限制基层干部人身自由，扰乱正常秩序。有的群众自身不符合建档立卡贫困人口或农村最低生活保障对象的条件，为争取享受贫困户相关政策而采取极端行为：要么借精准扶贫政策落实不到位，故意敲诈勒索公共财物；要么越级上访或进京赴省非正常上访，故意制造社会影响；要么利用老人、病人、残疾人或未成年人等特殊群体制造不良影响，扰乱社会秩序；要么通过网络、媒体或采取其他形式，编造精准扶贫虚假信息，歪曲事实，散布流言。

凡此种种，虽没有全部描绘出脱贫攻坚背景下某些群众的各种“无德”脸谱，但确是贫困治理中值得警醒并需要及时根治的乱象。

二、助人自助的减贫策略

2020 后贫困时代，我国如何反贫困？现有研究给出了一些建议。

有的研究强调，精准扶贫中群众“求贫”心理产生的机制与逻辑是：贫困的责任主体经历了一个由内到外、从个体到社会的转变过程，贫困群体的情感生活相应经历了羞惭内疚、自我排斥、自我接纳及合理化等阶段。贫困治理应重新审视、认识、研究群众的情感和情绪问题，重点对长期贫困者、刚刚陷入贫困者和即将脱贫者进行分类治理，同时兼顾一般群众的嫉妒和失衡心理[①]。

有的研究认为，中国在 2020 年后将瞄准相对贫困问题，需要在扶贫标准、目标任务、工作范围、基本方略、体制机制、政策体系、保障措施等方

① 卫小将：《精准扶贫中群众的“求贫”心理与情感治理》，载《中国行政管理》2019 年第 7 期，第 72—76 页。

面开展深入研究[①]。有的研究指出，需要找出现有贫困和贫困线界定方法的不足，制定新的贫困标准，明确新的扶持对象并制定相应的扶贫政策[②]。有的研究建议，要设计城乡一体化的扶贫战略和政策，推动扶贫工作从运动式治理向常规化、制度化治理的转型，重点放在社会服务在数量和质量上的均等化方面[③]。还有的研究提出，2020 年之后，要把农村减贫与乡村振兴有机结合起来，建立可持续的农村减贫和农民增收长效机制，并实行农村减贫与城市减贫并重，全面统筹城乡贫困治理[④]。

这些建议提出，2020 后贫困时代的减贫工作，要制定新的贫困标准、确定新的贫困对象、出台新的扶贫政策、强化群众心理与情感治理，实行城乡一体减贫并与国家的相关发展战略结合等，有其前瞻性和科学性。

但这些研究成果没有跳出传统的扶贫开发思路与框架的窠臼，对我国贫困人群及减贫制度体系的总体把握，存在明显缺陷：一是在政策工具选择方面，由于较少关注或忽略了社会救助和工会帮扶等减贫政策工具，这些研究把贫困标准局限于扶贫标准，把贫困人口局限于建档立卡贫困人口，把减贫政策举措局限于扶贫开发，把行业扶贫固定化。二是在贫困对象的管理服务方面，这些研究没有提出更加精准有效地实现贫困人口“助人自助”的对策建议，对贫困人口的多元需求考虑不够周全，没有从预防贫困和提高国家竞争力的视角，对贫困人口进行明显直接的干预——这样的制度设计，难以满足 2020 后贫困时代我国城乡反贫困的适切需要。

2020 后贫困时代，数千万之巨的贫困人口，仍然需要稳定的纾困制度保障他们的基本生活，而当下“一切工作都服从和服务于脱贫攻坚”的政策做法，也是难以持续的，必须研究制定更易操作、更加高效、与时代发展相匹配的反贫困政策制度。研究表明，人们所能见到的最好的反贫困计划，是对制度环境的创造，以使人们能在良好的制度环境下充分展示其所拥有的才智。反贫困经验也告诉我们，摆脱贫困首先在于摆脱意识和思路的“贫困”[⑤]，必须摒弃将穷人贬低为固定形象的习惯，简单的问题会产生简单的

① 黄承伟：《论中国新时代扶贫理论实践研究》，载《华中农业大学学报》2019 年第 1 期，第 1—7 页。

② 汪三贵、曾小溪：《后 2020 贫困问题初探》，载《河海大学学报》2018 年第 2 期，第 7—13 页。

③ 李小云、许汉泽：《2020 年后扶贫工作的若干思考》，载《国家行政学院学报》2018 年第 1 期，第 62—66 页。

④ 魏后凯：《2020 年后中国减贫的新战略》，载《中州学刊》2018 年第 9 期，第 36—42 页。

⑤ 习近平：《摆脱贫困》，福州 · 福建人民出版社，1992 年版，第 216 页。

解决方法[1]——贫困问题还得通过对贫困者的干预来解决[2]。

概言之，2020后贫困时代，除持续强化贫困治理的国家义务外，还要把群众（包括贫困人口和普通群众）从精准扶贫的被动接受者，真正转变为贫困治理的正向实践者，提升他们在减贫行动的决策、过程参与、监督等各个环节的主体性与主动性，明确各类主体全面完整的权利义务与责任界限，预防和坚决打击乡村的“无德”现象，杜绝福利依赖，实现思想从“要我脱贫”向“我要脱贫”转变，帮扶从“授之以鱼”向“授之以渔”转变，产业扶持从“简单输血”向“功能造血”转变，通过精准有效的减贫措施，支持群众发展。

一方面，明确群众（重点是贫困人口和申请帮扶救助的群众）在享受帮扶权利的同时，必须承担相应的义务。设定权利义务，目的是充分构建群众的自我主体性，让贫困人口和申请帮扶救助的群众积极融入减贫行动中，通过减贫措施和履行责任义务，激发群众内生动力，实现可持续脱贫。

另一方面，完善家庭及社会对贫困治理的责任分担机制。要充分发挥家庭的功能，增强贫困人口克服困难的能力和生活技能，支持贫困人口通过“私力救济”摆脱贫困。引导志愿者和志愿组织开展减贫志愿服务。支持社会工作机构和社会工作专业人才深度参与贫困治理——社会工作通过其专业方法，能够有效契合可行能力的价值理念和实践层次，提升贫困群体的可行能力[3]；同时，整合社区资源，加强社区能力建设，为新时代的减贫营造良好的可持续发展的社会环境。

第二节 “反贫困法”统辖的减贫制度

2020后贫困时代，就贫困人口而言，减贫的核心目标是“防止存量贫困人口中有人返贫、精准应对增量贫困人口”。具体的办法是，分步推进贫困治理改革，筹组国家减困工作局，制定“反贫困法”并以之为统领，将扶贫开

---

① ［印］班纳吉、［法］埃斯特·迪弗洛：《贫穷的本质——我们为什么摆脱不了贫穷》（景芳译），北京·中信出版股份有限公司，2013年版，前言第2页。

② 徐月宾、刘凤芹、张秀兰：《中国农村反贫困政策的反思——从社会救助向社会保护转变》，载《中国社会科学》2007年第3期，第40—53页。

③ 李文祥、田野：《社会工作介入贫困群体的可行能力建设研究》，载《社会科学》2018年第12期，第81—89页。

发、社会救助、工会帮扶等合为一体，构建制度规范、城乡一体、“一个部门一体管理”、与经济社会发展水平相适应的反贫困大格局。

一、过渡方案

2020 年实现扶贫开发、社会救助、工会帮扶等有机衔接，统一贫困标准与认定办法，统一贫困人口数据库，实现“应保尽保”“应扶尽扶”、困难职工解困脱困。

1. 加强标准衔接，将扶贫标准和社会救助标准统一为一个贫困标准

农村最低生活保障标准已经达到或高于国家扶贫标准，且 2020 年需要调整的，适当考虑国家扶贫标准调整情况，将最低生活保障标准和扶贫标准合一，不宜盲目攀高。各地要健全城乡家庭经济状况核查系统，统一贫困人口的核查认定办法，重点统一家庭收入和财产的核算范围与计算方法。进一步完善城乡贫困标准与物价上涨挂钩的联动机制，确保困难群众不因物价上涨影响基本生活。

2. 锁定贫困对象，明确一户一策帮扶需求

公布实施新的农村贫困标准，各地将家庭人均收入低于新的农村贫困标准的所有农村居民，全部纳入农村最低生活保障范围，实现农村最低生活保障对象与建档立卡贫困户两个数据库完全一致。核实新增最低生活保障对象、建档立卡贫困人口已获得救助帮扶的情况，按照“缺什么补什么”的原则，制订“一户一策”精准帮扶计划。强化民政部门与工会的贫困人群信息比对，社会救助对象符合工会帮扶条件的，纳入困难职工数据库。

3. 加强政策衔接，做到精准施策按需帮扶

充分发挥扶贫开发和社会救助主渠道作用，确保所有贫困人口都有政策性保障兜底。一是将符合条件的社会救助对象纳入扶贫开发建档立卡范围内，针对不同致贫原因，统筹使用各地区的扶贫开发政策予以精准帮扶。二是将符合条件的扶贫开发建档立卡贫困人口，纳入农村最低生活保障或特困人员救助供养范围，享受相应的基本生活救助和专项救助。三是将符合条件的建档困难职工家庭，纳入社会救助或扶贫开发范围，享受相应的城乡社会救助政策或扶贫开发政策。四是新增贫困人口或返贫家庭，优先纳入社会救助和扶贫开发范围，符合条件的给予工会帮扶。

4. 实现信息共通共享，加强贫困人口动态管理

县级民政部门按既有最低生活保障对象分类办法，对新增最低生活保障

对象进行分类管理。民政部门发现最低生活保障家庭人口、收入、财产等发生变化或者应予退出最低生活保障的，及时报送同级扶贫、工会部门，扶贫、工会部门据此核定是否需要调整该贫困家庭的扶持措施或是否达到脱贫解困出列条件。扶贫部门确定脱贫出列名单或动态调整贫困家庭精准脱贫解困措施的，及时报送同级民政、工会部门，民政、工会部门据此核定该贫困家庭是否继续享受最低生活保障及相关专项救助帮扶政策。

二、以“反贫困法”统辖 2020 后贫困时代减贫制度体系

2020 年之后合并扶贫开发、社会救助、工会帮扶等制度，优化政策设计和机构设置，以“反贫困法”为主干，以贫困人口发展为中心，建立统一规范、简洁高效的反贫困制度体系。

建议最迟从 2020 年开始，国家坚持城乡反贫困同步、保障贫困人口基本生计与促进贫困人口发展同步，将农村扶贫开发、社会救助、工会帮扶等进行整合，构建城乡一体的反贫困制度，按相应的贫困标准分别核定城市和农村的贫困人口，并根据贫困人口实际状况，在给予基本生活救助的同时，分别在医疗、就业、创业、教育、住房、法律服务等方面按需施策、精准帮扶。具体的制度设计为：加快启动制定“反贫困法”，把《社会救助暂行办法》(2014)、已列入国家立法规划的“社会救助法”、研究拟议中的“农村扶贫开发法”等纳入其中，对我国 2020 后贫困时代的反贫困工作，进行城乡一体规划、同步实施，其核心要义包括但不限于以下内容：

1. 统一贫困标准

建议“反贫困法”将最低生活保障标准设定为我国唯一的法定贫困标准。一是明确规定最低生活（也称基本生活）的基本含义，即最低生活是指能够维持公民健康和基本尊严的生活水平，并对健康和基本尊严进行界定。二是明确最低生活保障标准的内容，即最低生活保障标准由维持公民最低生活水平所必需的食品、衣物、住房费用，并适当考虑水、电、燃煤（燃气）费用以及未成年人的义务教育费等构成。三是规定最低生活保障标准不得超过上一年度居民人均可支配收入的 40%。

2. 界定贫困对象

建议“反贫困法”明确规定，我国以最低生活保障标准识别贫困人口，以此建立城乡贫困人口数据库。其中，家庭月人均收入低于当地最低生活保障标准，且家庭财产总额未超过一定金额者为低收入公民；家庭月人均收入高

于当地最低生活保障标准但低于当地最低生活保障标准2倍以内（个别专项扶助可扩展到3倍以内），且家庭财产总额未超过一定金额者为中低收入公民。

3. 明确反贫困目标与原则

建议“反贫困法”明确规定，反贫困的目的是保障低收入公民、中低收入公民的基本生活，及救助遭受自然灾害或急难事故公民，协助其自立，维护公民基本尊严，促进社会公平。反贫困的基本原则是：第一，坚持保障最低生活水平。第二，坚持平等救助（公民符合条件即有权申请）。第三，坚持有限救助，强调申请救助者的前置义务：一是其他扶助优先，即申请人依法所应获得的法定扶养义务人的扶养，以及法律法规所规定的其他可享受的保障措施，应当先予实施，也就是只有申请人在享尽各类扶助与政策保障后，仍然符合救助条件的，才应当予以救助帮扶；二是自助优先，即申请人在充分发挥其可利用的所有资产、才能及资源后仍不能维持其最低生活水平的方可申请救助帮扶①。第四，坚持公开、公平、公正、及时原则。

4. 拓展反贫困内容

建议进一步明确反贫困的内容：以保障低收入公民、中低收入公民最低生活为主，包括但不限于为低收入公民、中低收入公民提供医疗、教育、就业、创业与生产扶持、住房、自然灾害应急、急难事故、法律服务等方面的救助帮扶。一是明确对象。基本生活救助对象限于低收入公民，教育、医疗、住房、就业、创业、法律服务等各专项救助的对象可以是低收入公民，也可以适当扩至中低收入公民，自然灾害应急、急难事故等救助适用于陷于困境中的当事人。二是拓宽帮扶内容。适时优化和丰富教育、医疗、住房、就业、创业、法律服务等的帮扶内容和标准，使之能够更好地满足低收入公民和中低收入公民的多元需求。

5. 提升反贫困治理能力

一是整合反贫困工作机构。建议将国务院扶贫办、民政部社会救助司等机构合并为国家减贫工作局，设为副部级单位，由国务院直接管理。国务院扶贫开发领导小组和社会救助部际联席会议同时撤销，视情况设立国家减贫工作领导小组，日常事务由国家减贫工作局承担。国家减贫工作局的基本职责为：第一，拟订国家反贫困法律法规、政策、规划，制定反贫困的部门规

① 朱勋克：《以法治方式推进社会救助制度建设亟须规范顶层设计》，载《社会保障研究》2014年第4期，第80—87页。

章和标准并组织实施，统筹反贫困制度体系建设，指导全国反贫困工作；第二，规范各地设定最低生活保障标准，精准识别城乡贫困人口；第三，承办中央财政反贫困专项资金的分配和监管工作；第四，负责城乡居民最低生活保障、特困人员救助供养、生活无着流浪乞讨人员救助、急难救助等工作；第五，组织实施中央单位定点帮扶、东西协作帮扶等对口支援工作并进行考核；第六，参与拟订医疗、住房、教育、就业、创业、法律服务等相关政策措施，解决贫困人口各项需求，促进贫困人口发展；第七，对省级党委和政府反贫困工作进行考核。地方各级人民政府依实际情况设立本地反贫困工作机构。二是完善反贫困考评办法。将反贫困纳入经济社会发展规划，制定科学完善的考核办法，将考核结果作为对下一级党委、政府主要负责人和领导班子综合考核评价的重要依据。

6. 设定权利义务

规定申请人、救助对象的权利义务。其中，申请人的权利包括向主管机关申请办理救助，对主管机关作出的决定提出申辩，对主管机关提出批评建议等。救助对象的权利包括知晓政策及所获待遇，对救助资金或物资的所有权，申请放弃救助待遇，对主管机关变更、中止或终止救助的申辩，对主管机关提出批评建议等。申请人的义务包括如实提供真实材料，告诉义务，接受家庭经济状况核查等。救助对象的义务包括不得将获得救助的权利让与他人，坚持节俭自立，努力提高生活水平，家庭情况变化及时如实告知主管机关，遵守管理制度等[①]。

7. 强化救助待遇保护

一是低收入公民、中低收入公民所享有的领取各项救助资金、物资或获得帮助、服务的权利，不得扣押、让与或提供担保[②]。二是主管机关、乡镇（街道）、村（居）委会和个人，不得扣押、克减低收入公民、中低收入公民所应得的救助物资或现金，也不得限制低收入公民、中低收入公民依法应当享有的权利，或阻碍他们享受权利。三是非因法定事由，主管机关、乡镇（街道）或村（居）委会不得变更低收入公民、中低收入公民的救助帮扶待遇。四是非因法定事由，主管机关、乡镇（街道）或村（居）委会不得向获

① 张秀兰、朱勋克：《对〈中华人民共和国社会救助法（征求意见稿）〉的修改建议——兼论社会救助法的基本特征及定位》，载《社会保障研究》2009年第1期，第111—124页。

② 朱勋克：《以法治方式推进社会救助制度建设亟须规范顶层设计》，载《社会保障研究》2014年第4期，第80—87页。

救助的低收入公民、中低收入公民征收费用或者强制捐赠。

8. 优化反贫困资源配置

一是整合资金。建议国家将扶贫开发中保障贫困人口基本生存的资金、社会救助资金和工会帮扶中的财政资金整合为反贫困专项资金，实行专户管理、专账运行。反贫困专项资金纳入各级财政预算。二是强化机构服务。优化布局、加快建设一批敬老院、福利院、救助站、工会帮扶中心等机构，为全部或部分丧失生活自理能力的低收入公民、中低收入公民，或急难救助对象提供服务。三是社会工作服务。支持发展社会工作组织，配备适当的执业社会工作者参与反贫困工作，为群众提供物质帮扶、情感慰藉、人文关怀、发掘提升自身能力的潜力，以及更加牢固的社会支持。四是鼓励社会力量通过公益慈善、志愿服务、社区服务等方式支持反贫困事业。五是积极参与全球贫困治理体系建设，坚持以“一带一路”为代表的区域性协同和以中外减贫案例共享平台为代表的全球化协同①，促进全球反贫困事业发展，为构建人类命运共同体贡献更多的中国智慧和中国方案。

本章小结

在当前的贫困治理中，“求贫”“骗贫”“闹贫”等“无德”现象并不少见。新时代的减贫，既要持续强化贫困治理的国家义务，还要把群众从精准扶贫的被动接受者，真正转变为贫困治理的正向实践者，提升他们在减贫行动的决策、过程参与、监督等各个环节的主体性与主动性，明确全面完整的权利义务与责任界限，实现思想从“要我脱贫”向“我要脱贫”转变，帮扶从“授之以鱼”向“授之以渔”转变，产业扶持从“简单输血”向“功能造血”转变，杜绝福利依赖和各种“无德”乱象。

2020 后贫困时代，减贫的核心目标是“防止存量贫困人口中有人返贫、精准应对增量贫困人口”。要分步推进贫困治理改革，筹组国家减贫工作局，制定“反贫困法”并以之为统领，将扶贫开发、社会救助、工会帮扶等合为一体，构建制度规范、城乡一体、“一个部门一体管理”、与经济社会发展水平相适应的反贫困大格局。

---

① 陈劲、尹西明、赵闯：《反贫困创新的理论基础、路径模型与中国经验》，载《天津社会科学》2018 年第 4 期，第 106—113 页。

第三篇　贫困地区：多维减贫与协调发展

第七章　区域协调发展的格局演进

2020年伊始，四川、重庆迎来新年“大礼包”——1月3日举行的中央财经委员会第六次会议提出，推动成渝地区双城经济圈建设。成渝城市群有望在西部大开发第三个“10年”期间，成为中国继京津冀、长三角和粤港澳大湾区之后的第四个“国家级”城市群。

西部大开发实施之初，中国科学院《西部开发重点区域规划前期研究报告》（2003）指出，重庆和成都是全国重要的双核城市群之一，是西南地区发展“龙头”。国务院批复的《成渝经济区区域规划》（2011）明确要求，把成渝经济区建设成为西部地区重要的经济中心；《成渝城市群发展规划》（2016）明确提出，到2020年，成渝城市群要基本建成经济充满活力、生活品质优良、生态环境优美的国家级城市群；到2030年，重庆、成都等国家中心城市的辐射带动作用明显增强，实现由国家级城市群向世界级城市群的历史性跨越。

黄河流域9个省区各自拥有相应的定位和平台①，但时局已经发生变化，九省区的定位和平台将重新洗牌——2019年，黄河流域生态保护和高质量发展上升为重大国家战略——甘肃、河南等省的2020年两会上，人大代表和政协委员十分热情，为推动黄河流域生态保护和高质量发展建言献策。郑州市捷足先登，大刀阔斧规划建设东起中牟、西至巩义、北抵黄河、南达连霍高速，面积1200平方千米的郑州黄河流域生态保护和高质量发展核心示范区。

成渝地区双城经济圈、黄河流域生态保护和高质量发展，是中国实施区域协调发展的最新举措。

区域协调发展是中国的国家战略。改革开放以来，中国适时调整区域政

① 青海省有三江源国家生态保护综合试验区；四川省有国家自由贸易试验区；甘肃省是全国循环经济示范省、国家中医药产业发展综合试验区、华夏文明传承创新区；宁夏回族自治区是内陆开放型经济试验区；内蒙古自治区是国家大数据综合试验区；山西省是国家资源型经济转型综合配套改革试验区；陕西省有国家自由贸易试验区；河南省是国家大数据综合试验区、华夏历史文明传承创新区和国家自由贸易试验区；山东省为新旧动能转换综合试验区等。

策，不断探索加强区域合作、缩小区域差距的协调发展新路子，形成了四大板块、五大战略“全国一盘棋”的区域协调发展新格局。

第一节　区域协调发展内涵与历史

区域协调发展是典型的中国概念，国外无此词汇——与区域协调发展内涵大致类似的概念是区域趋同（Regional convergence），强调的是在市场机制作用下，要素在相互开放的区域之间的自由流动，将对区域经济发展不平衡产生自我修正作用，从而导致区域之间收入或产出水平趋向均衡——如果经济增长条件相同或相似，那么欠发达区域的经济增长将会快于发达区域，它们之间的经济差异将随时间推移而逐渐缩小。

一、区域协调发展的含义及测度

区域的初始含义为土地的界划、界限范围。经济学、地理学等不同学科对区域的解释不同。经济学强调，区域是经济上尽可能完整的地区，是国民经济总链条中的一个环节。区域概念的核心变量为专业化分工、均质性、分层结构（交易、城市及监管的分层结构）和自组织能力[①]。地理学上的区域，是根据不同地理条件划分的空间范围，其中的地理条件包括地理位置、自然气候、人文地理、经济发展水平等。综合来看，区域是依据自然地理条件、经济文化发展水平及行政区划所确定的空间范围。区域发展是指不同区域之间，以及区域内部之间的人口、经济、社会、环境、资源等各个系统协同发展的统一体。

有文献可考的是，我国早在1984年就开始使用“区域协调发展”一词，其意为根据党和国家在一定历史时期确定的总任务和各项方针政策，充分利用区域内外的一切有利条件，深入开发区域内的各种资源，按照规划方法的科学程序，合理地组织教育、科技、经济的协调发展，以求得最佳经济效益和社会效果[②]。此后，区域协调发展的概念也不断演化，从偏重于经济角度的区域经济协调发展，逐步演化到区域经济、社会、环境等诸因素的协调发展，其聚焦点从以缩小经济差异为主，到加入基本公共服务，再到人类生存质量，内涵在不断扩大。

我们认为，区域协调发展是指不同区域之间，以及区域内部之间的人口、

① 安虎森等:《新区域经济学（第三版）》，大连·东北财经大学出版社，2015年版，第6页。
② 孙绍权:《关于区域协调发展规划的初探》，载《科研管理》1984年第2期，第17—20页。

经济、社会、环境、资源、治理体系与治理能力等各个系统相互促进、和谐共生，实现各自效益最优的发展过程与状态。区域协调发展不能简单要求各地区在经济发展上达到同一水平，不是平均发展、同构发展，而是要根据各地区的条件，走合理分工、优化发展的路子。区域协调发展强调共同发展、持续发展、相互促进、不同等发展[①]，应当突出下列考察指标。

一是生产要素有序自由流动。生产要素在市场的作用下实现跨区域配置，是市场经济的基本特质。区域协调发展实现生产要素有序自由流动，就是要打破地区封锁和垄断，破除各种体制机制障碍，建立全区域乃至全国统一市场，实现欠发达区域劳动力等要素能够自由向发达地区流动，与发达地区居民享受同等的市民待遇；而发达地区的资本、技术和人力资源等，也能够顺畅地进入欠发达地区投资创业。

二是主体功能约束有效。主体功能是区域内能够代表该地区的核心功能。区域内各个地区因为主体功能不同而相互分工协作。我国《全国主体功能区规划》将国土空间划分为优化开发区域、重点开发区域、限制开发区域和禁止开发区域。有的地方将主体功能区大致划分为城市化地区、农产品主产区和重点生态功能区。区域协调发展强调主体功能约束有效，就是依据区域生态功能、现有开发基础和未来发展潜力等，科学理性确定主体功能区，避免区域内同质竞争与重复建设，合理优化生产力布局，实现区域联动发展。

三是基本公共服务均等化。基本公共服务是由政府主导、保障全体公民生存和发展基本需要、与经济社会发展水平相适应的公共服务，主要包括基本公共教育、基本劳动就业创业、基本社会保险、基本医疗卫生、基本社会服务、基本住房保障、基本公共文化体育、残疾人基本公共服务等。基本公共服务均等化，是指区域间及区域内全体公民，都能公平可及地获得大致均等的基本公共服务。基本公共服务均等化不是简单的平均化，而是强调普惠性、保基本、可持续，努力提升人民群众的获得感、公平感、安全感和幸福感。

四是资源环境可承载。区域协调发展强调，各地区在一定发展阶段，必须在确保资源合理开发利用和生态环境良性循环的前提下，明确资源利用上限、环境容量底线以及生态保护红线，合理确定区域承载的人口数量及相应的经济社会活动总量，做到有限开发、有序开发，在发展经济的同时，切实保护好生态环境，真正达到人口、经济、资源环境相协调的状态。

---

① 刘银：《中国区域经济协调发展制度研究》，吉林大学，2014 年，第 27 页。

五是公民实际生活水平差距保持在适度范围。让全体公民公平地共享经济社会发展成果，是区域协调发展的最终目标。不论是按经济总量还是人类发展指数，评价区域发展的协调性，都应当坚持不求产业结构相似、不求发展速度相同、不求发展路径雷同，而是强调各地区充分发挥比较优势，促进人民收入水平和生活质量在发展过程中趋于一致，将人均收入差距控制在合理范围内，最终实现国民收入分布与人口地理分布基本吻合[①]。

六是规范的区域治理体系与高效的区域治理能力。区域治理是区域协调发展的根本保证，必须要有完善的治理体系和高效的治理能力。就区域内部治理而言，要按照治理体系和治理能力现代化的要求，合理培植治理主体，规范地方政府治理行为，全面提升治理效能。跨区域的治理，需要科学构建“跨区域治理体系”，规范中央与地方政府，以及地方政府之间的交互关系、各种制度安排、网络形态以及互动机制，实现区域间各类要素的有机衔接，提高合作水平，共同推进区域协调发展。

二、区域协调发展的演进

新中国成立以来，我国区域发展战略，经历了从平衡发展到梯度发展，再到区域协调发展的转变。

1. “156 项工程”与“三线建设”

区域发展严重失衡是旧中国留下的一份沉重遗产。在 20 世纪 50 年代之前，70% 以上的工业和近代交通设施，都偏集于东部沿海几个城市，国土面积占全国 56%、人口占全国近 1/4 的广大西部地区，其工业产值只占全国的 9.6%[②]。这种产业布局既是历史遗产，客观上也与我国人口、土地和资源的分布极不对称有关，严重影响了经济社会发展。

中华人民共和国成立之后，我国实行均衡发展战略。国家实施“156 项工程”建设和“三线建设”两次大规模的战略西移，建立独立的地区工业经济体系，均衡沿海与内地经济分布，实现生产力的均衡配置[③]。其中，“156 项工程”是中国第一个五年计划时期，从苏联与东欧国家引进的 156 项重点工矿业基本建设项目，建设时间为 1949 年至 1963 年，主要分布在东北地区、中部地区和西

---

① 郭树清：《推动区域协调发展》，http://www.qstheory.cn/dukan/qs/2015 - 11/15/c_1117135269.htm。

② 陈栋生：《区域协调发展的理论与实践》，载《理论参考》2005 年第 11 期，第 35—39 页。

③ 蒋清海：《论区域经济协调发展》，载《学术论坛》1992 年第 3 期，第 21—25 页。

部地区——当时150个施工项目中，70%以上布局在北方，其中东北54项；内地安排了118项，约占全部项目的79%；沿海地区约占21%。以“156项工程”为中心的大规模经济建设，初步奠定了我国工业化发展的基础。

“三线建设”是指1964年至1980年，国家在属于三线地区①的中西部13个省和自治区，进行以战备为指导思想的大规模国防、科技、工业和交通基本设施建设。“‘三线建设’的目标，是要采取多快好省的方法，在纵深地区，即在西南和西北地区（包括湘西、鄂西、豫西）建立一个比较完整的工业体系”。“三线建设”除增强了重庆、成都、昆明、贵阳、西安、兰州、银川和西宁等西部城市经济实力外，还将攀枝花、绵阳、德阳、遵义、都匀、凯里、酒泉、金昌等建成新兴城市和科研基地。具体来说，三线地区相继建设近2000个大中型企业和科研单位，建成5个大型科研基地和30个新兴城市。到1975年底，三线地区大型全民所有制企业占全国43.1%，煤炭开采能力和水电装机容量占全国50%以上，炼铁、炼钢和轧材能力超过全国30%；全国有色金属开采和冶炼能力的大部分、电子工业2/3的企业都集中在三线地区；三线地区机械工业固定资产占全国近1/3②。“三线建设”不仅直接带动了中西部地区基础工业的发展，而且使中西部地区的工业结构逐步趋于合理。

我们也要看到，20世纪50年代至70年代，我国出现了忽视沿海地区发展的倾向，体现为沿海地区投资减少和增长率下降，致使上海、华北等老工业基地的作用没有得到应有的发挥和加强。总的看，新中国成立前30年的均衡发展战略，在一定程度上缓解了区域经济的不平衡状况，建立了一批初具规模、行业较为齐全的工业基地。

2. 从区域非均衡发展到区域协调发展

改革开放至今，我国区域发展战略大致可分为三个阶段，即1979年至1999年的区域非均衡发展战略阶段，2000年至2017年的区域发展总体战略

---

① “三线”一般是指当时经济相对发达且处于国防前线的沿边沿海地区向内地收缩划分的三道线。一线地区指位于沿边沿海的前线地区；二线地区指一线地区与京广铁路之间的安徽、江西及河北、河南、湖北、湖南四省的东半部；三线地区指长城以南、广东韶关以北、京广铁路以西、甘肃乌鞘岭以东的广大地区，主要包括四川、重庆、贵州、云南、陕西、甘肃、宁夏、青海等省区以及山西、河北、河南、湖南、湖北、广西、广东等省区的部分地区，其中西南的川、贵、云和西北的陕、甘、宁、青俗称为“大三线”，一、二线地区的腹地俗称为“小三线”。

② 肖金成：《区域发展战略的演变与区域协调发展战略的确立——新中国区域发展70年回顾》，载《企业经济》2019年第2期，第43—50页。

阶段，以及 2017 年以来的区域协调发展阶段。

区域非均衡发展战略阶段（1979 年至 1999 年）。这一阶段，国家对经济发展战略布局进行重大调整，即实施向东倾斜的区域非均衡发展战略。这既是对改革开放前 30 年区域均衡发展战略的深刻反思，也是“两个大局”战略构想在区域发展中的具体实践。

中共十一届三中全会前后，邓小平 14 次提出，要把允许一部分地区和一部分人先富起来，作为一个大政策定下来。《中华人民共和国国民经济和社会发展第六个五年计划（1981—1985）》（1982）要求：“积极利用沿海地区的现有经济基础，充分发挥它们的特长，带动内地经济进一步发展。”编制国土开发规划，“首先是编制以上海为中心的长江三角洲的经济区规划”；内陆地区要“加快能源、交通和原材料工业建设，支援沿海地区经济的发展”。

“七五”计划（1986）提出：“‘七五’期间以至 90 年代，要加速东部沿海地带的发展，同时把能源、原材料建设的重点放到中部，并积极做好进一步开发西部地带的准备。”

“八五”计划（1991）要求：“‘八五’期间，要按照今后十年地区经济发展和生产力布局的基本原则，正确处理发挥地区优势与全国统筹规划、沿海与内地、经济发达地区与较不发达地区之间的关系，促进地区经济朝着合理分工、各展其长、优势互补、协调发展的方向前进。”

《中华人民共和国国民经济和社会发展“九五”计划和 2010 年远景目标纲要》（1996）要求：“从‘九五’开始，要更加重视支持内地的发展，实施有利于缓解差距扩大趋势的政策，并逐步加大工作力度，积极朝着缩小差距的方向努力。”

这一时期，我国东部地区得到了极大的发展，带动了整个国民经济发展水平快速提高，为持续推进改革开放和建立社会主义市场经济体制，打下了坚实基础。但是，在非均衡发展战略指导下，国家给予东部地区过多的特殊优惠政策，而给予中西部地区的政策相对不足，阻碍了中西部地区的经济发展和全国市场的培育。1979 年至 1999 年，东部地区与西部地区人均 GDP 差距由 228 元扩大到 5432 元；东部地区 1999 年人均 GDP 比西部地区高 1. 34 倍。东部地区与中、西部地区的经济差距不断拉大，不仅出现经济发展不平衡，而且出现社会发展不平衡。

区域发展总体战略阶段（2000 年至 2017 年）。我国先后实施西部大开发战略、东北地区等老工业基地振兴战略、促进中部地区崛起战略、鼓励东部地区率先发展战略以及主体功能区战略（2007 年）等，正式形成区域发展总体战略，区域协调发展进入新的阶段。

2000 年 10 月，中共十五届五中全会提出：“实施西部大开发，促进地区协调发展。”“十五”计划纲要（2001）提出，经济结构调整的主要预期目标之一是，“地区间发展差距扩大的趋势得到有效控制”。2002 年至 2006 年，中国先后出台《中共中央 国务院关于实施东北地区等老工业基地振兴战略的若干意见》（2003）、《中共中央 国务院关于促进中部地区崛起的若干意见》（2006）等政策。“十一五”规划纲要（2006）提出：坚持实施推进西部开放、振兴东北地区等老工业基地，促进中部地区崛起，鼓励东部地区率先发展的区域发展总体战略。至此，我国初步形成了“东部率先，西部开发，东北振兴，中部崛起”四大板块的发展格局。

2007 年，国务院印发的《关于编制全国主体功能区规划的意见》指出，编制全国主体功能区规划，就是要根据不同区域的资源环境承载能力、现有开发密度和发展潜力，统筹谋划，将国土空间划分为优化开发、重点开发、限制开发和禁止开发四类，确定主体功能定位，明确开发方向，控制开发强度，规范开发秩序，完善开发政策，逐步形成人口、经济、资源环境相协调的空间开发格局。2010 年 12 月，国务院印发了《全国主体功能区规划》。

党的十八大指出，基本建成促进区域协调发展的体制机制，是全面建成小康社会的重要目标之一。2014 年中央经济工作会议指出，要完善区域政策，促进各地区协调发展、协同发展、共同发展。西部开发、东北振兴、中部崛起、东部率先的区域发展总体战略，要继续实施。各地区要找准主体功能区定位和自身优势，确定工作着力点。

“十三五”规划纲要明确提出，以区域发展总体战略为基础，以“一带一路”建设、京津冀协同发展、长江经济带发展为引领，形成沿海沿江沿线经济带为主的纵向横向经济轴带，塑造要素有序自由流动、主体功能约束有效、基本公共服务均等、资源环境可承载的区域协调发展新格局。

此外，国家先后批复珠江三角洲、长江三角洲、天津滨海新区、福建省海峡西岸经济区、关中—天水经济区、中国图们江区域、黄河三角洲、横琴新区、安徽皖江城市带、鄱阳湖生态经济区、中原经济区、成渝经济区、滇中新区等10余个区域经济发展战略[①]。

这一时期，我国区域协调发展成就显著。一是区域差距呈缩小趋势。随着我国内陆地区经济发展逐步加快，虽然总的地区差距仍然在扩大，但扩大的速度已经逐渐减缓。二是经济空间布局呈有序均衡态势。我国区域经济布局由集中走向分散，区域投资的空间流向呈现出北上西进态势；东南沿海的产业也在加快向中西部转移，改变了长期以来各种要素和产业高度集中在东部沿海地区的局面[②]。

区域协调发展上升为国家战略阶段（2017年至今）。国家在继续推进实施区域发展总体战略的同时，推动实现“四大板块”与“五大战略”融合，构建区域协调发展新格局。这是对区域发展总体战略的进一步深化。

党的十九大报告明确提出，要坚定实施区域协调发展战略，并将其作为决胜全面建成小康社会，开启全面建设社会主义现代化国家新征程的七大战略之一。2017年中央经济工作会议将“实施区域协调发展战略”，作为推动高质量发展需要做好的八项重点工作之一。

2018年，中国印发《中共中央 国务院关于建立更加有效的区域协调发展新机制的意见》。意见提出，建立更加有效的区域协调发展新机制的总体目标是，到2020年，建立与全面建成小康社会相适应的区域协调发展新机制；到2035年，建立与基本实现现代化相适应的区域协调发展新机制；到本世纪中叶，建立与全面建成社会主义现代化强国相适应的区域协调发展新机制。

2019年8月，中央财经委员会第五次会议强调，要根据各个地区的条件，走合理分工、优化发展的路子，落实主体功能区战略，完善空间治理，形成优势互补、高质量发展的区域经济布局。

---

① 西部大开发方面，国家相继出台了《西部大开发“十二五”规划》《沿边地区开放开发规划》《西部大开发“十三五”规划》，青海省柴达木循环经济试验区总体规划、成渝经济区区域规划等，批准设立了西咸新区、重庆两江新区、兰州新区、贵安新区、天府新区等。在东部老工业基地振兴方面，相继发布了《关于近期支持东北振兴若干重大政策举措的意见》《辽宁沿海经济发展带》《全国老工业基地调整改造规划》，并批准设立了大连金普新区。在促进中部崛起方面，国务院批复同意《中原经济区规划》《鄱阳湖生态经济区规划》《皖江城市带承接产业转移示范区规划》等。在支持东部地区率先发展方面，国务院批复了《江苏沿海地区发展规划》《横琴总体发展规划》《黄河三角洲高效生态经济区发展规划》、海南国际旅游岛建设，并批准设立了浙江舟山群岛新区、广东南沙新区、青岛西海岸新区、南京江北新区等。

② 石碧华：《中国区域经济发展70年的回顾和展望》，载《中国经济学人》2019年第4期，第66—95页。

第二节　中国区域协调发展新格局

改革开放以来，我国适时调整区域政策，形成了“四大板块”“五大战略”“全国一盘棋”的区域协调发展新格局。

一、“四大板块”

中国的“四大板块”为：推进西部大开发，振兴东北地区等老工业基地，促进中部地区崛起，鼓励东部地区率先发展，简称西部开发、东北振兴、中部崛起、东部率先。“四大板块”覆盖我国大陆全部国土，是全局性战略，是既能平衡区域关系，又能有针对性地解决不同区域不同发展问题的战略①。

1. 西部大开发

西部大开发的目的是“把东部沿海地区的剩余经济发展能力，用以提高西部地区的经济和社会发展水平、巩固国防”，也是中国政府在最大限度上维护和保障西部地区广大人民的生存权、实现发展权的具体体现。

——开发范围：内蒙古、广西、重庆、四川、贵州、云南、西藏、陕西、甘肃、青海、宁夏、新疆（新疆生产建设兵团单列）12 个西部省（自治区、直辖市），面积为 685 万平方千米，占全国的 71.4%；人口约 3.8 亿，占全国的 29%。吉林延边州、湖北恩施州和湖南湘西州三个州②，海南的 8 个县（市）③，以及中部地区六省的 243 个县（市、区），均比照实施西部大开发政策。

——战略目标：力争用 5 到 10 年时间，使西部地区基础设施和生态环境建设取得突破性进展，西部开发有良好的开局。到 21 世纪中叶，要将西部地区建成一个经济繁荣、社会进步、生活安定、民族团结、山川秀美的新西部。

——主要任务措施：一是加快基础设施建设，提升发展保障能力，包括加快综合交通网络、水利、油气管道、电网建设、信息基础设施建设。二是

① 张军扩、侯永志：《开创区域协调发展新局面》，2016 年 8 月 5 日《人民日报》。

② 原国务院西部办 2001 年 8 月印发《关于西部大开发若干政策措施的实施意见》明确提出，实施西部大开发若干政策措施和本实施意见的适用范围包括西部 12 省（自治区、直辖市），其他地区的民族自治州（湖南湘西州、湖北恩施州、吉林延边州）在实际工作中比照有关政策措施予以照顾。

③ 原国务院西部办 2003 年 9 月印发通知，将海南的琼中、保亭、昌江、白沙、陵水、乐东 6 个民族自治县，以及东方市、五指山市，比照国家西部开发的有关政策。

加强生态建设和环境保护，推进重点生态区综合治理，构筑国家生态安全屏障。三是夯实农业基础，统筹城乡发展，推进农村改革和制度创新，扎实推进城镇化。四是发展特色优势产业，建设国家能源基地、建设装备制造业基地、建设战略性新兴产业基地，大力发展现代服务业。五是强化科技创新，加快人才资源开发。六是大力发展社会事业，着力保障和改善民生。七是加强重点经济区开发，支持老少边穷地区发展。八是坚持体制机制创新，扩大对内对外开放，提升沿边开发开放水平，大力发展内陆开放型经济。

2020 年 1 月 3 日，中央财经委员会第六次会议强调，推动成渝地区双城经济圈建设，有利于在西部形成高质量发展的重要增长极，打造内陆开放战略高地，对于推动高质量发展具有重要意义。要尊重客观规律，发挥比较优势，推进成渝地区统筹发展，促进产业、人口及各类生产要素合理流动和高效集聚，强化重庆和成都的中心城市带动作用，使成渝地区成为具有全国影响力的重要经济中心、科技创新中心、改革开放新高地、高品质生活宜居地。

2. 东北振兴

东北地区是中国重要的工业与农业基地，拥有一批关系国民经济命脉和国家安全的战略性产业。东北地区区位条件优越，沿边沿海优势明显，是全国经济的重要增长极，在国家发展全局中举足轻重，在全国现代化建设中至关重要。2002 年中共十六大明确提出：“支持东北地区等老工业基地加快调整和改造，支持以资源开采为主的城市和地区发展接续产业。”

——振兴范围：辽宁、吉林、黑龙江 3 省和内蒙古呼伦贝尔市、兴安盟、通辽市、赤峰市和锡林郭勒盟（蒙东地区），土地面积 145 万平方千米。国务院办公厅 2007 年发布通知，中部六省的 26 个城市比照实施振兴东北地区等老工业基地有关政策①。

——发展目标：到 2020 年，东北地区在重要领域和关键环节改革上取得

① 中部 6 省 26 个城市比照实施振兴东北地区等老工业基地有关政策：
山西省：太原、大同、阳泉、长治。
安徽省：合肥、马鞍山、蚌埠、芜湖、淮南。
江西省：南昌、萍乡、景德镇、九江。
河南省：郑州、洛阳、焦作、平顶山、开封。
湖北省：武汉、黄石、襄樊、十堰。
湖南省：长沙、株洲、湘潭、衡阳。
见《国务院办公厅关于中部六省比照实施振兴东北地区等老工业基地和西部大开发有关政策范围的通知》（2007）。

重大成果，转变经济发展方式和结构性改革取得重大进展，经济保持中高速增长，与全国同步实现全面建成小康社会目标。产业迈向中高端水平，自主创新和科研成果转化能力大幅提升，重点行业和企业具备较强国际竞争力，经济发展质量和效益明显提高；新型工业化、信息化、城镇化、农业现代化协调发展新格局基本形成；人民生活水平和质量普遍提高，城乡居民收入增长和经济发展同步，基本公共服务水平大幅提升；资源枯竭、产业衰退地区转型发展取得显著成效。在此基础上，争取再用10年左右时间，东北地区实现全面振兴，走向全国现代化建设前列，成为全国重要的经济支撑带，具有国际竞争力的先进装备制造业基地和重大技术装备战略基地，国家新型原材料基地、现代农业生产基地和重要技术创新与研发基地。

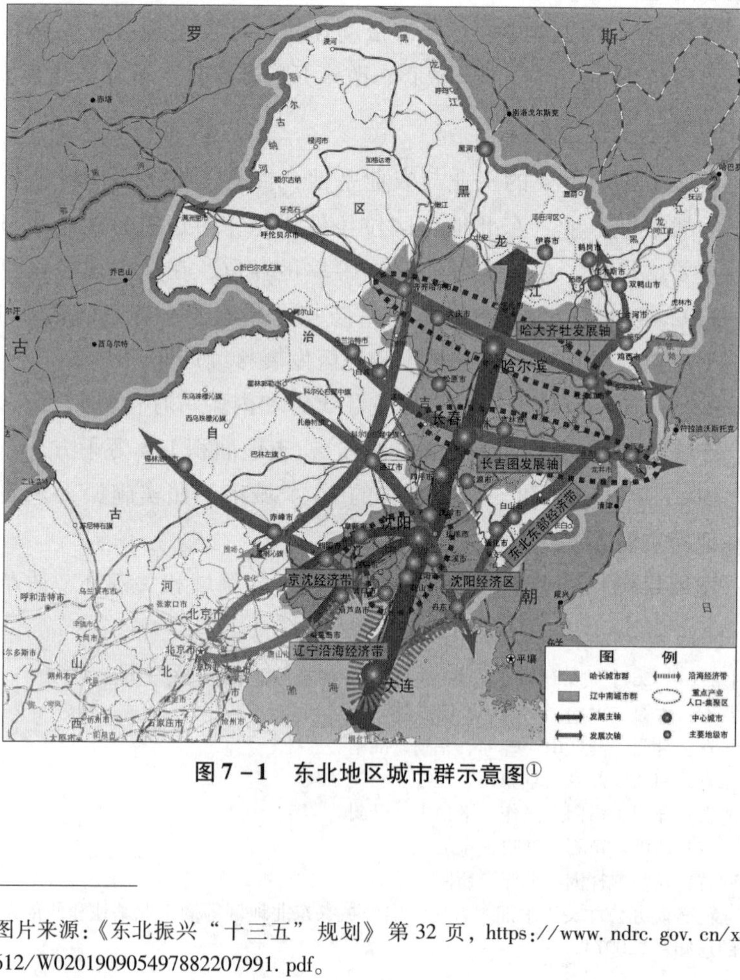

图7－1　东北地区城市群示意图①

① 图片来源：《东北振兴“十三五”规划》第32页，https://www.ndrc.gov.cn/xxgk/zcfb/ghub/201612/W020190905497882207991.pdf。

——任务措施：一是完善体制机制。加快转变政府职能，解决政府直接配置资源、管得过多过细以及职能错位、越位、缺位、不到位等问题；进一步推进国资国企改革，完善国有企业治理模式和经营机制，真正确立企业市场主体地位，解决好历史遗留问题；进一步放宽民间资本进入的行业和领域，支持民营企业参与国有企业改制重组；深入推进厂办大集体、国有林区林场、农垦等专项领域改革；主动融入、积极参与“一带一路”，对接京津冀等经济区，构建区域合作新格局。二是推进结构调整。促进装备制造等优势产业提质增效，打造“中国制造 2025”先行区；积极培育新产业新业态，尽快形成多点多业支撑的新格局；大力发展以生产性服务业为重点的现代服务业；率先构建现代农业产业体系、生产体系、经营体系，加快发展现代化大农业；强化区内及与毗邻省（区）、相邻国家基础设施互联互通，构建内联外通基础设施网络。三是鼓励创新创业。推动科技、产业、企业、市场、产品、业态、管理等各类创新；促进科教机构与区域发展紧密结合，培育壮大创新创业群体；把引进、培养、留住和用好人才放在优先位置，加大人才培养和智力引进力度。四是着力保障和改善民生。全力解决好教育、就业、社保、医疗卫生、食品安全等问题，保障民生链正常运转；全面实施棚户区、独立工矿区改造等重大民生工程；推进城市更新改造，提高城市综合承载和辐射能力，推进城乡规划、建设和基本公共服务均等化；支持资源枯竭城市实施产业转型攻坚行动计划，促进资源型城市可持续发展；打造北方生态屏障和山青水绿的宜居家园。

3. 中部崛起

中部地区承东启西、连南接北，交通网络发达、生产要素密集、人力和科教资源丰富、产业门类齐全、基础条件优越、发展潜力巨大，在全国区域发展格局中具有重要战略地位。2004 年 3 月，温家宝在政府工作报告中首次提出促进中部地区崛起。2006 年 3 月 27 日，中共中央政治局召开会议，研究促进中部地区崛起工作。2019 年 5 月，习近平主持召开推动中部地区崛起工作座谈会。

——范围：山西、安徽、江西、河南、湖北、湖南 6 省。国土面积 102.8 万平方千米，占全国陆地国土总面积的 10.7%。

——基本定位：促进中部地区崛起“十三五”规划，将中部定位为“一中心、四区”：即全国重要先进制造业中心，全国新型城镇化重点区、全国现代农业发展核心区、全国生态文明建设示范区、全方位开放重要支撑区。

——发展目标：到 2020 年中部地区全面建成小康社会，经济保持中高速增长、产业整体迈向中高端水平，现代农业发展走在全国前列，生态环境质量总体改善，人民生活水平和质量普遍提高。

——任务措施：一是优化空间，构建区域协调发展新格局。二是改革创新，培育区域发展新动能。三是转型升级，建设现代产业新体系。四是做强做优，开创现代农业发展新局面。五是统筹城乡，推动新型城镇化取得新突破。六是纵横联通，构筑现代基础设施新网络。七是绿色发展，打造蓝天碧水新家园。八是增进福祉，促进人民生活迈上新台阶。九是开放合作，塑造区域竞争新优势。

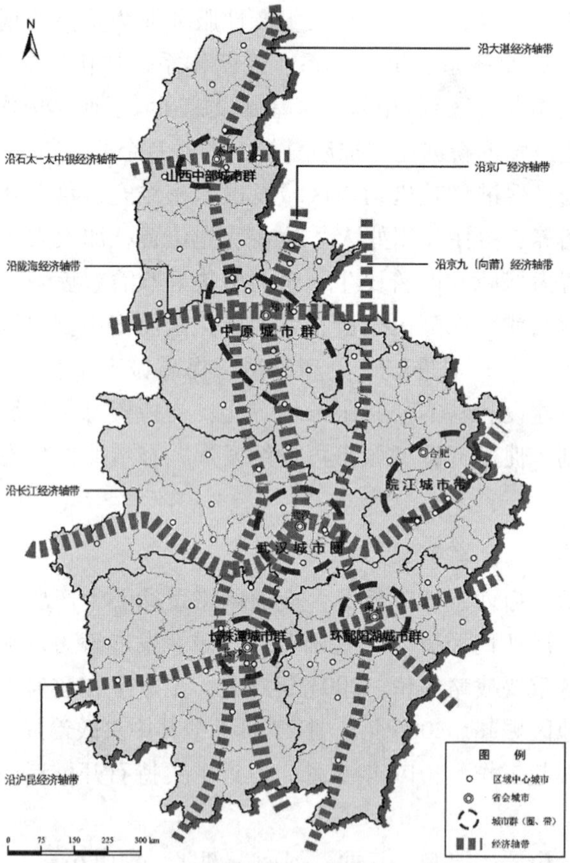

图 7-2　中部地区空间开发示意图[①]

① 图片来源：《促进中部地区崛起“十三五”规划》第 12 页，https://www.ndrc.gov.cn/xxgk/zcfb/tz/201612/W020190905516167824294.pdf。

4. 东部率先

东部地区是我国经济最发达的地区，经济规模和发展质量居“四大板块”之首。其中，东部沿海经济区以长三角为引擎，北部沿海经济区以京津冀和山东半岛城市群为引擎，南部沿海经济区以珠三角为引擎。伴随经济全球化和区域经济一体化的进程，以长三角、珠三角、京津冀的崛起为标志的东部区域经济一体化格局初步形成。“十一五”规划纲要（2006）提出，鼓励东部地区率先发展。十九大报告提出“创新引领率先实现东部地区优化发展”。

——范围：北京、天津、河北、上海、江苏、浙江、福建、山东、广东、海南和台湾、香港、澳门等省（特别行政区），土地面积占全国9.6%。

——目标：东部地区更好发挥对全国发展的支撑引领作用，增强辐射带动能力。

——任务措施：支持加快实现创新驱动发展转型，打造具有国际影响力的创新高地。加快推动产业升级，引领新兴产业和现代服务业发展，打造全球先进制造业基地。加快建立全方位开放型经济体系，更高层次参与国际合作与竞争。在公共服务均等化、社会文明程度提高、生态环境质量改善等方面走在前列，推进环渤海地区合作协调发展。支持珠三角地区建设开放创新转型升级新高地，加快深圳科技、产业创新中心建设。深化泛珠三角区域合作，促进珠江－西江经济带加快发展。

二、重大国家战略

中国的重大国家战略包括：京津冀协同发展、长江经济带发展、粤港澳大湾区建设、长三角一体化发展、黄河流域生态保护和高质量发展等几大战略①。

1. 京津冀协同发展

京津冀包括北京、天津、河北3省市，地域面积约21.6万平方千米，占全国的2.3%；2018年末常住人口1.1亿，占全国的8.1%。京津冀协同发展

---

①　习近平2019年9月18日上午在郑州主持召开黄河流域生态保护和高质量发展座谈会并发表重要讲话指出，黄河流域生态保护和高质量发展，同京津冀协同发展、长江经济带发展、粤港澳大湾区建设、长三角一体化发展一样，是重大国家战略。《中共中央　国务院关于营造更好发展环境支持民营企业改革发展的意见》（2019年）第十七条提出：完善民营企业参与国家重大战略实施机制。鼓励民营企业积极参与共建“一带一路”、京津冀协同发展、长江经济带发展、长江三角洲区域一体化发展、粤港澳大湾区建设、黄河流域生态保护和高质量发展、推进海南全面深化改革开放等重大国家战略。

的核心是有序疏解北京非首都功能，调整经济结构和空间结构，走出一条内涵集约发展的新路子，探索出一种人口经济密集地区优化开发的模式，形成新增长极。2014 年 2 月 26 日，京津冀协同发展工作座谈会强调，京津冀地缘相接、人缘相亲，地域一体、文化一脉，历史渊源深厚、交往半径相宜，完全能够相互融合、协同发展。推进京津冀协同发展，要立足各自比较优势、立足现代产业分工要求、立足区域优势互补原则、立足合作共赢理念，以京津冀城市群建设为载体、以优化区域分工和产业布局为重点、以资源要素空间统筹规划利用为主线、以构建长效体制机制为抓手，从广度和深度上加快发展。2015 年 4 月 30 日，中央政治局会议审议通过了《京津冀协同发展规划纲要》，要求坚持协同发展、重点突破、深化改革、有序推进。要严控增量、疏解存量、疏堵结合调控北京市人口规模。要在京津冀交通一体化、生态环境保护、产业升级转移等重点领域率先取得突破。要大力促进创新驱动发展，增强资源能源保障能力，统筹社会事业发展，扩大对内对外开放。要加快破除体制机制障碍，推动要素市场一体化，构建京津冀协同发展的体制机制，加快公共服务一体化改革。要抓紧开展试点示范，打造若干先行先试平台。

京津冀协同发展重点任务，第一要推动北京非首都功能疏解取得新突破。第二是推动河北雄安新区规划建设取得新突破。第三是推动北京城市副中心规划建设取得新突破。第四是推动以打赢蓝天保卫战为重点的生态环境保护取得新突破。第五是推动以交通一体化为重点的基础设施建设取得新突破。把跨区域重大轨道交通项目建设作为当前推进交通一体化的重中之重，加快推进骨干线路和重要站点建设，打造“轨道上的京津冀”[①]。

2. 长江经济带

长江经济带[②]覆盖上海、江苏、浙江、安徽、江西、湖北、湖南、重庆、四川、云南、贵州 11 省市，面积约 205 万平方千米，人口和生产总值均超过全国的 40%。长江经济带横跨我国东中西三大区域。中国先后印发《关于依托黄金水道推动长江经济带发展的指导意见》（2014）和《长江经济带发展规划纲要》（2016）。

---

① 国家发改委：以“五个新突破”为抓手推进京津冀协同发展，http://www.gov.cn/xinwen/2018-09/21/content_5324464.htm?_zbs_baidu_bk。

② 20 世纪 80 年代，经济地理学家陆大道就提出了“T 形”发展战略，即由沿海为一个战略轴线，沿江为主轴线形成的整体空间格局：海岸经济带和长江经济带两个一级重点经济带形成“T 形”，并在长江三角洲交会，长江经济带将成渝地区、武汉地区与海岸经济带联系起来，这种空间结构准确反映了我国国土资源、经济实力以及开发潜力的分布框架。

——长江经济带四大战略定位：生态文明建设的先行示范带、引领全国转型发展的创新驱动带、具有全球影响力的内河经济带、东中西互动合作的协调发展带。

——推动长江经济带发展的目标是：到2020年，生态环境明显改善，水资源得到有效保护和合理利用；长江黄金水道瓶颈制约有效疏畅、功能显著提升，基本建成综合立体交通走廊；创新驱动取得重大进展，研究与试验发展经费投入强度达到2.5%以上，战略性新兴产业形成规模，培育形成一批世界级的企业和产业集群；基本形成陆海统筹、双向开放，与“一带一路”建设深度融合的全方位对外开放新格局；基本建立以城市群为主体形态的城镇化战略格局，城镇化率达到60%以上；协调统一、运行高效的长江流域管理体制全面建立，统一开放的现代市场体系基本建立；经济发展质量和效益大幅提升，基本形成引领全国经济社会发展的战略支撑带。到2030年，水环境和水生态质量全面改善，生态系统功能显著增强，水脉畅通、功能完备的长江全流域黄金水道全面建成，创新型现代产业体系全面建立，上中下游一体化发展格局全面形成，生态环境更加美好、经济发展更具活力、人民生活更加殷实，在全国经济社会发展中发挥更加重要的示范引领和战略支撑作用。

——空间布局：“一轴、两翼、三极、多点”。“一轴”是指以长江黄金水道为依托，发挥上海、武汉、重庆的核心作用，以沿江主要城镇为节点，构建沿江绿色发展轴。“两翼”是指发挥长江主轴线的南北两翼支撑力。南翼以沪瑞运输通道为依托，北翼以沪蓉运输通道为依托，促进交通互联互通，加强长江重要支流保护，增强省会城市、重要节点城市人口和产业集聚能力。“三极”是指以长江三角洲城市群、长江中游城市群、成渝城市群为主体，打造长江经济带三大增长极。“多点”是指发挥三大城市群以外地级城市的支撑作用，建设特色城市，带动地区经济发展。

——任务措施：一是把保护和修复长江生态环境摆在首要位置，开展生态文明先行示范区建设，努力建成上中下游相协调、人与自然相和谐的绿色生态廊道。二是依托长江黄金水道建设综合立体交通走廊，统筹铁路、公路、航空、管道建设，大力发展多式联运。三是大力实施创新驱动发展战略，推进产业转型升级，打造产业集群加快实施“中国制造2025”、加快推进农业现代化、大力发展现代服务业，培育和壮大战略性新兴产业，创新产业转移方式，引导产业有序转移。四是推进新型城镇化进程，要以城市群为重点，优化城镇化空间格局，创新城市规划、建设与管理，增强城市综合承载能力，统筹城乡发展，推进美丽乡村建设。五是构建长江经济带东西双向、海陆统筹的对外开放新格局。重点是发挥上海及长江三角洲地区的引领作用，将云南建设成为面向南亚东南亚的辐射中心，加快内陆开放型经济高地建设。六是推进一体化市场体系建设。重点是统一市场准入制度，促进基础设施共建共享，加快完善投融资体制。七是推进基本公共服务合作发展。重点是加快教育合作发展，推进公共文化协同发展，加强医疗卫生联动协作，完善区域社会保障体系。

3. 粤港澳大湾区

粤港澳大湾区（Guangdong-Hong Kong-Macao Greater Bay Area，GBA）由香港、澳门两个特别行政区和广东省广州、深圳（含深汕特别合作区）、珠海、佛山、肇庆、惠州、东莞、中山、江门9个城市组成，总面积5.6万平方千米，2018年末总人口已达7000万。2017年7月1日，粤港澳三地签署《深化粤港澳合作　推进大湾区建设框架协议》，提出共同打造国际一流湾区和世界级城市群。2019年2月18日，中国印发《粤港澳大湾区发展规划纲要》。

——战略定位。将粤港澳大湾区建成充满活力的世界级城市群、具有全球影响力的国际科技创新中心、“一带一路”建设的重要支撑、内地与港澳深度合作示范区、宜居宜业宜游的优质生活圈。

——发展目标。到2022年，粤港澳大湾区综合实力显著增强，粤港澳合作更加深入广泛，国际一流湾区和世界级城市群框架基本形成。到2035年，大湾区形成以创新为主要支撑的经济体系和发展模式，经济实力、科技实力大幅跃升，国际竞争力、影响力进一步增强；大湾区内市场高水平互联互通基本实现，各类资源要素高效便捷流动；区域发展协调性显著增强，对周边地区的引领带动能力进一步提升；人民生活更加富裕；社会文明程度达到新高度，文化软实力显著增强，中华文化影响更加广泛深入，多元文化进一步交流融合；资源节约集约利用水平显著提高，生态环境得到有效保护，宜居宜业宜游的国际一流湾区全面建成。

——空间布局。一是构建极点带动、轴带支撑网络化空间格局。极点带动是发挥香港－深圳、广州－佛山、澳门－珠海强强联合的引领带动作用，深化港深、澳珠合作，加快广佛同城化建设，提升整体实力和全球影响力，引领粤港澳大湾区深度参与国际合作。轴带支撑是依托以高速铁路、城际铁路和高等级公路为主体的快速交通网络与港口群和机场群，构建区域经济发展轴带，形成主要城市间高效连接的网络化空间格局。二是完善城市群和城镇发展体系。优化提升中心城市，把香港、澳门、广州、深圳四大中心城市作为区域发展的核心引擎；建设重要节点城市，支持珠海、佛山、惠州、东莞、中山、江门、肇庆等形成特色鲜明、功能互补、具有竞争力的重要节点城市；发展特色城镇，培育一批具有特色优势的魅力城镇，建设智慧小镇，探索未来城市发展模式，加快推进特大镇行政管理体制改革；促进城乡融合发展，推动珠三角9市城乡一体化发展，建设具有岭南特色的宜居城乡。三是辐射带动泛珠三角区域发展。统筹珠三角9市与粤东西北地区生产力布局，构建以粤港澳大湾区为龙头，以珠江－西江经济带为腹地，带动中南、西南地区发展，辐射东南亚、南亚的重要经济支撑带。

——任务措施。一是建设国际科技创新中心。构建开放型区域协同创新共同体，打造高水平科技创新载体和平台，优化区域创新环境。二是加快基础设施互联互通。构建现代化的综合交通运输体系，优化提升信息基础设施，建设能源安全保障体系和强化水资源安全保障。三是构建具有国际竞争力的现代产业体系。加快发展先进制造业，培育壮大战略性新兴产业，加快发展现代服务业和大力发展海洋经济。四是推进生态文明建设。打造生态防护屏障，加强环境保护和治理，创新绿色低碳发展模式。五是建设宜居宜业宜游的优质生活圈。打造教育和人才高地，共建人文湾区，构筑休闲湾区，拓展就业创业空间，塑造健康湾区，促进社会保障和社会治理合作。六是紧密合作共同参与“一带一路”建设。打造具有全球竞争力的营商环境，提升市场一体化水平，携手扩大对外开放。七是共建粤港澳合作发展平台。优化提升深圳前海深港现代服务业合作区功能，打造广州南沙粤港澳全面合作示范区，推进珠海横琴粤港澳深度合作示范，发展特色合作平台。

4. 长三角一体化发展

长三角是我国经济发展最活跃、开放程度最高、创新能力最强的区域之一，在全国经济格局中具有举足轻重的地位。长三角一体化发展具有极大的区域带动和示范作用。2019年12月，中国印发《长江三角洲区域一体化发展规划纲要》。

——规划范围。包括上海市、江苏省、浙江省、安徽省全域（面积35.8万平方千米）。主要以上海市，江苏省南京、无锡、常州、苏州、南通、扬州、镇江、盐城、泰州，浙江省杭州、宁波、温州、湖州、嘉兴、绍兴、金华、舟山、台州，安徽省合肥、芜湖、马鞍山、铜陵、安庆、滁州、池州、宣城27个城市为中心区（面积22.5万平方千米），辐射带动长三角地区高质量发展。以上海青浦、江苏吴江、浙江嘉善为长三角生态绿色一体化发展示范区（面积约2300平方千米），示范引领长三角地区更高质量一体化发展。

以上海临港等地区为中国（上海）自由贸易试验区新片区，打造与国际通行规则相衔接、更具国际市场影响力和竞争力的特殊经济功能区。

——战略定位。全国发展强劲活跃增长极、全国高质量发展样板区、率先基本实现现代化引领区、区域一体化发展示范区、新时代改革开放新高地。

——发展目标。到 2025 年，长三角一体化发展取得实质性进展。跨界区域、城市乡村等区域板块一体化发展达到较高水平，在科创产业、基础设施、生态环境、公共服务等领域基本实现一体化发展，全面建立一体化发展的体制机制。到 2035 年，长三角一体化发展达到较高水平。现代化经济体系基本建成，城乡区域差距明显缩小，公共服务水平趋于均衡，基础设施互联互通全面实现，人民基本生活保障水平大体相当，一体化发展体制机制更加完善，整体达到全国领先水平，成为最具影响力和带动力的强劲活跃增长极。

——任务措施。一是推动形成区域协调发展新格局。发挥上海龙头带动作用，苏浙皖各扬所长，加强跨区域协调互动，提升都市圈一体化水平，推动城乡融合发展，构建区域联动协作、城乡融合发展、优势充分发挥的协调发展新格局。二是加强协同创新产业体系建设。深入实施创新驱动发展战略，走“科创 + 产业”道路，促进创新链与产业链深度融合，以科创中心建设为引领，打造产业升级版和实体经济发展高地，不断提升在全球价值链中的位势，为高质量一体化发展注入强劲动能。三是提升基础设施互联互通水平。协同建设一体化综合交通体系，共同打造数字长三角，协同推进跨区域能源基础设施建设，加强省际重大水利工程建设。四是强化生态环境共保联治。坚持生态保护优先，把保护和修复生态环境摆在重要位置，加强生态空间共保，推动环境协同治理，夯实绿色发展生态本底，努力建设绿色美丽长三角。五是加快公共服务便利共享。推进公共服务标准化便利化，共享高品质教育医疗资源，推动文化旅游合作发展，共建公平包容的社会环境。六是推进更高水平协同开放。以“一带一路”建设为统领，共建高水平开放平台，协同推进开放合作，合力打造国际一流营商环境。七是创新一体化发展体制机制。建立规则统一的制度体系，促进要素市场一体化，完善多层次多领域合作机制。八是高水平建设长三角生态绿色一体化发展示范区。打造生态友好型一体化发展样板，创新重点领域一体化发展制度，加强改革举措集成创新，引领长三角一体化发展。九是高标准建设上海自由贸易试验区新片区。以投资自由、贸易自由、资金自由、运输自由、人员从业自由等为重点，推进投资贸易自由化、便利化，打造与国际通行规则相衔接、更具国际市场影响力和竞争力的特殊经济功能区。

5. 黄河流域生态保护和高质量发展

黄河是世界第五大长河、中国第二长河，是中华民族的母亲河，全长5464千米，流域面积75万多平方千米，流经青海、四川、甘肃、宁夏、内蒙古、陕西、山西、河南和山东9省区，总人口4.2亿，占全国30.3%；GDP约占全国26.5%（2018）。由于历史、自然条件等原因，黄河流域经济社会发展相对滞后，特别是上中游地区和下游滩区，是我国贫困人口相对集中的区域。2019年9月18日，习近平在黄河流域生态保护和高质量发展座谈会上指出，黄河流域生态保护和高质量发展，是重大国家战略。实现黄河流域高质量发展，全域统筹是关键，生态保护是生命底线，文化传承与创新是永续内力，人民宜居共享是根本目标①。

——发展目标。要立足于全流域和生态系统的整体性，坚持生态优先、绿色发展，以水而定、量水而行，因地制宜、分类施策，上下游、干支流、左右岸统筹谋划，共同抓好大保护，协同推进大治理，着力加强生态保护治理、保障黄河长治久安、促进全流域高质量发展、改善人民群众生活、保护传承弘扬黄河文化，让黄河成为造福人民的幸福河。

——任务措施。第一，推进黄河流域生态保护修复。上游要以三江源、祁连山、甘南黄河上游水源涵养区等为重点，推进实施一批重大生态保护修复和建设工程，提升水源涵养能力。中游要突出抓好水土保持和污染治理。下游黄河三角洲要做好湿地生态系统修复工作，促进河流生态系统健康，提高生物多样性。实施水污染综合治理、大气污染综合治理、土壤污染治理等工程，加大黄河流域污染治理。第二，保障黄河长治久安。抓住水沙关系调节这个“牛鼻子”，坚持先上游后下游，先支流后干流，实施河道和滩区综合提升治理工程，解决九龙治水、分头管理问题，完善水沙调控机制，减缓黄河下游淤积，确保黄河沿岸安全。第三，推进水资源节约集约利用。坚持量水而行、节水为重，以水定城、以水定地、以水定人、以水定产，把水资源作为最大的刚性约束，合理规划人口、城市，倒逼产业结构调整，建设现代产业体系。大力发展节水产业和技术，大力推进农业节水，全面实施深度节水控水行动，坚决抑制不合理用水需求，推动用水方式由粗放向节约集约转变。第四，推动黄河流域高质量发展。沿黄河各地区要坚持因地制宜、分类施策，发挥各地比较优势，宜粮则粮、宜农则农、宜工则工、宜商则商，积

① 陈晓东、金碚：《黄河流域高质量发展的着力点》，载《改革》2019年第11期，第25—32页。

极探索富有地域特色的高质量发展新路子。三江源、祁连山等生态功能重要的地区主要是保护生态，涵养水源，创造更多生态产品。河套灌区、汾渭平原等粮食主产区要发展现代农业，把农产品质量提上去，为保障国家粮食安全作出贡献。要推进兰州－西宁城市群发展，推进黄河“几”字弯都市圈协同发展，强化西安、郑州国家中心城市的带动作用，发挥山东半岛城市群龙头作用，推动沿黄地区中心城市及城市群高质量发展。贫困地区要提高基础设施和公共服务水平，全力保障和改善民生。要积极参与共建“一带一路”，提高对外开放水平，以开放促改革、促发展。第五，保护、传承、弘扬黄河文化。要实施黄河文化遗产系统保护工程，深入挖掘黄河文化蕴含的时代价值，讲好“黄河故事”，打造具有国际影响力的黄河文化旅游带，开展黄河文化宣传，大力弘扬黄河文化，延续历史文脉。

三、“一带一路”与千年大计

1. “一带一路”倡议

“一带一路”是“丝绸之路经济带”和“21世纪海上丝绸之路”的简称。2013年9月和10月，习近平在出访中亚和东南亚国家期间，先后提出共建“丝绸之路经济带”和“21世纪海上丝绸之路”的重大倡议。2015年3月28日，中国发布了《推动共建丝绸之路经济带和21世纪海上丝绸之路的愿景与行动》。“一带一路”贯穿亚欧非大陆，一头是活跃的东亚经济圈，一头是发达的欧洲经济圈，中间广大腹地国家的经济发展潜力巨大。“一带”重点畅通中国经中亚、俄罗斯至欧洲（波罗的海），中国经中亚、西亚至波斯湾、地中海，中国至东南亚、南亚、印度洋。“一路”重点方向是从中国沿海港口过南海到印度洋，延伸至欧洲；从中国沿海港口过南海到南太平洋。“一带一路”在陆上依托国际大通道，以沿线中心城市为支撑，以重点经贸产业园区为合作平台，共同打造新亚欧大陆桥、中蒙俄、中国－中亚－西亚、中国－中南半岛等国际经济合作走廊；海上以重点港口为节点，共同建设通畅安全高效的运输大通道。“一带一路”以政策沟通、设施连通、贸易畅通、资金融通、民心相通为主要内容，努力实现区域基础设施更加完善，安全高效的陆海空通道网络基本形成，互联互通达到新水平；投资贸易便利化水平进一步提升，高标准自由贸易区网络基本形成，经济联系更加紧密，政治互信更加深入；人文交流更加广泛深入，不同文明互鉴共荣，各国人民相知相交、和平友好。

2. 千年大计

2017年4月，中共中央、国务院决定设立河北雄安新区。雄安新区是继深圳经济特区和上海浦东新区之后又一具有全国意义的新区，是千年大计。雄安新区规划范围涉及河北省雄县、容城、安新3县及周边部分区域，地处北京、天津、保定腹地，现有开发程度较低，发展空间充裕，具备高起点高标准开发建设的基本条件。雄安新区规划建设以特定区域为起步区先行开发，起步区面积约100平方千米，中期发展区面积约200平方千米，远期控制区面积约2000平方千米。规划建设雄安新区七项重点任务：一是建设绿色智慧新城，建成国际一流、绿色、现代、智慧城市。二是打造优美生态环境，构建蓝绿交织、清新明亮、水城共融的生态城市。三是发展高端高新产业，积极吸纳和集聚创新要素资源，培育新动能。四是提供优质公共服务，建设优质公共设施，创建城市管理新样板。五是构建快捷高效交通网，打造绿色交通体系。六是推进体制机制改革，发挥市场在资源配置中的决定性作用和更好发挥政府作用，激发市场活力。七是扩大全方位对外开放，打造扩大开放新高地和对外合作新平台。

本章小结

区域协调发展是指不同区域之间以及区域内部之间的人口、经济、社会、环境、资源、治理体系与治理能力等各个系统相互促进、和谐共生，实现各自效益最优的发展过程与状态。

中国区域发展战略经历了从平衡发展到梯度发展再到区域协调发展的转变。2017年以来，区域协调发展战略上升为新时代国家重大战略之一，是贯彻新发展理念、建设现代化经济体系的重要组成部分。

改革开放以来，中国适时调整区域政策，从以往的非均衡发展、效率优先兼顾公平，转向了不断加强区域合作、缩小区域差距的协调发展新路子，形成了“四大板块”（西部开发、东北振兴、中部崛起、东部率先）与重大国家战略（京津冀协同发展、长江经济带发展、粤港澳大湾区建设、长三角一体化发展、黄河流域生态保护和高质量发展等）融合互动的“全国一盘棋”的区域协调发展新格局。

第八章　区域发展的多维政策

四川省金阳县，地处乌蒙山集中连片特困地区，是金沙江北岸的一个少数民族聚居县。国家实施西部大开发战略以来，金阳县成立花椒生产办公室，大力发展青花椒，通过互联网、博览会、推介会、花椒节等形式，广泛宣传推介，精心打造“金阳青花椒”品牌形象。金阳青花椒先后荣获“国家生态原产地保护产品”“国家地理标志保护产品”等称号，金阳县也被命名为“中国青花椒第一县”“中国青花椒之都”。

近年来，金阳县以脱贫攻坚为统揽，创新实施“123”发展战略[①]，围绕“五个坚持”工作思路，以农业供给侧结构性改革为主线，以增加农民收入为目标，持续推动农业转型升级、工业稳健发展、服务业快速崛起，加快基础设施和城镇化建设，特别是“深度融入‘一带一路’建设、长江经济带发展、新一轮西部大开发等国家战略”；“落实（四川）省‘四向拓展、全域开放’[②]和（凉山）州‘推动五大区域差异化协同发展’部署，全方位融入攀西经济区，对接川南经济区”[③]，推动县域经济社会持续健康发展。

金阳县是中国很多贫困地区实施多维发展政策的一个缩影。

---

① “123”发展战略：依托“一江”（金沙江），拓展“两线”（G353、G356沿线），发展“三带”经济（沿江经济综合开发带、二半山多种经营开发带、高山林草畜牧业带）。

② 四川省委十一届三次全会提出，大力实施全面开放合作战略，形成“四向拓展、全域开放”立体全面开放新态势——“突出南向、提升东向、深化西向、扩大北向”。“突出南向”，就是要主动融入国家中新合作机制，参与中国－东盟框架合作、中国－中南半岛、孟中印缅、中巴等国际经济走廊建设，对接南亚、东南亚这个拥有23亿人口的巨大市场，拓展四川省开放型经济发展新空间。“提升东向”，就是要积极参与长江经济带发展，深化成渝经济区建设，在基础设施、产业发展、合作机制等方面全面提升，更好对接我国东部沿海地区和环太平洋国家先进生产力。“深化西向”，就是要优化释放中欧班列通道能力，发挥西部国际航空门户枢纽优势，推进对欧高端合作，着力打造丝绸之路经济带的重要支点。“扩大北向”，就是要服务国家外交战略，积极参与中俄蒙经济走廊建设。

③ 金阳县政府工作报告，http://www.jinyang.gov.cn/xxgk/jbxxgk/ghjh/zfgzbg/201903/t20190304_726835.html。

第一节　贫困地区发展权

发展是消除贫困的主要手段。实现协调可持续的发展，是贫困地区面临的共同任务和迫切需求，是提升贫困地区人民生活水平、提高社会发展质量的唯一路径。贫困地区的公民都有主张该地区快速健康发展，并逐步缩小与发达地区差距的正当权利。如何看待贫困地区公民的这些正当权利？人权法学认为，此乃贫困地区发展权。

一、贫困地区发展权的核心内容

发展权是每一个个体的基本人权，也是民族、区域、国家等社会集合体的集体性权利。贫困地区发展权是指贫困地区的经济、政治、社会、文化、生态等实现均衡可持续发展的权利，属于集体人权。贫困地区发展权是从发展权的确认和保护等角度，探讨落后区域的发展问题，强调区域间均衡发展的本质要求，关注发展的公平性、可持续性所蕴含的权利特征，界定区域发展失衡后的人权诉求，才是回归本源的必然路径。这是对发展方式和发展理念的重新定位和超越，是对传统人权认识的巩固和提升①。

贫困地区发展权的权利主体是贫困地区的人。我国贫困地区泛指以行政区划界定的贫困县、贫困乡（镇）、贫困村，也包括以自然地理条件和发展程度为主要标准划分的集中连片特困地区。事实上，贫困地区是一个物化的空间概念，是客观物质在一定空间内的分布状况，本身并不存在发展的问题。因而，贫困地区发展的主体实际上是指贫困地区内的人，包括集体和个体。

贫困地区发展权的内容是区域经济、政治、社会、文化、生态的全方位发展。坚持经济建设、政治建设、文化建设、社会建设、生态文明建设“五位一体”，是建设中国特色社会主义的总体布局。其中经济建设是根本，政治建设是保证，文化建设是灵魂，社会建设是条件，生态文明建设是基础。发展权既表现在经济、文化、社会、环境权利的实现之中，又表现在公民权利与政治权利的获得之中。发展权的实现，既要落实到每一个个体，保证发展

---

① 汪习根、彭建军：《论区域发展权的本质属性及法律实践》，载《中南民族大学学报》2009年第6期，第102—107页。

的各项权利为每一个公民平等地实际享有；又必须从国家发展和区域开发的宏观战略视角进行整体设计，通过立法、战略规划、计划、司法救济等一体化的制度体系架构，保障贫困地区发展权的实现。

贫困地区发展权的实质是可持续发展的法治化。贫困地区发展离不开相应的制度，这些制度不是经济政策、社会政策等发展政策的简单叠加，而是一个完整的权利及其保障体系，集中凸显区域内全体公民关于生存发展与公平正义的诉求。可持续发展的法治化是在“发展”的统领之下，把经济、政治、社会、文化、环境等方面的各项具体权利纳入一个框架内，并以相应的法律规范或政策制度予以定型化、法治化，确保各项权利和发展的价值理念能够不打折扣地实现。

贫困地区发展权的最终目标是实现人的全面自由发展。贫困地区实现可持续发展的法治化，就是要奉行人民至上的价值取向，努力做到发展为了人民、发展依靠人民、发展成果由人民共享，保障该区域的全体社会成员享有平等的发展机会并公平分享社会发展成果。贫困地区的发展不但注重经济要素，更要注重区域内“人”的品质提升，消弭固有的文化、社会等各种因素给人的价值观和认知造成的隔阂与障碍，尊重人的主体性地位，促进人在心性、灵性和智性上的全面发展。

二、贫困地区发展权实现的关键因素

按照发展学的观点，区域发展是发展要素、发展战略与发展路径等的综合体。

发展要素既强调传统的自然资源、物质资本，也包含知识资本和制度资本。这些要素是经济增长和发展的决定因素。其中，自然资源是自然界中可以直接获得用于生产和生活的物质，可分为三类：一是不可更新资源，如各种金属和矿物、化石燃料等，需要经过漫长的地质年代才能形成；二是可更新资源，如生物、水、土地资源等，能在较短时间内再生产或循环再现；三是取之不尽的资源，如风力、太阳能等，被利用后不会导致贮存量减少的资源。物质资本是指长期存在的生产物资形式，如机器、设备、厂房、建筑物、交通运输设施等。知识资本的价值体现在人力资本（Human capital）、结构资本（Structure capital）和关系资本（Customer capital）三者之中，其中人力资本是指组织内的员工所具有的各种技能与知识，是知识资本的重要基础；结构资本是组织内的组织结构、制度规范、文化等；关系资本是指组织与组织之间、组织与个人之间、个人与个人之间的关系价值[①]。制度资本强调的是，有助于保护产权、降低交易费用的所有制度，即使技术不变，这些制度本身也能够导致财富的增长——这些制度同样具备由前期投资产生和创造未来收入的特征，所以它构成“制度资本”。

发展战略包括市场化战略、对外开放战略、可持续发展战略和人的全面发展战略等。其中，市场化战略是从中央集权的、低效率的计划经济体制转向市场经济体制。对外开放是中国一项基本国策，是中国处理与世界关系的核心路径。对外开放实质性地促成了中国与世界的良性互动，推进了中国融入国际体系的进程，成为中国开创和平发展道路的本质特征。对外开放战略强调国内国际两个市场、两种资源的开放，是对内、对外同步双向的开放，是自主开放、全面开放、制度性开放。可持续发展是基于社会、经济、人口、资源、环境相互协调和共同发展的战略，主要包括生态可持续发展、经济可持续发展和社会可持续发展，以保护自然资源环境为基础，以激励经济发展为条件，以改善和提高人类生活质量为目标，宗旨是既能相对满足当代人的需求，又不能对后代的发展构成危害。1994 年 3 月，国务院批准了我国的第一个国家级可持续发展战略——《中国 21 世纪议程——中国 21 世纪人口、环境与发展白皮书》。1997 年中国将可持续发展战略作为我国经济发展的战略之一。人的全面发展，最根本是指人的智力和体力的充分、统一的发展。同时，也包括人的才能、志趣和道德品质等的多方面发展。

发展路径是指工业化和信息化、新型城镇化和农业现代化同步发展，是现代化建设的核心内容，彼此相辅相成。工业化处于主导地位，是发展的动力；农业现代化是重要基础，是发展的根基；信息化具有后发优势，为发展注入新的活力；城镇化是载体和平台，承载工业化和信息化发展空间，带动农业现代化加快发展，发挥着不可替代的融合作用。其中，工业化是传统农业社会向现代工业社会转变的过程，通常强调工业（特别是其中的制造业）或第二产业产值在国民生产总值中比重不断上升的过程，以及工业就业人数在总就业人数中比重不断上升的过程——既是一个产业升级和发展的过程，也是一个各行各业的生产经营方式向标准化、规范化、规模化、社会化、专业化发展的过程。信息化是指培养、发展以计算机为主的智能化工具为代表的新生产力，并使之造福于社会的历史过程。实现信息化就要构筑和完善开

① 吴慈生、李兴国：《从物质资本到知识资本——经济新常态下的创新驱动力思考》，载《决策》2015 年第 7 期，第 112—114 页。

发利用信息资源、建设区域信息网络、推进信息技术应用、发展信息技术和产业、培育信息化人才、制定和完善信息化政策6个要素。新型城镇化是以城乡统筹、城乡一体、产业互动、节约集约、生态宜居、和谐发展为基本特征的城镇化，是城市群、都市圈、都市县、现代农业县、新型农村社区等空间组合的协调发展、互促共进的城镇化。农业现代化是指由传统农业转变为现代农业，把农业建立在现代科学的基础上，用现代科学技术和现代工业来装备农业，用现代经济科学来管理农业，创造高产、优质、低耗的农业生产体系和既合理利用资源又保护环境、有较高转化效率的农业生态系统，是一个牵涉面很广、综合性很强的技术改造和经济发展的历史过程。

在区域发展中，一个地区适用若干发展政策，这些政策可称之为多维政策——多维政策可能是区域发展的顶层设计政策，也可能是具体的贯彻落实方案；可能是适用于某一发展领域的单项政策，也可能是涵盖经济、政治、社会、文化、生态文明建设等各个方面的综合性政策；可能是限时完成发展目标（如脱贫攻坚）的政策，也可能是没有明确时限的长期性政策。区域协调发展，必须关注一个地区所适用的多维政策之间的衔接与嵌入问题。

第二节　贫困地区的多维发展政策

中国的贫困县中多数地处中西部，其中部分贫困县还同时是革命老区或原中央苏区，政策竞合的情况较为突出。贫困县域除享受扶贫开发（脱贫攻坚）政策外，地处西部地区、边疆民族地区、革命老区、原中央苏区的贫困县，还受惠于西部大开发、民族地区发展、兴边富民、革命老区或原中央苏区等发展政策，以及其他以特定区域发展为目标的区域政策，如长江经济带发展政策等。因此，我国多数贫困地区实行的是多维发展政策。

本书以《中共中央 国务院关于打赢脱贫攻坚战的决定》(2015)、《中共中央、国务院关于深入实施西部大开发战略的若干意见》(2010)、国务院办公厅《关于加大脱贫攻坚力度支持革命老区开发建设的指导意见》(2016)、《国务院关于支持赣南等原中央苏区振兴发展的若干意见》(2012）和《赣闽粤原中央苏区振兴发展规划》(2014）等规范性文件为蓝本，分析贫困地区脱贫攻坚与其他区域发展政策的竞合与协调问题，主要分析各项政策的对象、发展目标、发展任务措施及资金筹集等核心要素。

一、发展政策对象竞合

1. 贫困县与西部开发政策

中国832个贫困县分布于东部、中部、西部和东北地区的22个省、自治区和直辖市（见表8-1）。其中，东部地区的河北有贫困县45个，海南有贫困县5个；中部地区6省共有贫困县186个；西部地区有贫困县568个，占全国贫困县总数的68%；东北地区贫困县主要集中在吉林和黑龙江，共28个。

表8-1 中国832个贫困县的区域分布

区域及贫困县合计数	东部地区（50）	中部地区（186）	西部地区（568）		东北地区（28）
省份及贫困县数	河北45 海南5	山西36 安徽20 江西24 河南38 湖北28 湖南40	内蒙古31 重庆14 贵州66 西藏74 甘肃58 宁夏8	广西33 四川66 云南88 陕西56 青海42 新疆32	吉林8 黑龙江20

从地域分布看，贫困县除适用脱贫攻坚各项政策外，还享受相应的属地发展政策——地处西部大开发范围的568个贫困县，即西部地区12个省、自治区和直辖市的贫困县，无疑是西部大开发的政策对象；中部地区的186个贫困县，适用中部崛起政策；东北地区的28个贫困县，显然适用东北振兴的政策。

从政策适用范围看，吉林延边、湖北恩施和湖南湘西3个自治州，中部地区6省的243个县（市、区），海南8个县市和包括黑龙江等省在内的沿边县、市比照适用西部大开发政策。因此，这些地区的贫困县同时比照适用西部大开发政策。具体区域分布为：东部地区的海南有4个贫困县适用西部大开发政策。中部地区的186个贫困县中，有166个县比照实施西部大开发有关政策。其中：山西省36个贫困县中，有29个比照实施西部大开发有关政策；安徽省20个贫困县中有19个比照实施西部大开发有关政策；江西省24个贫困县全部比照实施西部大开发有关政策；河南省38个贫困县中，有35个比照实施西部大开发有关政策；湖北省28个贫困县中，有27个比照实施西部大开发有关政策；湖南省40个贫困县中，有32个比照实施西部大开发有关政策。东北地区的吉林延边州内贫困县，以及黑龙江沿边地区的贫困县适用西部大开发政策。

综上，据不完全统计，中国832个贫困县中，有749个实施或比照适用西部大开发政策。也就是说，我国90%多的贫困县，除适用脱贫攻坚的各项政策和各自所属区域的发展政策（如东北振兴、中部崛起等）外，同时适用西部大开发政策。

2. 贫困县与革命老区、原中央苏区发展政策

革命老区是指第二次国内革命战争时期和抗日战争时期，在中国共产党和毛泽东等老一辈无产阶级革命家领导下创建的革命根据地。革命老区遍布全国大陆除新疆、青海、西藏以外的28个省（自治区、直辖市）的1599个县，老区面积占全国的33%。

我国初步建成了支持革命老区振兴发展的“1258”政策体系。其中，“1”是指《关于加大脱贫攻坚力度支持革命老区开发建设的指导意见》（2016），这是指导“十三五”乃至今后一个时期，全国革命老区开发建设与脱贫攻坚的纲领性文件。“2”是指《国务院关于支持赣南等原中央苏区振兴发展的若干意见》（2012）、《国务院办公厅关于山东沂蒙老区参照执行中部地区有关政策的通知》（2011）两个区域性政策文件。“5”是指《陕甘宁革命老区振兴规划》（2012）、《赣闽粤原中央苏区振兴发展规划》（2014）、《左右江革命老区振兴规划》（2015）、《大别山革命老区振兴发展规划》（2015）、《川陕革命老区振兴发展规划》（2016）。“8”是指编制实施的武陵山、秦巴山、滇桂黔石漠化区、六盘山、吕梁山、燕山－太行山、大别山、罗霄山8个老区分布相对集中的连片特困地区区域发展与扶贫攻坚规划。减贫是“1258”政策体系的核心目标。

需要强调的是，中国14个集中连片特困地区中，六盘山区、秦巴山区、武陵山区、乌蒙山区、滇桂黔石漠化区、燕山－太行山区、吕梁山区、大别山区、罗霄山区等片区，同时也是革命老区集中分布的地区。全国所有贫困县中，有357个贫困县属于革命老区，占总数的43%。

原中央苏区地跨赣闽粤，包括江西省赣州市、吉安市、新余市全境及抚州市、上饶市、宜春市、萍乡市、鹰潭市的部分地区，福建省龙岩市、三明市、南平市全境及漳州市、泉州市的部分地区，广东省梅州市全境及河源市、潮州市、韶关市的部分地区，共108个县（市、区）。其中，江西省54个，

福建省 41 个，广东省 13 个①。

江西省的 54 个原中央苏区县（市、区）中，有贫困县 21 个，占全省贫困县总数 24 个的 88%；适用西部大开发政策的县（市、区）38 个（赣州市执行西部大开发政策），占全省原中央苏区县（市、区）的 70.4%。福建省 41 个原中央苏区县（市、区）中，有省定贫困县 16 个，占全省贫困县总数 23 个的 70%——福建省贫困县中，七成为原中央苏区县（市、区）。广东省 13 个原中央苏区县（市、区）中，有 10 个是省定贫困县。

虽然福建、广东两省的原中央苏区县（市、区）目前没有享受西部大开发的政策，但两省都建议，革命老区、原中央苏区应比照执行西部大开发政策。如福建省《关于做好革命老区中央苏区脱贫奔小康工作的实施意见》（2019）提出，积极争取福建省原中央苏区县参照赣州市执行西部大开发政策。

总之，中国 68% 的贫困县地处西部地区，四成多的贫困县处于革命老区或原中央苏区。从减贫与发展的角度看，所有贫困县既适用脱贫攻坚的各项

---

① 江西省有 54 个原中央苏区县（市、区），具体为：

赣州市：瑞金市、会昌县、寻乌县、安远县、信丰县、于都县、兴国县、宁都县、石城县、崇义县、上犹县、南康区、赣县、章贡区、大余县、定南县、龙南县、全南县；

吉安市：永丰县、青原区、泰和县、万安县、吉安县、井冈山市、峡江县、安福县、遂川县、永新县、吉州区、新干县、吉水县；

新余市：渝水区、分宜县；

抚州市：黎川县、广昌县、乐安县、宜黄县、崇仁县、南丰县、南城县、资溪县、金溪县；

上饶市：广丰县、铅山县、上饶县、横峰县、弋阳县；

宜春市：袁州区、樟树市；

萍乡市：安源区、莲花县、芦溪县；

鹰潭市：余江县、贵溪市。

福建省有 41 个原中央苏区县（市、区），具体为：

龙岩市：新罗区、永定县、上杭县、武平县、长汀县、连城县、漳平市；

三明市：梅列区、三元区、尤溪县、沙县、将乐县、永安市、大田县、明溪县、清流县、宁化县、建宁县、泰宁县；

南平市：延平区、顺昌县、邵武市、光泽县、武夷山市、浦城县、建阳市、建瓯市、松溪县、政和县；

漳州市：芗城区、龙海市、南靖县、平和县、诏安县、华安县、云霄县、漳浦县；

泉州市：安溪县、南安市、永春县、德化县。

广东省有 13 个原中央苏区县（市、区），具体为：

梅州市：梅江区、梅县区、兴宁市、平远县、蕉岭县、大埔县、丰顺县、五华县；

河源市：龙川县、和平县、连平县；

潮州市：饶平县；

韶关市：南雄市。

政策和各自所属区域发展政策，90% 的贫困县还适用西部大开发政策，超过 43% 的贫困县享受革命老区或原中央苏区的发展政策。脱贫攻坚和各项区域发展政策叠加，共同作用于这些欠发达县域。

二、发展目标竞合

《中共中央 国务院关于打赢脱贫攻坚战的决定》提出贫困地区打赢脱贫攻坚战的目标是，2020 年，实现贫困地区农民人均可支配收入增长幅度高于全国平均水平，基本公共服务主要领域指标接近全国平均水平，贫困县全部摘帽，解决区域性整体贫困。

深入实施西部大开发战略的主要目标为，到 2020 年，西部地区基础设施更加完善，现代产业体系基本形成，建成国家重要的能源基地、资源深加工基地、装备制造业基地和战略性新兴产业基地，综合经济实力进一步增强；生态环境恶化趋势得到遏制，基本公共服务能力与东部地区差距明显缩小；人民生活水平和质量大幅提升，基本实现全面建设小康社会奋斗目标。

革命老区开发建设的目标为，到 2020 年，老区基础设施建设取得积极进展，特色优势产业发展壮大，生态环境质量明显改善，城乡居民人均可支配收入增长幅度高于全国平均水平，基本公共服务主要领域指标接近全国平均水平，确保我国现行标准下农村贫困人口实现脱贫，贫困县全部摘帽，解决区域性整体贫困。

赣闽粤原中央苏区振兴发展的目标为，到 2020 年，赣南等原中央苏区整体实现跨越式发展。现代综合交通运输体系和能源保障体系基本形成；现代产业体系基本建立，工业化、城镇化水平进一步提高；综合经济实力显著增强，人均主要经济指标与全国平均水平的差距明显缩小；人民生活水平和质量进一步提升，基本公共服务水平接近或达到全国平均水平，与全国同步实现全面建设小康社会目标。

在上述四个区域发展政策中，发展目标的时限都设定为 2020 年，但具体的发展目标各异。其中，西部大开发的战略目标涉及基础设施、产业发展、能源与生态环境、基本公共服务、人民生活水平等，提出要“基本实现全面建设小康社会奋斗目标”——这其中必然包括精准脱贫。打赢脱贫攻坚战中针对贫困地区的目标和革命老区开发建设目标较为一致，强调地区人均可支配收入增长幅度高于全国平均水平，基本公共服务主要领域指标接近全国平均水平，确保我国现行标准下农村贫困人口实现脱贫，贫困县全部摘帽，解决区域性整体贫困。赣闽粤原中央苏区振兴发展目标也提出要与全国同步实现全面建成小康社会目标。总体看，西部大开发战略目标较为全面，打赢脱贫攻坚战中针对贫困地区的目标、赣闽粤原中央苏区振兴发展目标、革命老区开发建设目标等可视为西部大开发战略目标的细化。

三、发展内容措施竞合

贫困地区脱贫攻坚措施分为专业扶贫、行业扶贫与社会扶贫三大类，其中专业扶贫包括整村推进、产业扶贫、就业促进、以工代赈等，行业扶贫包括基础设施建设、生态环境保护、能源开发、科技扶贫、发展教育文化、完善生活保障制度等，社会扶贫包括定点扶贫、东西协作扶贫和社会参与等。

西部大开发的内容措施主要有：一是加快基础设施建设，包括综合交通网络、水利、油气管道、电网和信息等基础设施建设。二是加强生态建设和环境保护，加快重点生态工程建设、加强环境保护和地质灾害防治。三是夯实农业基础，大力发展特色农业，推进农村改革和制度创新、扎实推进城镇化。四是发展特色优势产业，建设国家能源、装备制造、战略性新兴产业基地，大力发展现代服务业。五是强化科技创新，加强人才开发。六是大力发展社会事业，着力保障和改善民生。七是加强重点经济区开发，支持老少边穷地区发展，包括扎实推进重点经济区率先发展、大力扶持贫困地区加快发展、积极支持民族地区跨越式发展。八是坚持体制机制创新，扩大对内对外开放，提升沿边开发开放水平，大力发展内陆开放型经济。

革命老区开发建设的主要任务有：一是加快重大基础设施建设，尽快破解发展瓶颈制约。二是积极有序开发优势资源，切实发挥辐射带动效应。三是着力培育壮大特色产业，不断增强“造血”功能。四是切实保护生态环境，着力打造永续发展的美丽老区。五是全力推进民生改善，大幅提升基本公共服务水平。六是大力促进转移就业，全面增强群众增收致富能力。七是深入实施精准扶贫，加快推进贫困人口脱贫。八是积极创新体制机制，加快构建开放型经济新格局。

赣闽粤原中央苏区振兴发展的内容措施主要包括：一是优先解决突出民生问题，加大以土坯房为主的农村危旧房改造力度、加快解决农村饮水安全问题、加强农村电网改造和农村道路建设，提高特殊困难群体生活水平。二是大力夯实农业基础，稳定发展粮食生产、大力发展特色农业、促进城乡统筹发展。三是加快基础设施建设，建设赣州综合交通枢纽、加强交通基础设施建设、提高能源保障能力、加快水利基础设施建设。四是培育壮大特色优势产业，积极推动优势矿产业发展、加快提升制造业发展水平、促进红色文化旅游产业大发展、大力发展现代服务业、推动产业与城市协调发展。五是加强生态建设和环境保护，加强生态建设和水土保持、加大环境治理和保护力度、大力发展循环经济。六是发展繁荣社会事业，优先发展教育事业、提升城乡医疗卫生服务水平、加快文化体育事业发展、加强就业和社会保障、强化基层社会管理服务。七是深化改革扩大开放，创新体制机制、有序承接产业转移和推动开放合作。

综合看，无论是贫困地区脱贫攻坚、西部大开发，还是革命老区开发建设和赣闽粤原中央苏区振兴发展，都强调把加快基础设施建设、依托优势资源大力发展特色产业、保护生态环境、加强基本公共服务建设、深化改革开放、构建经济发展新格局等，作为主要任务和举措。尽管各个区域发展战略对任务措施的表述不相同，但内容却是相近或具有包含关系。

四、发展保障措施竞合

贫困地区脱贫攻坚战略强调要强化政策保障，健全脱贫攻坚支撑体系，主要内容包括加大财政扶贫投入力度，确保政府扶贫投入力度与脱贫攻坚任务相适应；加大金融扶贫力度，鼓励和引导商业性、政策性、开发性、合作性等各类金融机构加大对扶贫开发的金融支持；完善扶贫开发用地政策，调整完善土地利用总体规划；发挥科技、人才支撑作用等；动员社会力量帮扶等（详见第三章）。

西部大开发保障措施主要有：在财政政策方面，加大中央财政对西部地区的转移支付力度、投入力度和基础设施建设项目贷款的贴息支持力度。在税收政策方面，对西部地区鼓励类产业企业减按15%的税率征收企业所得税，产业项目在投资总额内进口的自用设备免征关税。在投资政策方面，加大中央财政性投资投入力度，向西部地区民生工程、基础设施、生态环境等领域倾斜。中央安排公益性建设项目，取消西部地区县和集中连片特殊困难地区市地级配套资金。在金融政策方面，进一步加大对西部地区信贷支持力度。鼓励政策性金融机构加大对西部地区金融服务力度。在产业政策方面，实行有差别的产业政策，制定西部地区鼓励类产业目录，促进西部地区特色优势产业发展。在土地政策方面，进一步完善建设用地审批制度，简化程序，保障西部大开发重点工程建设用地。在价格政策方面，对新建铁路和部分支线铁路，核定新线和支线特殊运价。加快资源性产品价格改革，建立和完善反映市场供求关系和资源稀缺程度，以及环境损害成本的生产要素和资源价格形成机制。支持资源地群众便捷使用质优价廉的煤气水电。在生态补偿政策方面，在森林、草原、湿地、流域和矿产资源开发领域建立健全生态补偿机制。在人才政策方面，完善机关和事业单位人员的工资待遇政策，研究完善留住人才、吸引各类人才到西部地区基层工作的优惠政策。在帮扶政策方面，实施定点扶贫和对口支援，广泛动员社会力量支持和参与西部大开发。

革命老区开发建设的任务措施主要有：一是加强规划引导和重大项目建设。编制实施国民经济和社会发展“十三五”规划等中长期规划时，对老区予以重点支持。二是持续加大资金投入。中央财政一般性转移支付资金、各类涉及民生的专项转移支付资金进一步向贫困老区倾斜。增加老区转移支付资金规模，扩大支持范围。中央财政专项扶贫资金分配向贫困老区倾斜。鼓励和引导各类金融机构加大对老区开发建设的金融支持。支持具备条件的民间资本在老区依法发起设立村镇银行、民营银行等金融机构。三是强化土地政策保障，在分解下达新增建设用地指标和城乡建设用地增减挂钩指标时，重点向老区内国家扶贫开发工作重点县倾斜。四是完善资源开发与生态补偿政策。适当增加贫困老区光伏、风电等优势能源资源开发规模。合理调整资源开发收益分配政策，研究提高老区资源开发收益地方留成比例。五是提高优抚对象优待抚恤标准。六是促进干部人才交流和对口帮扶。七是各级党委和政府要把加快老区开发建设作为“一把手工程”，高度重视老区开发建设工作。

赣闽粤原中央苏区振兴发展的任务措施主要包括：一是赣州市执行西部大开发政策。二是在财税政策方面，进一步加大中央财政转移支付力度和财力补助，中央债券向原中央苏区倾斜。三是在投资政策方面，加大中央预算内投资和专项建设资金投入，在重大项目规划布局、审批核准、资金安排等方面对赣南等原中央苏区给予倾斜。中央安排公益性建设项目，取消县和集中连片特殊困难地区市级资金配套。四是在金融政策方面，鼓励政策性银行加大对原中央苏区信贷支持力度，鼓励商业银行参与原中央苏区振兴发展。五是在产业政策方面，实行差别化产业政策，从多方面给予支持倾斜。加大企业技术改造和产业结构调整专项对特色优势产业发展的支持力度。六是在国土资源政策方面，在安排土地利用年度计划、城乡建设用地增减挂钩周转指标等方面，加大对赣南等原中央苏区倾斜。七是在生态补偿政策方面，将东江源、赣江源、抚河源、闽江源列为国家生态补偿试点。加快建立资源型企业可持续发展准备金制度。国家加大对废弃矿山植被恢复和生态治理工程的资金支持。加大对国家公益林生态补偿投入力度。八是在人才政策方面，加大东部地区、中央国家机关和中央企事业单位与赣南等原中央苏区干部交流工作的力度。国家重大人才工程和引智项目向原中央苏区倾斜，鼓励高层次人才投资创业。九是在对口支援政策方面，建立中央国家机关对口支援赣州市18个县（市、区）的机制，吉安、抚州的特殊困难县参照执行。支持福建省、广东省组织开展省内对口支援。鼓励社会力量积极参与对口支援。

四大发展战略强调的任务措施较为相近，都强调要加大中央财政的投入，中央财政性投资投入向项目地区民生工程、基础设施、生态环境等领域倾斜；鼓励和引导各类金融机构加大对项目开发地区的金融支持；完善开发用地政策，保障项目开发的用地需求；完善资源与生态补偿机制，让资源地充分受益；强化人才支撑作用，完善项目地留住人才、吸引人才支撑；加大对口支援和帮扶，动员社会力量参与开发等。虽然各大战略的政策细节略有差异，但在大的政策方向或发展路径上，并无实质性差别。

需要特别强调的是，贫困县实施的多维政策，不仅局限于前述的脱贫攻坚、西部大开发、革命老区和原中央苏区等政策——贫困县还依其地理区位与行政区划，分别享受京津冀协同发展、长江经济带发展、“一带一路”等发展、黄河流域生态保护和高质量发展等政策。

第三节　多维发展政策效果简评

在各区域发展政策的共同作用下，中国的区域经济版图更加细化，区域经济增长点由南向北、由东向西渐次展开，有效推动了贫困地区、中西部地区快速发展。

一、西部大开发的减贫效应

西部大开发政策实施20多年，国家加大对西部地区的投入，并通过信贷支持、税收优惠、放宽资源开发条件等，大力推动基础设施建设、产业培育、民生工程、生态文明建设等，促进了西部地区快速发展。2000—2018年的面板数据显示，西部大开发促进了整个西部地区的实际GDP平均每年增长1.72个百分点。分区域来看，西部大开发促进了西部地区11个省区市的经济增长，尤其是对新疆、内蒙古的政策效果更为明显，平均每年促进两区的GDP

分别增长3.1%和2.8%（见表8－2）[①]。

表8－2　西部大开发对西部地区的政策效应（增长%）

年份	内蒙古	广西	重庆	四川	贵州	云南	陕西	甘肃	青海	宁夏	新疆	西部地区
2000	3.91	0.81	－0.32	－0.59	1.07	－0.29	－1.94	－1.74	－0.42	0.96	1.55	0.13
2001	4.04	2.07	－0.28	－0.01	0.58	－0.86	－2.63	－0.68	1.49	1.60	1.80	0.40
2002	6.36	2.83	0.30	0.96	0.34	0.77	2.11	0.18	0.79	2.10	1.23	1.16
2003	10.46	0.91	－0.54	1.14	1.35	2.91	－1.77	1.36	1.37	6.27	2.01	1.86
2004	12.58	1.24	－0.74	1.24	1.19	2.19	0.33	0.60	0.19	2.71	6.82	2.54
2005	12.86	1.70	－2.20	0.80	－1.66	－2.27	3.17	1.60	0.93	2.20	3.19	1.85
2006	5.90	3.51	0.09	1.62	－0.07	－0.58	0.20	－0.23	－1.23	1.81	3.25	1.67
2007	5.97	6.38	5.45	1.08	5.53	－0.94	1.29	－1.01	－0.22	－0.46	8.82	3.18
2008	3.48	4.83	2.96	－1.36	－2.14	0.82	4.99	1.56	1.72	2.82	6.66	2.09
2009	4.21	5.24	1.87	2.19	－4.08	3.02	3.95	1.12	－1.06	2.62	4.05	2.74
2010	0.40	5.42	5.06	2.26	0.36	1.72	3.78	0.07	2.03	3.68	2.48	2.60
2011	－1.08	4.70	5.03	3.37	1.56	3.32	4.30	2.47	1.62	3.22	3.20	3.04
2012	－1.08	4.22	2.94	2.41	0.87	5.08	4.08	4.41	3.58	3.60	3.89	2.83
2013	－0.68	1.86	1.53	0.47	0.89	6.74	2.48	3.27	4.18	2.06	4.49	1.94
2014	－1.33	0.48	1.01	－0.64	－0.45	4.04	3.95	4.49	7.36	1.06	4.78	1.32
2015	－1.14	0.94	1.93	－0.48	0.86	4.33	3.10	5.22	7.39	3.36	1.20	1.38
2016	－1.48	1.25	2.30	－0.05	1.24	4.61	6.47	9.95	10.25	1.04	－0.53	2.07
2017	－5.82	0.57	2.82	0.36	1.31	－0.39	1.78	－1.21	4.49	－1.68	1.27	0.05
2018	－4.38	1.09	－0.17	0.47	0.66	1.40	0.79	－1.05	5.57	－4.03	－1.35	－0.14
平均	2.80	2.63	1.50	0.80	0.50	1.87	1.90	1.60	2.63	1.84	3.10	1.72

1. 西部地区经济规模不断扩大，发展速度较快

2000年，西部地区GDP为17276.41亿元，占全国（98692.6亿元）的17.1%。2019年，西部地区GDP达到205185.15亿元，为2000年的11.88倍，占当年全国GDP总数的20.7%[②]，占全国的比重持续增加；西部地区GDP增速为6.7%，高于全国0.6个百分点；西部12个省（自治区、直辖市）

① 邓翔、李双强、袁满：《西部大开发二十年政策效果评估——基于面板数据政策效应评估法》，载《西南民族大学学报》2020年第1期，第107—114页。

② 本部分数据除有注明外，均来自国家统计局的统计数据。

中，有9个省份的GDP增速高于全国平均水平，其中贵州、云南、西藏等省区的增速多年领跑全国。

2. 西部地区发展动能持续增强

首先，三驾马车持续发力，引领西部地区不断发展。从投资看，西部地区积极承接产业转移、加大基础设施建设力度，投资形势相对较好。西部地区固定资产投资从2013年的109260.9亿元增加到2018年的169094.72亿元，占全国固定资产投资的比重从24.8%增加到26.2%。从消费看，西部地区的消费能力不断增长，社会消费品零售总额从2013年的42508.6亿元增长到2018年的70554亿元，占全国社会消费品零售总额的比重从17.9%提高到18.7%。从进出口看，西部地区的进出口贸易持续增长，货物进出口总额从2013年的2775.5亿美元（折合人民币17180.35亿元）增加到2018年的24811.9亿元，占全国货物进出口总额的比重从6.7%增长到8.1%。

其次，西部地区的经济开发开放载体日益多样。西部大开发政策实施以来，国家在西部地区设立了一大批经济开发开放载体，包括5个自由贸易试验区、6个国家级新区、26个中国高新技术产业开发区（国家高新区）、45个国家级经济技术开发区（国家经开区）、2个边境经济合作区、2个经济特区①。西部各地还建立了一大批工业园区、产业园区。这些功能区域成为西部地区深化改革、开发开放、创新发展的新引擎。

最后，西部地区的发展要素不断增强。从研发技术上看，西部地区规模以上企业研发研究与试验发展人员全时当量，从2004年的78310人/年增加到2018年的278588人/年；西部地区技术市场成交额，从2000年的85.87亿元增加到2018年的2928.48亿元，增长了34.1倍，所占全国比重从13.2%增长到16.5%。从人才培养看，西部地区普通高等学校从2013年的610所，增加到2018年的695所，本专科在校学生从594.1万人增加到732.2万人。西部地区加大研发力度，大规模培养人才，为创新驱动发展注入了强大的动力。

3. 西部地区基础设施不断完善，投资环境得到极大改善

西部大开发以来，各地建设了一批大型水利枢纽、重点骨干水源工程、重点流域治理工程，以及电网改造等工程，解决了数千万农村群众饮水安全问题和居民用电问题。大规模修建公路、高速公路、铁路和高铁，建机场开通国内国际航线，整治航道、大力发展内河航运等，构建起与“一带一路”

---

① 2010年5月，中央新疆工作会议正式批准霍尔果斯、喀什设立经济特区。

建设、京津冀协同发展、长江经济带发展互联互通、畅通国内连通国际的综合交通网络。“十三五”期间，中国将成都－重庆、昆明、乌鲁木齐、西安等打造成通达全球、衔接高效、功能完善的国际性综合交通枢纽。以交通运输为例，2019 年，西部地区完成铁路基建投资 1588 亿元，占铁路基建投资的 28.9%；铁路总营业里程从 2000 年的 2.21 万千米增加到 2018 年的 5.28 万千米；公路里程从 2000 年的 55.39 万千米（其中高速公路 0.37 万千米）增加到 2018 年的 199.17 万千米（其中高速公路 5.36 万千米）；民用运输机场数量达 114 个；内河航道从 2000 年的 2.19 万千米扩建到 2018 年底的 3.39 万千米。

4. 西部地区人民生活水平持续稳步提高

首先，西部地区的人口不断增长。西部大开发战略实施以来，西部地区常住人口从 2000 年的 35635 万人增加到 2018 年的 37955.85 万人，增加 2320.85 万人。其次，西部地区城乡居民生活水平保持稳定增长，与东部地区的差距不断缩小。2019 年，西部地区居民人均可支配收入增长 9.3%，增速快于东部地区 0.6 个百分点；东部地区和西部地区居民人均可支配收入比值由 2013 年的 1.7 缩小至 1.64。

5. 西部地区生态环境得到持续改善，美丽西部建设取得新进展

西部地区是我国许多江河的发源地，但长期以来，西部地区沙漠化严重，水资源和水生态环境形势严峻，滑坡、泥石流等自然灾害频发，生态环境脆弱，承载能力低下。西部大开发期间，各地大力实施退耕还林还草、天然林保护、绿化荒山荒地、水源地保护、禁牧休牧、风沙源治理、石漠化治理、城乡环境综合整治等，不仅使西部地区植被得到一定程度的恢复，森林覆盖率逐步提高，而且改善了生态环境，促进了经济社会发展。据统计，西部地区森林面积从 2004 年的 9863.78 万公顷增加到 2018 年的 13291.57 万公顷，氨氮、二氧化硫等主要污染物排放量等从 2011 年开始逐年下降。

也要看到，随着西部地区经济发展水平不断提高和经济结构持续优化，法律法规等制度缺失、资源体制改革滞后、政府管治水平不高等制约因素日益突出，西部大开发作为外生性区域发展战略，其政策效果逐步变弱。放眼未来，西部大开发政策除继续重点支持基础设施建设、生态环保、产业改造提升等“硬项目”外，还应进一步加强全面深化改革、对外开放、教育与人才培养、民生保障等的支持力度，促进西部地区快速持续健康发展。

二、革命老区、原中央苏区政策的减贫效应

2001 年起，中央财政设立革命老区转移支付，补助对象是对中国革命作出重大贡献、财政较为困难的革命老区县（市、区）。资金主要用于革命遗址保护、烈士陵园维护和改造等老区专门事务，以及教育、文化、卫生、乡村道路、饮水安全等老区民生事务。从 2008 年起，国家每年安排中央专项彩票公益金，用于老区整村推进等专项扶贫工程。2018 年，中央财政对地方革命老区转移支付规模达到 110.58 亿元，比上年增加 10.06 亿元，增长 10%。

近些年来，革命老区、原中央苏区除全力以赴精准扶贫拔“穷根”外，区域发展条件发生重大变化，原先的劣势正在转化为空间、产业、生态的后发优势，这些地区旧貌焕发新颜，当地群众享受更多的发展红利。按照综合实力衡量，全国百强县中，有 82 个属革命老区县。

1. 基础设施得到极大改善

各地积极推进交通、水利、宽带网络、卫生室、厕所等工程建设，逐一解决制约革命老区、原中央苏区发展的瓶颈问题，帮助群众走上“脱贫路”、喝上“安全水”、推行“厕所革命”、建设“文明村”，为进一步推进脱贫攻坚、乡村振兴和区域发展打下坚实基础。广东省对革命老区、原中央苏区县每年补助 3000 万元，同时对重大交通基础设施项目资本金出资、医疗卫生重点建设项目资金和义务教育“两免一补”政策资金，由省财政实行“三个全额负担”。到 2020 年，安徽省大别山等革命老区将基本实现“县县通”高速，具备条件的县城通一级公路，村民组通硬化路，具备条件的建制村全部通客车。

2. 特色产业不断壮大，外向型经济快速发展

很多地方鼓励革命老区、原中央苏区发展高标准的茶叶、果蔬、水产、林竹、乡村旅游等绿色生态农业，实现传统农业产业升级；创建产业园，鼓励发展特色制造业，发展电子商务，发展商贸物流业，构建具有老区特色的现代经济。依靠开放拓展发展空间，主动融入“一带一路”、长江经济带发展等国家发展战略，以大开放促进大发展。如江西赣州国际港，成为全国内陆第 8 个永久对外开放口岸、中国内陆首个国检监管试验区、“一带一路”重要物流节点、国家铁路物流重要节点枢纽，与 19 个国家和地区进出口货物实现互联互通。

3. 做好“生态 +”文章，绿色发展效果显著

革命老区、原中央苏区坚决打好污染防治攻坚战，谋划把“绿水青山”

变为“金山银山”的举措，打造天蓝、地绿、水净的美丽中国“老区样板”。一些革命老区、原中央苏区把绿色生态资源转化为发展优势，采取得力措施“像抓工业化、城镇化那样抓旅游”，推进一二三产业融合发展。如江西省加快落实国家赋予的“建设国家生态文明试验区”，率先建立生态文明建设评价指标体系，建立实施全境流域生态补偿机制，累计筹集补偿资金 79.58 亿元，成为流域生态补偿范围最广、贫困地区补偿资金最大的省份。

4. 基本公共服务水平不断提升

一些革命老区、原中央苏区实施城乡医院对口帮扶，扩建改建一批县级医院、妇幼健康服务机构，提高基层卫生机构的服务水平，全面落实分级诊疗制度，不断提升了人民群众健康水平。很多地方加大革命老区、原中央苏区教育专项资金倾斜力度，全面完成义务教育薄弱学校改造工作，教师“国培”“省培”计划、乡村优秀青年教师培养奖励计划主要适用于革命老区、原中央苏区，不断提升教育水平。革命老区、原中央苏区的社会保障体系不断健全，文化体育事业繁荣发展，群众幸福指数不断提升。安徽六安市构建县、乡镇、村三级文化服务网络，打通公共文化服务的“最后一公里”，让群众在茶余饭后从过去的“麻将掼蛋”变成现在的“到文化乐园耍玩”。

5. 革命老区、原中央苏区精神与红色文化得到了传承光大

革命老区、原中央苏区投入大量的人财物加强红色基因库建设，对红色遗址、红色文物等进行保护利用和挖掘，建成一大批爱国主义教育示范基地、博物馆等公共设施，进一步丰富了具有历史厚度和地方特色的红色文化。很多地方还打造出了各具特色且适合自身发展的红色旅游产业，将红色资源转化成脱贫攻坚和振兴发展的重要支撑。如江西瑞金全市 2018 年的旅游收入突破 70 亿元，为整体脱贫摘帽作出了重大贡献。

同时也要清醒地看到，在全国的区域协调发展大局中，革命老区、原中央苏区受限于历史、区位等因素，发展仍然相对滞后，与其他地区还有较大的发展差距。2020 后贫困时代，仍需大幅度倾斜支持革命老区、原中央苏区的发展。如广东省 13 个原中央苏区县 2018 年的人均 GDP，仅为全省平均水平的三成；11 个海陆丰革命老区县的人均 GDP，不到全省平均水平的 37%。梅州市全域属于原中央苏区范围，全市人均 GDP 长期排在全省后列，2018 年不到全省的 30%，居民人均可支配收入只有全省平均水平的 60%。

本章小结

贫困地区发展权是指贫困地区的经济、政治、社会、文化、生态等实现均衡的可持续发展的权利，属于集体人权，实质是从发展权的确认和保护等角度探讨欠发达区域的发展问题。

贫困地区发展权实现的关键变量包括发展的要素、路径与战略等。发展要素既强调传统的自然资源、物质资本，也包含知识资本和制度资本。发展的路径是指工业化和信息化、新型城镇化和农业现代化同步发展，是现代化建设的核心内容，彼此相辅相成。发展战略包括市场化战略、对外开放战略、可持续发展战略和人的全面发展战略等。

中国贫困地区实施多维发展政策，所有贫困地区除实施脱贫攻坚政策和各自所属区域的发展政策（如中部崛起、长江经济带发展等）外，90%的贫困县享受西部大开发政策，超过43%的贫困县享受革命老区、原中央苏区的发展政策，一些贫困县还享受以特定区域发展为目标的其他区域政策，如兴边富民等。多维政策虽能整合更多的发展资源，有利于促进贫困地区发展，但各项政策之间多规并行、内容交叉、管制重叠、标准不一，相互“打架”等现象也不能忽视。

第九章　区域协调发展的未来之路

国家统计局数据显示，2019 年，中国 GDP 达到 990865 亿元，接近 100 万亿元人民币；人均 GDP70892 元，首次突破 1 万美元大关——标志着中国综合国力进一步增强、社会生产力水平进一步提升、超大规模市场优势进一步显现、发展的可持续性进一步增强、全面建成小康社会条件更加成熟，也标志着中国为人类发展进步作出更大贡献——2018 年人均 GDP 在 1 万美元以上的国家，人口规模约 15 亿人。随着总人口达 14 亿的中国步入这一行列，全球人均 GDP 在 1 万美元以上的国家人口规模接近 30 亿[①]。

人均 GDP 跨越 1 万美元这个节点，意味着中国经济规模不断扩大的同时，国民收入水平、消费结构、市场规模、创新条件都将跨上新台阶。

也要看到，中国处于并将长期处于社会主义初级阶段的基本国情仍然没有改变，中国人口多，生产力总体还不发达，发展不平衡不充分的问题依然突出。许多国家的发展经验表明，人均 GDP 达到一定水平以后，贫富差距反而进一步拉大，最终陷入“中等收入陷阱”[②]。这是中国应该高度警惕的。

区域经济理论认为，一个国家或地区通过市场手段或政府调控手段，支持特定区域发展，是受到普遍认可的做法。中国是个发展中大国，各地条件千差万别，区域发展的水平和状况各有差异。全面推进区域间“协调发展”，在共同发展中不断地缩小各区域之间的差距，实现发展成果由全体人民共享，不仅是经济问题，也是政治问题。

---

① 宁吉喆：《中国经济再写新篇章》，2020 年 2 月 4 日《中国信息报》。

② 2007 年世界银行在其报告《东亚复兴：关于经济增长的观点》中首次提出“中等收入陷阱”，是指许多国家在成为中等收入国家之后，将会进入经济停滞期，出现贫富悬殊、环境恶化、社会动荡等现象，最终长期徘徊在高收入国家的门槛之外。

第一节　区域协调发展的新态势

随着我国经济发展进入新常态，结构调整和改革推进力度不断加大，我国区域结构逐步由差别化向均衡化转变，东部与中西部地区经济发展差距进一步缩小，中西部地区经济增速继续领跑全国，东北地区增速有所回升，区域发展的协同性和整体性不断增强。但是，中国区域发展不平衡不充分的现象仍然不容忽视。进入新时代，中国的区域协调发展呈现新的态势。

一、区域发展并线齐跑与多极分化同时存在

近年来，以信息技术为核心的高新技术飞跃式发展，不同资源要素通过信息网络进行连接，在不同地理空间上实现虚拟性组合，形成新的资源形态。同时，随着中国国力的日益强大，中西部地区获得更多的财政转移支付，“八纵八横”高铁逐步建成，能源基础设施不断完善，人才队伍不断发展壮大，中西部省份补上了发展短板，极大降低了资源要素跨区域流动的成本，以及资源要素在空间聚集的成本。这为全国范围的区域协同发展提供了极大便利，尤其是为欠发达地区提供了跨越赶超的大好发展机会。

我国在上海、广东、陕西、黑龙江等省（自治区、直辖市）建设了18个自由贸易试验区，以制度创新为核心，以可复制可推广为基本要求，全面落实国家相关的区域协调发展战略。国家授予河北（雄安新区）、浙江、福建、广东、重庆、四川6个试点省市“国家数字经济创新发展试验区”。国家还在京津冀、上海、广东（珠三角）、安徽（合芜蚌）、四川（成德绵）、湖北武汉、陕西西安、辽宁沈阳8个区域部署开展全面创新改革试验，着力破除制约创新发展的体制机制障碍，推进相关改革举措先行先试。国家确定福建、江西、贵州、云南、青海等省份为生态文明先行示范区，示范地区以制度创新为核心任务，探索实践符合中国国情的生态文明建设模式，构建系统完整的生态文明制度体系。这些重大的改革发展项目，既包括东南沿海发达省份，也涵盖了中西部省份，意味着国家为不同地区创造更加平等的发展机会，拉齐区域发展的起跑线，东、中、西部都有着同样的机遇，都可以在新时代并线齐跑各展身手，充分释放各地区的发展潜力。

然而，中国区域发展不平衡不充分依然存在，经济格局的区域分化局面明显，全国经济重心逐步南移，且“极化效应”有进一步强化的趋势。

从协调发展程度看，东部地区经济协调发展水平高于中、西部地区，长三角、珠三角等地区已初步走上高质量发展轨道，但中、西部地区协调发展程度普遍低于全国平均水平[①]。全国 31 个省（自治区、直辖市）2008—2017 年的数据显示，各省区市之间的区域协调发展水平差距较大，东部地区各省市的区域协调发展水平整体高于中西部各省（自治区、直辖市）[②]。基于新发展理念的五个维度，即创新、协调、绿色、开放、共享，构建中国高质量发展评价指数显示，北京、上海、广东、天津、江苏、浙江、海南等省（直辖市）的高质量发展指数，多年来一直排名全国前 8 位，而河北、内蒙古、贵州、云南、甘肃、青海、宁夏、新疆等省（自治区）的高质量发展指数较低，虽各年略有变动，但排名一直靠后垫底[③]。

从 GDP 看，中国经济“东强西弱、南快北慢、东北塌陷”的格局进一步强化，南方的经济重心进一步巩固。2019 年，东部 11 省份 GDP 占全国总量的 54.1%，而西部 12 省份 GDP 仅占全国的 20.7%；北方 15 省（自治区、直辖市）[④] 的 GDP 占全国总量的比重，从 2012 年的 45.8% 下滑到 2018 年的 38.5%、2019 年的 35.2%，其中仅有 7 个省份 2019 年的增速高于全国平均水平，且最高为 7%。中国有 17 个城市 GDP 破万亿，其中仅有 4 个北方城市（北京、天津、青岛、郑州）。南方 16 省（自治区、直辖市）中，有 12 省份的 GDP 增速高于全国平均水平。东北 3 省 GDP 总量占全国的比重，从 2012 年的 8.7% 下降到 2019 年的 5.1%，3 省 2019 年 GDP 增速均低于全国平均水平。此外，“四大板块”内部也出现明显分化。

二、区域合作日益广泛与隐性竞争日趋激烈同时存在

近年来，中国区域合作无论合作形式还是质量都有质的飞跃。“四大板块”之间、区域内部不同地区之间，开展各种形式的广泛合作，取得了积极的效果。

区域一体化发展进程加快。随着京津冀协同发展、长江经济带、粤港澳

---

① 熊德斌、张萌：《中国经济高端化、绿色化、集约化协调发展的区域差异分析》，载《经济论坛》2019 年第 12 期，第 29—38 页。

② 张可云、裴相烨：《中国区域协调发展水平测度——基于省级数据分析》，载《郑州大学学报》2019 年第 6 期，第 29—34 页。

③ 夏春玉主编：《中国高质量发展：基于新发展理念的指数评价与比较分析》，大连·东北财经大学出版社，2018 年版，第 254 页。

④ 指北京、天津、河北、山西、内蒙古、辽宁、吉林、黑龙江、山东、河南、陕西、甘肃、青海、宁夏、新疆 15 省（自治区、直辖市）。

大湾区建设、长三角一体化发展、黄河流域生态保护和高质量发展、成渝地区双城经济圈等战略的持续稳步推进，中国推进地域相连的特定区域一体化发展迈上新台阶。区际政府联动的进一步强化，初步实现了基础设施、公共服务、产业发展、生态环境等领域的深度融合，在更大范围推进区域间的优势互补，完善了改革开放空间布局，共同构建了开放共享、合作创新的区域经济新格局。2019 年，京津冀地区 GDP 增长 6.1%，长江经济带地区 GDP 增长 6.9%，长江三角洲地区 GDP 增长 6.4%[①]。

以东西部协作和对口支援为主要代表的跨区域合作成效显著。改革开放以来，中国通过对口支援、东西部协作等方式，积极推进邓小平两个大局“先富帮后富”、最终实现共同富裕目标的实践。具体做法是，东部地区将其资金、技术、人才、管理、信息等优势，与西部地区的资源、市场等优势紧密结合，双方共建产业园区——或向西部地区转移产业，或支持西部地区传统产业升级，或开展技术与人力资源培训，或共建产业服务平台等，推进东西部产业深度合作，实现互利共赢、共同发展。例如，2015 年至 2019 年 10 月，广东入黔投资项目 3009 个，合同约定投资额 9968.5 亿元，累计到位资金 5608.6 亿元，为贵州发展注入了强大动力。广州市对口帮扶黔南州 6 年来，培训黔南州党政干部 1903 人次、各类专业技术人才 25995 人次。

但也要看到，中国区域间显性和隐性的竞争日益激烈。中国的区域发展，以行政板块为主体，地方政府间的竞争比较突出。为吸引资本、技术和人才等发展要素，各地竞相在投资环境、法律制度、政府效率等方面开展跨区域竞争——地方政府基于自利行为启动并推进了市场化进程，改善了产权制度，成为中国经济不断跨上新台阶的强劲动力[②]。然而，在分税制、GDP 考核等压力下，加之地方政府把控着本辖区的土地和资源，地方竞争失序也就不足为奇了。

无序跟风与非理性竞争激烈。一些地区不顾自身比较优势，以各种优惠手段搞招商引资、搞开发区或产业园区，发展房地产搞“造城运动”，高负债

---

① 稳中上台阶 进中增福祉——《2019 年统计公报》评读，http://www.stats.gov.cn/tjsj/sjjd/202002/t20200228_1728918.html。

② 张五常认为，中国多年来经济高速增长，最精彩的地方就是县级政府彼此之间竞争。中国的地区竞争在性质与活力方面是独具一格的，是最好的一个经济制度。张五常提出了著名的“佃农分成理论”，就是“一个县可以视作一个庞大的购物商场，由一家企业管理，租用这商场的客户可比作县的投资者，商场租客交一个固定的最低租金，等于投资者付一个固定的低价，加一个分成租金，等于政府收的增值税”。张五常：《中国的经济制度》，北京·中信出版社，2009 年版，第 161 页。

大规模搞基础设施建设，透支开发利用本地资源、沽名钓誉争取试验区或新区等各种帽子——由于违背了产业高效集聚发展的规律，无序的、非理性的竞争，导致各地不同程度出现低水平重复建设、开发区圈地、产业结构趋同、资源利用效率低下等问题，难以支撑当地的可持续发展。

“地方保护主义”经久不衰。一些地区采用准入标准、技术规定等手段，表面上是为做强做大本地特色经济，实质是搞地区封锁和不合理竞争，隐蔽性很强，难以从外部进行约束①。比如一些地方政府对外来企业、商品和服务设置歧视性市场准入限制，在招投标、采购、项目审批等方面向本地企业倾斜，为本地企业提供各类政府补贴、隐性担保等。地方保护主义阻挡了生产要素的自由流动和优化配置，延缓了全国统一市场的形成，严重阻碍了区域经济的协调协同发展。

三、新兴经济业态蓬勃发展与产业老旧颓废同时存在

近年来，中国实施《国家创新驱动发展战略纲要》，科技创新与制度创新、管理创新、商业模式创新、业态创新和文化创新相结合，加快新旧动能转换，创新成为引领发展的第一动力。

从国家层面看，中国位列全球创新指数排名第 14 位。全国上下大众创业、万众创新热潮不减，科技新成果不断涌现，新动能新产业成长壮大，数字经济、网络经济、平台经济、共享经济、智能经济等在中国大地上蓬勃兴起。2019 年，全国每天新登记企业约 2 万家，独角兽企业、瞪羚企业和世界 500 强企业数量每年都在增加，每万人口发明专利拥有量达到了 13.3 件。工业战略性新兴产业、高技术制造业增加值同比分别增长 8.8%、8.4%。网上商品零售额增长 19.5%②。国内新经济、新业态、新模式——“三新经济”繁荣向好。

从地方层面看，一些地区把创新驱动发展战略与区域经济社会发展深度融合，用工业互联网、云计算、大数据、人工智能等新一代技术改造传统的制造业、农业和服务业；一些地区充分利用本地创新资源，研发有发展潜力的新产品、新产业，实现企业自主创新能力的显著增强和区域创新网络的复杂化、高端化。这些创新驱动了地方经济的结构调整与动能转换，培育了超

---

① 范恒山：《中国区域经济发展呈现八大特点》，载《区域经济评论》2017 年第 3 期，第 6—8 页。

② 国家统计局局长就 2019 年全年国民经济运行情况答记者问，http://www.stats.gov.cn/tjsj/sjjd/202001/t20200117_1723470.html。

越原有经济结构的新经济。湖北、安徽、江西、重庆、贵州等中西部地区，近些年积极吸纳、移植高端生产要素和先进分享技术，实现了新经济新动能的横向转移和无中生有，新型经济形态或产业的发展，与东部发达地区基本上处于了同一水平。

与此相对的是，一些“问题区域”的可持续发展形势严峻。中国的“问题区域”包括宏观层面的贫困地区；中观层面的资源型城市和微观层面的各类低效率城市开发区。不少“问题区域”处于资源驱动阶段，还没有完全进入投资驱动，离创新驱动更是遥远。

一些以传统农业为主的贫困地区，二、三产业基础较为薄弱，交通、互联网等基础设施落后，人力资本匮乏，顺利完成脱贫攻坚任务尚显吃力，还高喊口号“构建现代经济体系”“承接东部转移产能”“引进世界500强企业”，其后续发展的产业支撑不强，动能不足、前景堪忧。

中国有178个资源型城市（约占全国城市总数的27%），其中很多陷入发展困境——以资源开发为主，产业结构单一且“老化”；城市社会服务及基础设施建设先天不足，城市综合职能提升受影响；资源减产及企业减员导致就业矛盾突出；生态环境恶化，矿业城市环境欠账严重，土地复垦率仅12%——这些城市有待在资源转换、结构转优、功能转型等方面实现新突破①。

一些地方动辄推出各种开发区、新区、试验区、经济合作区等发展平台，但由于目标定位与发展战略路径不精准，产业雷同、重复建设、土地利用率低等现象突出，产业发展缺乏合理的区域聚集，无效竞争与低效运转成为很多开发区的通病。

四、发展因素高度集聚与发展潜能分化并存

近年来，我国各类发展要素向中心城市及城市群等发达地区集聚的趋势比较明显。长三角、珠三角、京津冀、长江中游、成渝地区五大主要城市群发展的“极化效应”不断增强，人口与产业集聚态势加快，成为区域高质量发展的重要载体。

从人口人才看，人随产业走、人往发达城市走的趋势持续不变——有研究利用2003—2016年272个城市为样本进行实证检验发现，由于大城市有利于人力资本积累，能够支撑理性人获得更高预期收入，特大和超大城市仍将

① 刘洋：《区域协调发展论》，北京·中国市场出版社，2016年版，第188—120页。

是人力资本区位首选，城市规模仍将持续扩大[①]。我国的人口继续流向一二线大城市都市圈，北京、上海、广州、深圳等依然是人口流入的重点区域，天津、杭州、成都、重庆、长沙、青岛等二线城市人口流入强劲；而哈尔滨、大连、沈阳等城市人口流出严重。各地的人才资本结构也在不断变化。根据各地2018年和2014年的人口抽样调查数据，北京、上海、天津2018年大专及以上人口占本地区人口的比重，分别为48.7%、31.7%和28.3%，比2014年分别增加10.5、4.6和5.4个百分点。与此同期，辽宁、河南、广西、贵州等地大专及以上人口占本地区人口的比重，都出现了不同程度的下降，说明中西部省份人才资本仍然在向发达地区集聚。

从资本投资看，2010—2017年，全国全社会固定资产投资新增部分，将近25%的比例流向了山东、江苏等省份；各地新增全社会固定资产投资占全国的比重，排名后10位的省份所占比重之和低于10%，说明资本向先发地区集聚的趋势正在增强[②]。

从高新技术企业看，2018年，我国东部地区（不含辽宁）的高新技术企业占全国总数的74.3%，其中广东省的高新技术企业数量排名第一，且遥遥领先，占全国总数的26.1%，中部6省的高新技术企业占全国的13%，西部12省（自治区、直辖市）加东北3省仅占全国的12.6%，说明优质资源要素在空间聚焦上向发达地区集中。

值得注意的是，在"规模累积"和"马太效应"的共同作用下，先发地区在要素集聚方面的优势将更加显著，欠发达地区要素集聚的难度更大，地区差距与发展分化必将随之扩大。

城乡差距依旧。中国的城乡要素流动不顺畅、公共资源配置不合理等问题依然突出，影响城乡融合发展的体制机制障碍尚未根本消除，乡村发展滞后与城乡发展不平衡成为区域协调发展的最大阻碍因素。2019年城镇居民人均可支配收入和人均消费支出，分别是农村居民的2.64倍和2.11倍。

后发地区发展动能不够强劲。落后地区加快发展，要最大限度地利用自身拥有的资源或发挥比较优势，但过度的资源依赖可能突破资源环境的承载能力，"靠山吃山"终将"山穷水尽"；简单固守传统比较优势可能进一步固

---

① 高春亮、李善同：《迁移动机、人力资本与城市规模：中国新型城镇化模式之争》，http://d.drcnet.com.cn/eDRCnet.common.web/DocDetail.aspx?chnid=2002&leafid=3086&docid=5727687&uid=020209&version=finance。

② 孙志燕、侯永志：《对我国区域不平衡发展的多视角观察和政策应对》，载《管理世界》2019年第8期，第1—8页。

化产业低端化倾向，错失新旧动能转换的机遇，使比较优势变成劣势，发展难以持续。部分地区“未富先老”。2018 年，我国老年人口抚养比超过 16% 的省份有 14 个，其中中西部和东北地区占 9 个，这些省份“未富先老”的现象日益突出，发展的包袱沉重。

资源错配亟待扭转。我国长期以来人口向大都市圈集聚，但土地供给向三四线城市倾斜，人口城镇化与土地城镇化明显背离，形成了人地分离、土地供需错配的现象，亟须制度创新予以解决。

五、发展基础日趋厚实与管治效能有待提升并存

中国的区域协调发展，有良好的基础条件，也有源源不断的动能支撑和前景广阔的发展空间。

党的坚强领导和中国特色社会主义制度优势显著。中国把社会主义制度和市场经济有机结合起来，能够广泛调动各方面积极性，不断解放和发展社会生产力。实施积极有效的宏观调控政策，应对国内外复杂多变的经济环境，能够保持全国一盘棋、实现各地的经济持续健康发展。

发展条件优越、空间广阔。中国区域协调发展格局不断优化，各地在创新发展中积累了雄厚的物质财富，基础设施日益完善，网络平台等新型基础设施快速发展；改革开放红利持续释放，营商环境不断改善，产业协作配套能力日趋增强。中国有超大规模市场，有世界上最庞大的中等收入群体，消费增势良好，极具发展潜力。中国人力人才资源丰富，2019 年劳动年龄人口为 8.96 亿人，是世界上最大一支劳动力资源大军；每年全国高校毕业生超过 800 万人。新产业、新业态、新商业模式等“三新”经济覆盖国民经济各个领域并悄然崛起，开辟了发展新方向。

制度供给日益完善。区域协调发展的体制性机制性创新日益丰富，主体功能区战略和制度进一步完善，生态保护补偿、粮食主产区与主销区利益补偿、土地增减挂钩、能源矿产等资源输出地和输入地利益平衡、碳排放权排污权水权资源权属交易等各类发展机制日益完善。

但必须高度重视的是，中国各地的发展基础和自然禀赋不一，所能支配使用的资源各异，选择发展战略路径的能力参差不齐，不会建或建不好发展服务平台，地方政府管治效能不高，制约和影响着区域发展。

发展战略路径选择能力不强。一些地方“坐井观天”，不能从全国发展大局中准确定位当地的发展态势，提不出管长远、可持续的发展战略及实现路径。少数地方地处“一带一路”或中外交流合作的要冲，还热衷于搞内部经

济，期盼“东部转移的产能”，难以向外融入全球经济网络。有的西部地区高喊“深化与成渝经济区和长三角、珠三角等地的务实交流合作”，但缺乏合作共赢的框架和具体内容，经年不见成效。很多区域赶潮流，盲目冲动把发展高新技术产业、高端制造业等作为重要的发展战略，大建工业园区但入驻率不高，浪费发展资源。

要素聚集难以形成规模效应。招商引资、金融支持与人才资本，是多数后发地区最亟须的要素。一些欠发达地区营商环境不佳、服务意识不强，招商引资变成“关门打狗”，留不住资本。一些地方金融改革不到位，企业融资“管道”不畅，融资难、融资贵仍然存在，金融服务实体经济之路漫漫。有些地方教育与科技落后，对外引进各类发展人才的办法不多，用人环境不好，“劣币驱逐良币”，引不来人、留不住人。

此外，有的地方频繁更换党政一把手，影响发展。很多新到任领导都要“有自己的战略思路”，普遍追求短期行为、形象工程、政绩工程，大搞超规划运作，不能够一张蓝图绘到底，影响协调发展的质量与进程。

第二节　区域协调发展的制度高墙

2009 年 3 月，欧洲工商管理学院（INSEAD）经济学教授安东尼·法达斯（Antonio Fatás）和伊利安·米霍夫（Ilian Mihov），在《哈佛商业评论》发表文章，对全球 100 多个国家进行研究，分析了国家体制质量治理指标与人均收入之间的关系，提出了“制度高墙”（The Institution Wall）概念，即当一国人均收入低于 1 万美元时，国家的体制质量与人均收入之间的关系并不明显，但一旦突破 1 万美元，二者之间呈现出很强的正相关关系。文章认为，在经济发展水平较低时，对制度要求不是很高；但一个经济体要突破人均收入 1 万 ~1.2 万美元临界范围时，就需要“完善的生产机制”与发展阶段更好地适应。如果不能建立更加完善的制度安排，后发经济体将很难翻越“制度高墙”，进入高收入国家行列。

中国的相关研究也表明，一国在从中等收入国家向高收入国家的跃进过程中，确实可能面临“制度高墙”问题——追赶型经济发展的不同阶段，对制度的要求是不同的。在从低收入到中等收入发展阶段，只需要一些最基本的制度安排，比如国家享有主权、社会比较稳定、产权得到基本保护，就能实现较快的发展。从中等收入阶段向高收入阶段迈进时，则会对制度体系的完善程度和质量水平提出较高的要求。特别是人均收入接近或到达跨越“制度高墙”的临界水平时，如果不进行适应性改革和创新，主动完善制度体系，国家经济发展就可能停滞不前甚至出现倒退①。

近年来，我国高度重视促进区域协调发展，确立了分类指导、因区制策的区域调控原则，制定实施了一系列重大区域规划和政策，缩小区域政策单元，进一步加大了对贫困地区、特殊困难地区等的支持力度，区域协调发展的制度体系已现雏形。然而，中国2019年人均GDP超过1万元，进入了直面“中等收入陷阱”与“制度高墙”的关键节点，优质制度资本仍然不足——中国的区域协调发展并不缺乏政策制度，但在整体层面和重点领域都缺乏有效的法律法规支架，支撑区域协调发展的高质量制度体系建设相对滞后。

一、区域协调发展立法缺失

中国区域协调发展立法的步伐一直不曾停顿。早在2003年，十届全国人大常委会将“西部开发促进法”列入立法规划。2004年3月，国务院印发的《国务院关于进一步推进西部大开发的若干意见》就提出：“抓紧起草‘西部开发促进法’和《西部开发生态环境保护监督条例》等法律法规，逐步建立和完善西部开发法律法规体系。西部地区各级人民政府公务人员要提高法治意识，确保法律法规的有效实施，树立诚信政府形象，为推进西部大开发打造良好的法制环境。”2008年，国务院将西部开发促进法草案列入“需要抓紧研究、待条件成熟时提出的立法项目”。

2018年9月，全国人大常委会公布《十三届全国人大常委会立法规划》，涉及区域协调发展的“长江保护法”②，列入一类立法计划（即条件比较成熟、任期内拟提请审议的法律草案）；“海洋基本法”“乡村振兴促进法”“国土空间开发保护法”等，列入第二类立法计划（即需要抓紧工作、条件成熟时提请审议的法律草案）。

---

① 张军扩、罗雨泽、宋荟柯：《突破“制度高墙”与跨越“中等收入陷阱”——经验分析与理论研究结合视角》，载《管理世界》2019年第11期，第1—7页。

② “长江保护法”是一部全面保护长江流域生态环境的法律，针对长江特定区域、特定问题采取特别制度措施，旨在保护修复长江流域生态环境，保障自然资源合理利用，防范和纠正各种影响长江流域生态环境的行为，支撑和推动长江经济带绿色发展、高质量发展。全国人大代表多次提出涉及长江流域立法的议案和建议。十二届全国人大第二次至第五次会议期间，共有550位代表提出相关议案13件；十三届全国人大第一次和第二次会议期间，共有214位代表提出相关议案7件。2019年12月27日，十三届全国人大常委会第十五次会议审议长江保护法草案。

2019 年 12 月 27 日，十三届全国人大常委会第十五次会议举行分组会议，审议长江保护法草案。长江保护法草案共 9 章 84 条，从长江流域系统性和特殊性出发，明确规定立法目的是为了加强长江流域生态系统修复和环境治理，促进资源高效合理利用，保护长江流域生态环境，推进绿色发展。

各地的区域协调发展立法大体上分为两大板块：第一块是落实类立法，即为确保国家法律法规在本地实施而出台的地方性法规或地方政府规章，如为实施《中华人民共和国草原法》（2013 年修订），内蒙古出台《内蒙古自治区草原管理条例》（2004）、《内蒙古自治区基本草原保护条例》（2011）等。第二块是地方自主立法，即各地为促进区域发展而自主制定实施的地方性法规或地方政府规章。地方自主立法包括几个类别：一是针对经济带、城市群、农村地区等特定区域的地方立法。如《山西省促进雁门关农牧交错带发展条例》（2019）等。二是规范经济开发与合作功能区的地方立法，主要是各地针对经济开发区、高新区、产业园区、经济合作区等的地方立法，如《满洲里边境经济合作区管理条例》（2010）等。三是支持或促进地方特色产业、行业振兴发展的立法。如《宁夏回族自治区枸杞产业促进条例》（2015）等。四是保护或开发地方特色资源的立法。如《吉林省黑土地保护条例》（2018）等。五是促进生态文明建设的地方立法。如《青海省生态文明建设促进条例》（2015）等。六是集聚各类发展要素、促进改革创新发展的地方立法。如《湖北省全面深化改革促进条例》（2016）、《山东省新旧动能转换促进条例》（2019）等。

总的看，我国各地围绕国家关于区域协调发展的总体战略，积极推进具有突出的灵活性与针对性的区域协调发展地方立法，以理性规范的制度供给，不断累积制度资本，引导支持各区域充分发挥比较优势，促进各类要素合理流动和高效集聚，对促进区域的开发与发展发挥了重要作用。

截至 2019 年底，我国国家层面尚未出台一部以缩小地区差距为对象，体现区域协调发展总体战略的基本法。有人评价，我国经济管理宏观领域法治建设滞后，造成微观限制宏观、局部约束全局的不良现象①。

在新形势下，既要继续保持促进国民经济稳定增长，同时又要推进区域协调发展，亟须加快区域协调发展的顶层设计（如全国区域协调发展的整体谋划与政策架构、国土空间规划开发与保护等）、重大国家战略（如长江经济带发展、黄河流域生态保护和高质量发展等），以及重点领域（如西部大开

① 刘洋：《区域协调发展论》，北京·中国市场出版社，2016 年版，第 202 页。

发、东北振兴等）的立法进程，通过立法进一步凝聚共识、完善规则、调动资源，全力以赴推进区域协调发展。

二、区域协调发展的政策瑕疵

区域协调发展政策是由区域战略统筹政策、市场一体化发展政策、区域合作政策、区域互助政策、区际利益补偿政策、基本公共服务均等化政策、区域调控政策和区域发展保障政策等组合而成的体系，是区域协调发展的主要制度依据和实践规范。中国的区域协调发展政策还存在一些不能适应发展需要的瑕疵，主要表现为政策错配和政策缺位。

1. 政策错配

中国的区域协调发展面临不少“制度梗阻”和制约经济社会进一步发展的体制机制障碍。一方面，制度壁垒坚固。如打破“地区封锁和行业垄断”，自 20 世纪 80 年代以来反复说了 40 年，但一直横亘在区域合作中[①]，城乡差距、地区发展差距、土地要素跨区域市场配置等的制度因素、不同所有制企业在市场中的非公平竞争等普适性政策的壁垒长期存在。此外，一些隐性的地方保护、指定交易、本位主义、职能分割与信息不畅等潜规则，不利于区域一体化高质量发展。这些制度壁垒成为阻碍区域协调发展的“温床”。另一方面，政策竞合严重。中国的区域发展政策数量种类多而杂，各项政策之间在目标选择、资源调配、政策适用顺序、政策衔接、政策延续性等方面缺少统筹设计，导致政策在执行过程中相互“抵消”、相互“冲突”——欠发达地区虽然名义上享有各种各样的支持性政策，但由于衔接协调不到位，很多政策实施效果不佳，甚至造成发展要素向更发达地区流动和聚集——一个区域享受多项区域政策的叠罗汉现象，有其“多重利好”的正面效果，但也可能带来浪费资源、资源反向聚集、损害政府信誉、阻碍区域发展等不良后果。

2. 政策缺位

在竞争激烈的当下，高端人才、高新技术、新兴项目等优质要素与资源，成为地方竞相收罗的重点。由于中央缺乏强有力的统筹机制，地方缺乏紧密

---

① 1980 年《国务院关于推动经济联合的暂行规定》要求，按照经济规律沟通横向联系，打破地区封锁、部门分割……避免以小挤大，重复建厂，盲目生产。2015 年，《国家发展改革委关于进一步加强区域合作工作的指导意见》强调，要推进统一市场建设，深化行政管理体制改革，清理和废除妨碍全国统一市场和公平竞争的各种规定和做法，打破地区封锁和行业垄断，矫正要素配置扭曲，促进各类要素有序自由流动，提高资源配置效率。

协同的动力与热情，在实践中难以形成跨区域的协作机制、产业布局和市场体系。如近些年各地开展的“抢人才大战”、招商引资的过度优惠等，发达地区财大气粗、各项待遇较为优越，而很多欠发达地区既无与发达地区“叫板”的财力，也无提供比发达地区更加优越的待遇条件的远见与魄力——表面看，欠发达地区在要素集聚的竞争中不具备优势，但实质结果是，欠发达地区有可能因此陷入低水平发展、“弱者恒弱”的“陷阱”。如果国家在宏观层面不能有效地对区域间的非理性博弈、资源配置不公平、发展机会不平等、地方政府调控失当等进行约束管控，将难以构建优势互补、高质量发展的全国性区域经济布局，不可避免地加重区域发展失衡。

第三节　构建区域高质量一体化协调发展制度体系

2020后贫困时代，健全区域协调发展新机制，就是要构建更加规范有效的制度安排，促进区域的优势互补和均衡发展。一是加快制定“区域协调发展法”，将现有的贫困地区等欠发达区域全部纳入国家整体的区域发展战略，统筹解决目前的贫困地区、革命老区、原中央苏区、边疆民族地区等欠发达地区的可持续发展问题——不再为现有贫困地区量身定制扶贫开发法或专项政策。二是制定“西部开发法”（由“西部开发促进法”改之）和“东北振兴法”等专项法律，引导规范2020年之后各地区的欠发达县域（包括革命老区和原中央苏区等），使之与发达地区一道协调同步发展。适时加快制定“长江保护法”“黄河保护法”“京津冀协同发展法”等专门法律，系统推进粤港澳大湾区立法，加快推进“一带一路”法治化进程，支持区域发展地方立法，建构区域协调发展法律法规体系。

一、以“区域协调发展法”统筹全国实现更高质量、更可持续的发展

“区域协调发展法”是统筹包括贫困地区在内的区域协调发展的基本法，宜从更宽广更高远的视野，建立健全更加精准有效的区域协调发展机制，系统解决现有贫困地区与非贫困地区的发展差距问题，切实实现“区域协调发展不是平均发展、同构发展，而是优势互补的差别化协调发展”[①]，促进全国各区域协调发展向更高水平和更高质量迈进。

① 史晋川、董雪兵：《以更宽广的视野推动区域协调发展》，2017年2月3日《人民日报》。

1. 厘定区域协调发展思路

按照经济发展规律调整完善区域发展政策体系，发挥各地区比较优势，促进各类发展要素合理流动和高效集聚，增强创新发展动能，加快构建高质量发展的动力系统，增强中心城市和城市群等经济发展优势区域的经济和人口承载能力，增强其他地区在保障粮食安全、生态安全、边疆安全等方面的功能，形成优势互补、高质量发展的区域经济布局。

2. 优化发展空间布局

坚持“陆海空三位一体”、共同发展，统筹推进陆地、海洋、空间的开发与合作，确保每一块国土空间都得到因地制宜的有效利用和保护。合理确定建设空间、农业空间、生态空间和生活空间，划定城市建设红线、基本农田红线和生态保护红线。完善主体功能区战略，细化主体功能区划分，针对重点开发地区、生态脆弱地区、能源资源地区等制定差异化发展政策，分类精准施策，推动形成主体功能约束有效、国土开发有序的空间发展格局。强化国土空间承载力和生态环境适应性评估，构建“县域经济（都市县和现代农业县）—都市圈—城市群—城市群绵延带”多层次城乡区域分工协作新体系。

3. 完善区域空间形态

构建点、线、面有机统一的空间形态，提高国土开发强度（建设用地占比）。大力培育发展地级以上城市数量，特别是优化中西部地区城市布局，增加中西部城市数量。改革土地管理制度，建设用地资源向中心城市和重点城市群倾斜，使优势地区有更大发展空间。在建制镇以上的城市之间、城乡居民点之间建设多层次“直线三角形”交通道路网络，实现空间市场互联互通。实施乡村振兴战略，建设一大批现代农业县，在全国范围有序发展现代农业。坚持生态优先、绿色发展，推进实施一批重大生态保护修复和建设工程，确保经济社会发展与区域资源环境承载力相匹配。

4. 优选发展路径

坚持全国各区域“一盘棋”、区域高质量一体化协调发展“一台戏”，把西部地区、贫困地区、革命老区、原中央苏区、边疆民族地区等欠发达地区更紧密地嵌入国家发展全局，实现与发达地区无缝链接、联动发展。进一步提高既有发展优势地区的能级，培育发展新的优势地区。进一步集中力量解决欠发达地区的现代化基础设施体系、经济结构调整、产业转型升级、创新驱动发展、生态环境综合治理、教育科技、基层治理能力等短板与瓶颈问题，统筹推进这些地区后发赶超。经济发展条件好的地区，要承载更多产业和人口，发挥价值创造作用。生态功能强的地区，要得到有效保护，创造更多生态产品。考虑国家安全因素，增强边疆地区发展能力，使之有一定的人口和经济支撑，以促进民族团结和边疆稳定。前瞻性规划引领京津冀、长三角、珠三角以及一些重要城市群的高品质发展，更加注重发挥中心城市和城市群的龙头带动作用，培育壮大若干能够带动全国高质量发展的新动力源。

5. 形成全国统一开放竞争有序的商品和要素市场

要构建空间市场一体化新框架，实施全国统一的市场准入负面清单制度，消除歧视性、隐蔽性的区域市场壁垒，打破行政性垄断，坚决破除地方保护主义。大力支持欠发达地区通过各种方式聚集资源要素，提升欠发达地区创新发展能力。完善财政转移支付制度，合理确定中央支出占整个支出的比重，对重点生态功能区、农产品主产区、困难地区提供有效转移支付，优化中央财政资金的使用办法。大力推进人口（人才资本）、技术、信息等要素的市场化改革，完善配套政策，打破流通壁垒，推动生产要素在城乡间和地区间更加高效地配置。推动更大范围、更高水平、更深层次的区域合作，加强区域间基础设施、环保、产业、教育科技、公共服务等方面的合作。

6. 培育创新驱动和改革开放新发展动能

加快构建国家创新体系，建设各类创新主体协同互动，以及创新要素顺畅流动、高效配置的生态系统，形成创新驱动发展的实践载体、制度安排和环境保障。强化科技创新，明确支撑发展的方向和重点，加强科学探索和技术攻关，形成持续创新的系统能力。强化体制机制创新，调整一切不适应创新驱动发展的生产关系，统筹推进科技、经济和政府管治等各方面体制机制改革，最大限度释放创新活力。扩大开放，坚持以全球视野谋划和推动创新，最大限度用好全球创新资源，全面提升我国在全球创新格局中的位势，力争成为若干重要领域的引领者和重要规则制定的参与者。支持沿海地区全面参与全球经济合作和竞争，支持中西部地区形成沿江、沿边全方位对外开放新局面，努力形成深度融合的互利合作格局，完善对外开放战略布局，推进双向开放。

7. 保障民生底线

坚持实现基本公共服务均等化不动摇，加快建立健全按照常住人口规模配置公共服务的机制，推进基本公共服务标准化建设和管理，以标准化促进基本公共服务均等化、普惠化、便捷化。逐步提升欠发达地区的教育、卫生、社会保障等基本公共服务水平。改革完善户籍管理制度，促进迁移人口稳定落户，保证迁得出、落得下。持续完善区域发展成本分担和利益共享机制，优化转移支付，向重点生态功能区、边疆地区、民族地区、革命老区等开展环保、资金、产业、人才等市场化、多元化的补偿，以形成受益者付费、守护者得到合理补偿的正向激励。

8. 提升区域协调发展治理水平

厘清政府与市场、政府与社会的权责边界，进一步发挥政府在规划统筹、政策协调、深化合作方面的作用，减少政府对资源的直接配置。持续深化“放管服”改革，把权力从地方政府真正归还给企业。完善区域协调机制，加强不同区域之间、不同层级之间区域规划的协同性，提高政策的统一性和规则的一致性，推进要素空间优化配置。丰富东西部协作和对口支援机制，提高欠发达地区的政策管理水平与执行力。强化考核评价，将区域协调发展纳入党政领导干部经济和社会发展考核范围，突出考核重点，构建一套既反映区域整体发展水平，又体现协调同步发展的差异化考核指标体系。

二、以“西部开发法”统领欠发达地区加快实现高质量跨越式发展

西部大开发战略实施20余年，相关的政策制度较为完善，立法条件基本成熟。建议国家制定“西部开发法”，紧紧抓住基础设施和生态环保两大关键，增强可持续发展支撑能力，下决心将“开发”变为“发展”，以之统领全国欠发达地区实现高质量跨越式发展。

1. 明确西部大开发的目标和“西部开发法”的适用范围

即促进西部地区（含中部和东北地区欠发达区域，下同）走出一条创新、协调、绿色、开放、共享的高质量可持续发展之路，实现西部地区与其他区域协调同步发展，全面持久提高人民生活水平。“西部开发法”适用于西部地区全境、中部地区和东北地区的欠发达县域，以及欠发达的革命老区和原中央苏区等地区。

2. 加快推进西部大开发形成新格局

引导西部地区立足区位优势和后发优势，与“一带一路”、长江经济带、黄河流域生态保护和高质量发展等重大国家战略结合，坚持有序开发、绿色永续、创新驱动、开放引领的原则，以重要交通走廊和中心城市为依托，培育若干带动区域协调发展的增长极，打造空间利用高效、类型区划规范、主题特色鲜明、兼具科技创新与绿色节能的发展新格局，拓展支撑国家发展的新空间。

3. 高品质建设成渝地区双城经济圈

将成渝地区双城经济圈建设上升为国家战略，高标准规划建设，把成渝地区打造为具有全国影响力的重要经济中心、科技创新中心、改革开放新高地、高品质宜居地，把成渝地区双城经济圈培育成为中国经济高质量发展的“第四极”，成为新时代西部地区开放发展的强大引擎。

4. 加快建设现代基础设施

建设适度超前、结构优化、功能配套、安全高效的现代化基础设施体系。推进西部高速铁路成网、干线铁路升级、全网密度加大、运营提质增效，提升公路网络连通和畅达水平，加快民用航空发展，加强河流航道和沿海港口建设，构建综合运输大通道，优化综合交通枢纽和物流枢纽布局。更新完善水利、能源、通信、管网等基础性网络，推进宽带网络优化升级，提升西部地区网络覆盖水平和质量，为绿色集约发展补短板增后劲。

5. 加快培育壮大现代产业体系

运用新技术、新业态、新模式改造传统产业，提升特色优势产业发展水平。进一步提高创新驱动发展能力，加大技术研发投入力度，加快关键技术研发和成果转化，塑造西部地区产业核心竞争力。培育符合西部地区实际的新一代信息技术、高端装备、新材料、新能源、生物医药等战略性新兴产业，推动具备条件的产业集群化发展，形成新的主导产业。推进一二三产业深度融合，构建资源优势突出、创新能力较强、产业链条齐备、生态承载合理的现代产业体系。

6. 进一步扩大对外开放

以共建“一带一路”为引领，加快内陆沿边开放步伐，推进同有关国家和地区的多领域互利共赢务实合作，打造陆海内外联动、东西双向开放的全面开放新格局。加快推进中蒙俄、新亚欧大陆桥、中国－中亚－西亚、中国－中南半岛、中巴、孟中印缅等国际经济走廊境内段建设，提升对西部地区开发开放的支撑能力。高标准建设好“陆海新通道”，打造连通国内、直达周边国家、通达世界的开放大通道。推进西部地区与东中部和东北地区开展跨区域合作。

7. 提速加码美丽西部建设

坚定不移实施主体功能区制度，加大自然生态系统和环境保护力度，保护好西部地区绿水青山，筑牢国家重要生态安全屏障。持续实施固坡、复土、造林等重点生态工程，加强生态环境综合治理和国土综合整治，完善防灾减灾救灾体系，确保生态环境得到实质性改善。健全绿色发展机制，促进能源资源集约节约利用，大力发展绿色产业，推动低碳循环发展，不断降低碳排放强度。创新生态补偿机制，保障生态产品产出能力和生态服务功能。

8. 下大力气发展教育科技

加大教育投入，提升教育质量，推动西部地区聚人才、育人才、出人才。支持西部地区办好义务教育，促进县域内义务教育均衡发展。大力发展以就业为导向、服务西部地区经济社会发展的现代职业教育。国家重大人才工程向西部高校倾斜，加强东部高校对口支援西部高校工作，持续推进西部高等教育振兴。加强区域公共科技服务平台、技术与知识产权交易平台、孵化平台建设，提升研发水平，畅通科技成果转化渠道。

9. 大幅增加基本公共服务供给

坚持就业创业优先，提高劳动力就业水平；完善社会保障制度，提高养老服务水平。加强西部地区县级医院、中心乡镇卫生院医疗设备配置和能力建设，提升医护人员专业素养，提高公共卫生服务能力。进一步完善公共文化设施网络，提高公共数字文化供给和服务能力。加强和创新西部地区城乡社会治理机制建设，完善乡镇（街道）社会治理结构。

10. 提升西部地方政府管理水平

坚持大力培养使用善抓改革开放的优秀干部的用人导向，营造人岗适配、才尽其用、风清气正、团结干事的良好环境与条件。打造高水平的专业化、职业化公职人员队伍，全面提高西部各级干部尤其是党政一把手抓开放发展的水平，不断提高西部地区改革开放与协调发展的战略谋划、制定规则、交流谈判、舆论宣传、统筹协调等各方面能力。充分利用现代高新技术，深化放管服改革，把服务型政府建设落到实处，大幅提升行政效能。

11. 保障西部大开发的资金资源支持

深化金融体制改革，构建多层次、宽领域、有差异的银行机构体系，引导金融机构更好服务实体经济。发展完善多层次资本市场，大力支持企业直接融资。加大中央对西部地区的资金资源支持和政策优惠力度，进一步强化东部地区对口支援西部制度，帮助西部地区不断提升发展水平。

三、加快制定区域发展特别法

根据我国区域高质量一体化协调发展的进程，对那些业已实施并体现国家战略意图，或带有全局性，或跨越多个省（自治区、直辖市）等的区域发展政策，尽快将其上升为区域发展的相关法律制度。

1. 加快制定出台“长江保护法”

立足长江经济带的生态建设区、生态与开发协调发展区、一般开发区、高度开发区等功能区划，以水为重点，统筹资源、环境、生态等领域，突出空间管控、保护修复与开发利用，以立法引领长江流域经济发展与社会转型，切实建设“美丽长江”“健康长江”与“生态长江”，使中华民族母亲河永葆生机活力。加快制定完善长江流域生态环境保护修复与开发利用的专门法律法规，为“共抓大保护、不搞大开发”提供科学理性、管长远的具有法律约束力的制度安排。

2. 研究制定“东北振兴法”

把东北振兴的指导方针、战略目标、重点任务、主管机关、资金渠道、中央政府与地方政府的责任、开发主体的权利和义务等，用法律的形式确定下来，重点突出有效整合资源，主动调整经济结构，形成新的均衡发展的产业结构，加快国有企业改革，打造对外开放前沿，加快转变政府职能，弘扬优秀企业家精神，加强对领导干部的正向激励，树立鲜明的用人导向，保证东北振兴战略实施的连续性和稳定性，推动东北全方位振兴，让“铁锈”地带成为新的增长极。中部崛起战略大量适用西部大开发和振兴东北的相关政策，建议“西部开发法”和“东北振兴法”分别规定中部地区适用该法的地区和行业范围。

3. 研究制定“黄河保护法”

通过立法方式，为黄河流域上下游、干支流、左右岸统筹谋划，共同抓好大保护，协同推进大治理，着力加强生态保护治理，保障黄河长治久安，为促进全流域高质量发展提供法律保障。具体的原则和路径包括：坚持生态优先、市场有效、动能转换、产业支撑、区域协调、以人为本①，以“三区七群”为基本框架，加强重点生态功能区保护，强化以水为核心的基础设施体系建设，确保流域安全；积极推动产业优化升级，促进绿色发展，推动黄河

① 安树伟、李瑞鹏：《黄河流域高质量发展的内涵与推进方略》，载《改革》2020 年第 1 期，第 76—86 页。

流域人与自然协调发展[①]。支持沿黄九省区加快推进黄河流域生态保护和高质量发展的地方立法工作，鼓励沿黄省区根据各地的水资源、生态环境与经济社会发展差异，考虑流域的连续性和协同性，规范引导省际、市域间的合作与一体化发展。

4. 研究制定“京津冀协同发展法”

京津冀的协同立法已有数年，自发布《关于加强京津冀人大协同立法的若干意见》（2015）以来，京津冀地区探索实施了顺畅有效的协同立法机制，协同立法实现由松散型协同向紧密型协同转变、由机制建设协同向具体项目协同转变、由单一立法项目向多领域协同转变、由点状到面状转变。目前，京津冀协同立法取得丰硕成果，共进行协同立法十余部，为京津冀协同发展提供了坚强法治保障。然而，目前京津冀三省市仍然是各自立法离协同发展的法治需求还有较大距离。所谓协同立法的“协同”和沟通协商意在强调立法计划和立法项目既能满足本地需要，同时也照顾到兄弟省市的意见，在制度建设上方向一致。建议适时开展国家立法，制定“京津冀协同发展法”，将京津冀三地在交通、生态环保、产业协同、空间布局、北京城市副中心建设、河北雄安新区建设等方面业已成熟的制度创新与政策规范，尽快上升为法律法规。同时，进一步规范京津冀三省市协同立法机制，提升各地方立法的质量与协同性，加快推进京津冀协同发展。

5. 加快推进粤港澳大湾区立法

考虑到香港、澳门与广东的法律制度差异，实现粤港澳三地法律制度无缝对接与协调合作，是推动大湾区一体化发展、促进高质量互联互通的基本前提。必须加紧粤港澳大湾区立法研究，系统推进大湾区立法工作；赋予广东在经济发展、科技创新、社会治理等领域更大的立法权，推动广东与香港、澳门的法律制度体系协调合作，实现与国际规则的深度对接，为形成全面开放新格局提供长期稳定的法治保障，实现大湾区创新发展与依法治理良性互动。

① “三区”是指青藏高原保护与限制开发区、黄土高原资源开发—经济发展—生态环境保护协调发展区域、华北平原现代化高质量升级—生态环境保护协调发展区。“七群”是指山东半岛城市群、中原城市群、关中城市群、太原城市群、呼包鄂城市群、银川平原城市群和兰州－西宁城市群。金凤君：《黄河流域生态保护与高质量发展的协调推进策略》，载《改革》2019 年第 11 期，第 33—39 页。

6. 研究制定“成渝地区双城经济圈发展法”

适时开展立法调研，及早研究草拟“成渝地区双城经济圈发展法”，推进成渝地区高质量发展法治化。重点明确重庆和成都的中心城市带动作用，以及重要经济中心、科技创新中心、改革开放新高地、高品质生活宜居地的发展定位，突出牢固树立一体化发展理念，加强交通基础设施建设，强化产业、人口及各类生产要素合理流动和高效集聚，加快现代产业体系建设，增强协同创新发展能力，优化国土空间布局，加强生态环境保护，推进体制创新，强化公共服务共建共享等内容。

7. 加快推进“一带一路”法治化进程

“一带一路”不仅是中国境内的一个区域经济发展战略部署，更是一项在全球范围统筹中国和沿线国家共同发展的宏伟计划。建议国家加快研究制定“丝绸之路经济带和21世纪海上丝绸之路促进法”，在此基础上，适时与相关国家签署“丝绸之路经济带和21世纪海上丝绸之路发展公约”，将其上升为国际法。

四、推动地方加快区域协调发展立法

地方政府是推进区域协调发展的重要力量，也是区域协调发展法治的主要参与者。按照《中华人民共和国立法法》（2015）规定，省、自治区、直辖市的人民代表大会及其常务委员会，以及设区的市的人民代表大会及其常务委员会，可制定地方性法规；省、自治区、直辖市和设区的市、自治州的人民政府，可以制定规章。因此，各省、自治区和直辖市，以及省域内设区的市、自治州，得以以务实高效的立法，加快区域协调发展进程。

1. 明确地方立法主体

市域内的区域发展立法，由市人大及其常委会制定地方性法规，或者由市政府制定规章。同一省域内涉及两个或两个以上设区市或自治州的区域发展立法，由省级人大或其常委会制定地方性法规。对全面贯彻落实国家政策，或体现省级党委政府发展意图，或事关省域发展大局的区域发展事项，不论涉及省域内多少个设区市或自治州，由省级人大或其常委会制定地方性法规。

2. 坚持理性务实的立法导向

各地的区域协调发展立法，要坚持“针对问题、解决问题”，坚持“管用的有几条就立几条”；不违背上位法，也不照搬上位法；不追求“大而全”“小而全”；不写“号召性”“倡导性”条款；不搞叠床架屋，法规下面还要配套规章或实施细则。区域立法要突出本地特色，立足本区域的长远发展和可持续发展，增强立法的针对性、可操作性，切实解决发展中的实际问题。要引导培育不同区域选择适合发展路径的能力，鼓励各地区差别化发展。

3. 加快地方区域发展立法进程

各地要不等不看，灵活主动靠前立法，尽快将区域发展中成熟有效的政策措施、区域发展规划或区域政府间协议等上升为法律规范。对规划适当、发展方向明确且带有全局性或综合性的区域发展事项，可制定综合性的地方性法规或规章；对一些重要的单一性发展事项，可制定专门性法规或规章，进一步累积理性规范的制度资本，支持区域高质量发展。

本章小结

进入新时代，中国的区域协调发展面临新的态势。一是区域发展并线齐跑与多极分化同时存在，二是区域合作日益广泛与隐性竞争日趋激烈同时存在，三是新兴经济业态蓬勃发展与产业老旧颓废同时存在，四是发展要素高度集聚与发展潜能分化并存，五是发展基础日趋厚实与管治效能有待提升并存。

中国 2019 年人均 GDP 超过 1 万元，进入了直面“中等收入陷阱”与“制度高墙”的关键节点。中国的区域协调发展，在整体层面和重点领域缺乏有效的法律法规支架，支撑区域协调发展的高质量制度体系建设相对滞后。

2020 后贫困时代，健全区域协调发展新机制，就是集聚更加规范有效的制度资本。一是加快制定“区域协调发展法”，将现有的贫困地区等欠发达区域全部纳入国家整体的区域发展战略，统筹解决目前的贫困地区、革命老区、原中央苏区、边疆民族地区等欠发达地区的可持续发展问题——不再为现有贫困地区量身定制扶贫开发法或专项政策。二是制定“西部开发法”和“东北振兴法”等专项法律，引导规范 2020 年之后各地区的欠发达县域（包括革命老区和原中央苏区等），使之与发达地区一道协调同步发展。适时加快制定“长江保护法”“黄河保护法”“京津冀协同发展法”等专门法律，系统推进粤港澳大湾区立法，加快推进“一带一路”法治化进程，支持地方立法，建构区域协调发展法律法规体系。

第四篇　区域发展：案例解构与路径选择

第十章　金沙江流域建设高质量绿色发展先行区的目标与路径[①]

松茸，被誉为“万菌之王”，因纪录片《舌尖上的中国》一夜爆红。很多人不知道的是，松茸的四大产区均分布在横断山脉的金沙江两岸。

金沙江是中国第一大河长江的上游河段。战国时期《禹贡》称其为黑水，《山海经》称其为绳水，《说文解字》及《汉书·地理志》中将今雅砻江以上部分称为淹水，三国时期称其为泸水，宋代因为河中出现大量沙金而改称金沙江。

金沙江起于青海省玉树州杂多县结多乡的且曲，止于四川省宜宾市翠屏区的合江门，全长3481千米，占长江总长的54.9%。金沙江流域主要是指宜宾以上长江干支流两岸的广袤区域，是长江经济带的战略纵深地区。

金沙江流域的资源十分丰富，素有“植物王国”“动物王国”“药物王国”“世界花园”等美誉。同时，金沙江流域也是长江森林生态系统多样性最集中、最为脆弱的地区，全流域的整体发展水平不高。

近年来，随着长江经济带、“一带一路”、西部大开发等发展战略的实施，长江流域全域经济社会发展迅猛、成绩斐然。但分段分指标看，在经济发展水平、生态保护质量、生态经济发展水平和生态经济耦合协调度等方面，长江下游地区均高于（优于）金沙江流域[②]，两地的发展差距逐步拉大。进入新时代，金沙江流域欲缩小同长江下游等发达地区差距，有序消除贫困、实现跨越发展，就必须在“共抓大保护，不搞大开发”前提下，坚定不移走生态优先、绿色发展之路，实现后发赶超、全域一体化发展，建设高质量绿色发展先行区（以下简称先行区建设）和全球样板。

---

① 本部分曾以《建设世界级高质量绿色发展先行区——金沙江流域可持续发展战略布局前瞻》为题发表。

② 王维：《长江经济带生态保护与经济发展耦合协调发展格局研究》，载《湖北社会科学》2018年第1期，第73—80页。

第一节　金沙江流域范围及发展现状

一、金沙江流域范围界定

金沙江流域是金沙江干流和支流所流经的地带，包括青藏高原东部和横断山脉区，南至滇北高原、东至四川盆地西南边缘的广阔地区，约占长江流域面积的26%，行政区划范围包括四川、贵州、云南、西藏和青海等省区的部分市、州。金沙江流域地广人多、资源丰富，地理位置特殊、文化样态多元，是我国十分重要、无可替代的安全、生态和可持续发展战略空间。

考虑到西藏昌都市地理气候条件限制①，玉树州全境属三江源国家级自然保护区②，遵循“自然条件相似性和行政单元完整性”的流域行政区划方法，本书的研究范围主要是金沙江中下游干支流两岸市域，包括云南的昆明市、曲靖市、昭通市、丽江市、楚雄州、大理州、迪庆州，四川的攀枝花市、宜宾市、甘孜州、凉山州，贵州的六盘水市、毕节市13个市州，面积约44.7万平方千米，2016年的总人口约4935万，占全国总人口的3.6%。

二、金沙江流域发展现状

改革开放以来，金沙江流域经济社会发展取得长足进步。近些年来，随着流域内大型、巨型水电站的开发③，金沙江承担起更加特殊的功能，主要有保障三峡大坝安全、保证长江生态安全、提供巨量清洁能源、开发国家急需战略资源、延伸长江上游干流黄金水道、连接云南“桥头堡”实现长江“两头开放”、促进区域发展特别是乌蒙山连片贫困地区和民族地区发展、建设长江源头航运中心等④。然而，不争的事实是，金沙江流域集革命老区、民族地

① 西藏昌都市西北部高、东南部低，平均海拔在3500米以上，空气稀薄，气候以寒冷为基本特点，http://www.changdu.gov.cn/30377/30396/201605/MIT10347.shtml。

② 青海三江源自然保护区包括玉树、果洛、海南、黄南四个藏族自治州的16个县和格尔木市的唐古拉乡，总面积为30.25万平方米，约占青海省总面积的43%。2000年5月，青海省政府建立了青海三江源省级自然保护区。2003年1月24日，国务院批准三江源省级自然保护区晋升为“国家级自然保护区”，http://www.sjynnr.cn/jj/jdwz/1020.html。

③ 金沙江全流域共计划开发27级水电站，包括上游13级、中游10级、下游4级，总装机量超过8000万千瓦，规模约为四座三峡工程。

④ 刘世庆、林凌、齐天乐、胡洹、林睿、邵平桢、付实：《金沙江经济区的构想与现实：长江经济带建设从三段规划走向四段部署新阶段》，载《经济与管理评论》2014年第4期，第140—144页。

区、边远山区、贫困地区于一体，尤其是流域内一些县（市、区）属乌蒙山片区和滇西边境片区两个集中连片特困地区，贫困面大、贫困程度深，发展不平衡、不充分比较突出。有研究指出，金沙江流域发展的协调性和可持续性存在严重问题①，流域内云南、贵州属于缺乏产业竞争力区间②，经济社会可持续发展的基础不够雄厚、后劲不够扎实。

1. 全流域整体发展滞后于全国平均水平

金沙江流域是中华文明的重要起源地之一，其支流龙川江170万年前的元谋人是金沙江文明的初曙③，其后有早期智人昭通人、晚期智人丽江人、昆明人和筠连人，成为旧石器时代金沙江文明的标志。新石器时代，金沙江流域文化形态结构基本形成，殷商时期出现冶铜，稻作历史超过4000年。秦汉以后，金沙江地区成为商贸文化重要通道，为我国“南方丝绸之路”要冲。近代以来，金沙江流域开发无序、产业结构层次低、开放程度不足④，与长江中下游的发展差距日益拉大。流域内多数地区主要经济指标低于全国平均水平（见表10－1）。

表10－1　金沙江流域人口、地域面积及主要经济指标（2016）

区域		人口（万人）	面积（万平方千米）	GDP（亿元）	人均GDP（元）	地方公共财政预算收入（亿元）	人均财政收入（元）	社会消费品零售总额（亿元）	人均社会消费品零售总额（元）
全国		**138271**	**960**	**744127.2**	**53980**	**159552**	**11539**	**332316**	**24034**
四川	攀枝花市	123	0.744	1014.68	82221	56.76	4615	316.9	25764
	宜宾市	555.91	1.33	1653.05	36735	125.68	2261	763.4	13732
	甘孜州	110.1	15.3	229.8	19596	32.26	2930	81.59	7411
	凉山州	512.36	6.01	1403.92	29549	121.03	2362	551.38	10762
贵州	六盘水市	292.4	1	1313.7	45325	133.69	4572	331.79	11347
	毕节市	664.18	2.69	1625.8	24544	112.63	1696	340.1	5121

① 黄志亮、饶光明、陈正伟、段小梅：《长江上游地区经济一体化研究》，北京·科学出版社，2015年版，第12页。

② 孔凡斌、李华旭：《基于主成分分析的长江经济带沿江地区产业竞争力评价》，载《企业经济》2017年第2期，第115—123页。

③ 段渝：《论金沙江文化与文明起源》，载《中华文化论坛》2002年第4期，第29—36页。

④ 王佳宁、白静、罗重谱：《长江上游地区对外开放战略的总体框架》，载《重庆社会科学》2017年第4期，第7—19页。

续表

区域		人口（万人）	面积（万平方千米）	GDP（亿元）	人均GDP（元）	地方公共财政预算收入（亿元）	人均财政收入（元）	社会消费品零售总额（亿元）	人均社会消费品零售总额（元）
云南	昆明市	672.8	2.15	4300.43	64162	530	7878	2310.09	34335
	曲靖市	652.97	2.89	1775.11	29266	126.31	1934	564.97	8652
	昭通市	547.5	2.3	768.23	14090	59.8	1092	237.63	4340
	丽江市	128.5	2.06	310.18	24186	48.25	3755	104.85	8160
	楚雄州	273.9	2.9	847.12	30962	73.64	2689	298.77	10908
	大理州	360.53	2.95	974.2	27416	82.01	2275	332.99	9236
	迪庆州	41	2.39	180.58	44153	16.47	4017	45.93	11202
金沙江流域合计		**4935.15**	**44.7**	**16396.8**	**33225**	**1518.5**	**3077**	**6280.4**	**12726**

数据来源：根据国家、各市州2016年国民经济和社会发展统计公报整理。

以2016年为例，流域内各市、州GDP总量为16396.8亿元，占全国总量的2.2%；地方公共财政预算收入合计1518.5亿元，占全国财政总收入的0.96%；社会消费品零售总额合计6280.4亿元，占全国的1.89%。流域内人均GDP为33225元，为全国人均GDP 53980元的61.6%；流域内人均财政收入3077元，是全国人均财政收入11539元的26.7%；流域内人均社会消费品零售总额12726元，是全国人均社会消费品零售总额24034元的52.9%。

2. 流域内部发展差距明显

分市域看，金沙江流域13个市、州之间的发展差距也十分明显。其中昆明和攀枝花两市的人均GDP和人均社会消费品零售总额均高于全国平均水平，为流域内的“发达地区”。曲靖、楚雄、大理、迪庆、宜宾、凉山、六盘水7个市、州的人均GDP超过全国人均GDP的一半，但未达到全国平均水平，为流域内的“中度发展地区”。昭通、丽江、甘孜和毕节4个市、州的人均GDP和人均社会消费品零售总额都没有达到全国平均水平的一半（见表10-1），为流域内的“低度发展地区”。此外，金沙江流域的城乡差距也不容忽视。据统计公报数字，除大理和攀枝花、宜宾、凉山外，其余9市、州2016年居民可支配收入的城乡比值均大于全国平均水平，说明这些地区的城乡差距较全国平均水平严重。

3. 交通通达能力低成为最大发展短板

金沙江流域地处四川盆地向云贵高原、青藏高原抬升的过渡地带，是我国中原、西北地区出入南亚东南亚的陆上大通道、大走廊，是“一带一路”、长江经济带、成渝经济圈、滇中城市群的辐射交会地带。但区域内交通建设滞后，公路总里程不足、高速公路主骨架网络尚未形成，铁路不成网，民用航空运力不足，航运水平低，“大通道、大走廊”名不副实。如昭通市2017年仅有一条高速公路银昆高速昭通段258千米，占全国高速公路的0.2%，占全省高速公路的4.2%。四川、云南的铁路密度属于“很低”层级[①]。

4. 资源能源富集未能转化为产业优势

金沙江流域有丰富的自然、水利、生物、矿产、旅游等资源，是我国重要的资源富集区。如金沙江水力资源1亿多千瓦，占长江水力资源的40%以上。云南省中医药资源居全国首位，药用植物有6559种，占全国药用植物的51.4%，其中很多生长在金沙江流域。区域内的天麻、果蔬、火腿、螺旋藻、滇重楼、玛咖等农特产品和药材质优量多，钛、钒、石墨、硅、铝等矿产资源储量丰富。但这些资源优势并没有转化为经济价值，农产品及药材加工能力弱附加值低，传统的工业产业急需转型升级，第三产业链条短、层次不高，一产粗、二产小、三产弱现象比较普遍。

5. 教育科技落后掣肘人力资本提升

金沙江流域人力资源比较充足，仅昆明、曲靖、昭通、宜宾4市的人力资源总量就达1400多万人。但除昆明市外，流域内其他市、州的教育科技水平相对落后。昭通市有青壮年劳动力300万人，人均受教育年限8.6年，仅为全国平均水平13.3年的64.7%[②]；全市主要劳动年龄人口受过高等教育的比例为5.01%，不足全国平均水平15.83%的三分之一[③]；每万名劳动力中研发人员数量为1.32人，为全国平均水平38.7人的3.4%；人才资源占人力资源总量的6.6%，为全国15.5%的42.6%；人才贡献率为13.45%，占全国平均水平33.5%的四成。昭通市的案例在金沙江干支流两岸较有普遍性和代表性。

6. 生态环境脆弱制约发展的潜力与空间

金沙江上游为极高山峡谷地貌区，中游为丘状高原、高原湖盆地貌区，

① 中国轨道交通行业发展报告（2017），http://finance.ifeng.com/a/20180316/16030908_0.shtml。

② 新华社：《我国新增劳动力平均受教育年限超过13.3年》，http://society.people.com.cn/n1/2017/0929/c1008-29566077.html。

③ 教育部：《中国教育世界中上水平 15%劳动人口受过高等教育》，http://www.sohu.com/a/47851533_114955。

下游为喀斯特中山丘陵地貌区，流域内众多高山深谷相间并列，峰谷高差1000～3000米，有大山大水大峡谷的壮美风景。然而，金沙江流域地形极为复杂，气候变化显著，地震、滑坡、泥石流、崩塌等地质灾害，与干旱、高低温等气象灾害，分布在流域内不同地段，水土流失严重，生态环境非常脆弱。同时，金沙江流域内人类居住空间分布不够合理，人口密度过大、人为干扰频繁，使得生态越加脆弱[①]。

第二节　先行区建设的主要目标

一、金沙江流域在国家重大发展战略中的定位解析

长江流域在宋代以后成为中国经济重心，也是目前世界规模最大的内河产业带[②]。然而，金沙江段在长江流域整体布局中缺乏明晰的战略定位与发展重点。1990年，国家计委批复《攀西－六盘水地区资源综合开发规划》，规划范围包括滇川黔3省金沙江流域及其周边的12个市、州[③]。《西部大开发“十二五”规划》（2012）将攀西－六盘水地区列为重点能源资源富集地区；《国务院关于进一步促进贵州经济社会又好又快发展的若干意见》（2012）提出，统筹攀西－六盘水经济区规划建设，强化资源集约开发和循环利用。长江经济带战略出炉之后，攀西－六盘水开发计划鲜有提及。

2014年以来，中国先后出台《国务院关于依托黄金水道推动长江经济带发展的指导意见》（2014）和《长江经济带发展规划纲要》（2016）。综合这两个文件，长江经济带发展的战略定位为“四带”，即具有全球影响力的内河经济带、东中西互动合作的协调发展带、沿海沿江沿边全面推进的对内对外开放带、生态文明建设的先行示范带。具体的发展格局为“一轴、两翼、三极、多点”，其中“三极”指长江三角洲、长江中游和成渝三个城市群，“多点”指发挥三大城市群以外地级城市的支撑作用。在优化城镇化空间格局

---

① 夏既胜：《基于空间技术的金沙江流域（云南段）人居地质生态环境研究》，云南大学学位论文，2010年。

② 虞孝感、王磊、杨清可、叶士琳：《长江经济带战略的背景及创新发展的地理学解读》，载《地理科学进展》2015年第11期，第1368—1376页。

③ 攀西－六盘水地区指四川的攀枝花、凉山、宜宾、泸州、乐山，云南的昭通、（昆明）东川、楚雄、曲靖，贵州的六盘水、毕节、黔西南州。

方面……以黔中和滇中两个区域性城市群为补充，以沿江大中小城市和小城镇为依托……发挥贵阳、昆明等大城市对地区发展的核心带动作用。在构建东西双向、海陆统筹的对外开放新格局方面，将云南建设成为面向南亚东南亚的辐射中心，加快内陆开放型经济高地建设。在综合交通运输方面，提出上游重点研究实施重庆至宜宾段航道整治工程，研究论证金沙江攀枝花至水富段航运资源开发，加快宜宾港口建设等。在建设绿色生态廊道方面，加强金沙江等重点区域水土流失治理和地质灾害防治，中上游重点实施山地丘陵地区坡耕地治理、退耕还林还草和岩溶地区石漠化治理。

2015 年，国务院批复同意设立云南滇中新区，新区范围主要是昆明市主城区东西两侧。同时要求把建设云南滇中新区，作为实施“一带一路”、长江经济带等国家重大战略和区域发展总体战略的重要举措，打造我国面向南亚东南亚辐射中心的重要支点、云南桥头堡建设重要经济增长极、西部地区新型城镇化综合试验区和改革创新先行区。2016 年，国务院发布《成渝城市群发展规划》提出，努力将成渝城市群建设成为具有国际竞争力的国家级城市群，美丽中国的先行区。金沙江流域的宜宾市纳入成渝城市群范围。2017 年，国家工业和信息化部、发展改革委等五部门发布的《关于加强长江经济带工业绿色发展的指导意见》提出，在长江流域打造五大世界级产业集群，其中在长江上游地区重点打造成渝、黔中和滇中城市群产业发展圈，但在具体产业布局中，金沙江流域的产业发展内容较少。

从政策效力看，国家有关长江经济带的政策文件，毋庸置疑适用于金沙江流域。但从政策的具体内容看，金沙江流域除昆明、攀枝花、宜宾等城市外，其他地区如曲靖、昭通、丽江、大理、甘孜、凉山、六盘水等市、州在相关文件中几乎没有着墨。这些地区在长江经济带中的定位、发展格局、产业发展路径等既没有方向性的政策引领，也没有明确具体的政策规范。在金沙江流域最迫切的综合交通建设方面，除昆明为国际性综合交通枢纽城市，曲靖、大理、攀枝花、宜宾等建设全国性综合交通枢纽城市外，流域内的其他城市没有纳入国家的综合交通枢纽布局，补齐交通短板任重道远。很显然，金沙江流域各市、州“（主动）服务和融入长江经济带”，需要滇川黔 3 省打破行政区划界限，精诚合作、共谋大计，科学系统研究坚持绿色发展的目标定位及发展路径——各自为政、空谈大义与争论说教无助于区域发展。

二、先行区建设的目标

减贫与发展是金沙江流域的新时代主题。金沙江流域“不搞大开发”不等于不开发，而是要纳入国家战略范畴，发挥比较优势，创造性地闯出一条向世界展示“中国智慧”的高质量绿色发展道路，建设世界级绿色发展先行区、示范区。这是推进实施长江经济带发展，探索出一条生态优先、绿色发展新路子，下好区域协调发展全国一盘棋，解决金沙江流域区域性贫困的必然选择。

1. 总体目标

践行“绿水青山就是金山银山”理念，坚持生态优先、绿色发展，把自然生态优势转化为发展优势，推进生态文明、脱贫攻坚、乡村振兴与现代绿色产业深度融合，实现生态效益、经济效益、社会效益有机结合，走出一条具有世界级示范意义的高质量绿色发展新路，达到生态美、产业强、百姓富的高度有机统一。到2020年如期全面建成小康社会；到2035年与全国同步基本实现现代化，综合经济实力与人民生活质量处于全国前列、生态文明建设全球领先，使金沙江流域成为世界级绿色发展先行区、2030年可持续发展议程样板、内陆全面开放与城乡融合发展新高地。

2. 具体目标

一是培育世界级自然生态。把改善生态环境质量作为第一要务，不断加大生态修复力度，实现自然资本扩容增值，增加生态资产，减少生态负债，提升生态品质，实现磅礴的大山、大水、大峡谷与静谧的“山绿、水清、花艳、景美、鱼跃”相映成趣，将金沙江流域建成“美丽中国”“魅力长江”的鲜亮名片。

二是建设有全球影响力的新兴绿色经济区。坚持产业经济生态化、生态经济产业化，推动流域内传统产业转型升级，不断培育发展新业态，提升优势产业核心竞争力，使金沙江流域成为生态承载合理、创新能力较强、产业链条齐备、具备国际竞争优势的产业集群区域和新的增长带。

三是打造内陆面向全球全面开放的先导区。充分用好全流域区位与资源优势，扩大开放领域，创新开放模式，强化与“一带一路”、中印孟缅经济走廊、中南半岛经济走廊衔接互动，把金沙江流域培植成内陆开放高地，成为辐射南亚东南亚、深度参与“一带一路”的开放合作走廊。

四是建成城乡融合发展的示范区。因地制宜优化城镇体系布局，加快培育金沙江中下游城市群，发展中小城市和小城镇，大力推进乡村振兴战略，推动城乡要素自由流动、公共资源城乡均衡配置，使金沙江流域成为工农互促、城乡互补、全面融合、共同繁荣的先行区和示范区。

第三节　先行区建设的基本路径

金沙江流域绿色开发应当以“国际范”手段，一谋长远，既充分利用资源优势实现跨越发展，又为未来全面绿色发展预留阵地、拓展空间；二顺大势，既立足现实发展水平补短板强弱项，又系统谋划面向全球开放；三谋全局，既科学区分功能业态突出发展重点，又兼顾生态、生产、生活深度融合，实现绿色、低碳、循环、可持续发展。

一、打造金沙江中下游城市群，构建“一中心三廊道”发展新格局

1. 构建城市群

昆明是金沙江流域内唯一的省会城市，也是中国面向南亚东南亚开放的区域性国际中心城市。推进金沙江全流域绿色开发，应当构建以昆明为龙头，辐射带动楚雄、大理、丽江、攀枝花、西昌、宜宾、昭通、毕节、六盘水、曲靖的“扇形”城市群，在更大范围内实现资源的优化配置，带动全流域发展。

2. 打造发展走廊

在金沙江中下游联合打造“三条走廊”。第一条为科技创新走廊。即昆明－曲靖－六盘水－毕节－宜宾走廊，重点发展生物医药与大健康、高原特色农业、新型煤化工、新能源、新材料、现代物流、信息技术、高端制造等业态，形成南连滇中新区、东邻黔中经济区、北接成渝经济区，科创资源集聚、科技产业集群发展的南北走廊。第二条为绿色发展走廊。即昆明－楚雄－大理－丽江－迪庆走廊，并预留延伸到西藏昌都，重点发展生态经济、旅游文化、绿色休闲、新能源、食品消费与制造等产业，建设一批特色小镇与特色村庄，成为以绿色发展引领区域全面发展的东西走廊。第三条为高端制造与商贸休闲走廊，即宜宾－西昌－攀枝花－丽江走廊，依托攀西国家级战略资源创新开发试验区，重点发展钒、钛、硅、铝等矿冶精深加工与服务，智能制造、航天航空服务等产业，发挥宜宾作为西部陆海新通道和长江黄金水道港口的贸易优势，大力发展旅游业，把旅游与商贸结合，形成我国西部重要的产业融合发展基地。

二、把保护好生态环境作为首要任务，推动流域自然资本加快增值

金沙江属于生态高度敏感区，自然保护区、水生生物和陆生动物等均具有较强的生态敏感性①。加强生态环境保护，筑牢长江上游重要生态屏障，是金沙江流域的首要任务。

1. 坚守生态红线

最大限度划定自然生态和耕地保护红线、城镇开发边界红线。在全域范围识别生态敏感与风险地区，对生态敏感地区与潜在的生态风险地区进行预先管控与防治。

2. 积聚生态资源

坚持自然恢复和人工恢复相结合，切实加强新一轮退耕还林还草、天然林保护、自然保护区体系建设、湿地保护和恢复、石漠化治理、水土保持等重点生态工程建设，强化地质灾害防治，减少生态负债。因地制宜大力提高森林覆盖率，提高生物多样性，完善生态资源系统。

3. 形塑生态网络

合理规划生态空间，保持城乡生态自然化。合理确定生态保护核心区、生态功能区、缓冲区，建设一批国家级、省市级的自然保护区、湿地、公园，形成贯穿各层次的生态空间网络。建设金沙江干流及支流水系绿色廊道。

4. 强化环境整治

大力推进城市“治污、治脏、治乱、大面积增加绿化”等行动，全面提升城市品质；全面落实国家乡村环境整治行动，实施“改路、改房、改水、改电、改圈、改厕、改灶”等行动，建设村美人和、生态宜居新乡村。进一步完善金沙江流域省际水环境生态补偿、高原生态补偿等机制。

三、高标准做好“生态+”新文章，构建新兴绿色产业体系

1. 促进传统产业绿色改造升级，打好绿色产业牌

支持流域内钒、钛、硅、铝等优势资源精深加工和综合利用，使之成为行业内绿色发展的领跑者。广泛运用新技术、新模式、新平台，积极研究铝、硅、铜、硫铁矿、稀土开采加工利用等传统产业数字化、网络化、智能化技

① 雷晓琴、李迎喜、李红清：《金沙江流域生态敏感度及制约性初步研究》，载《人民长江》2008年第23期，第52—54页。

术改造，建设绿色工厂，实现绿色生产绿色营销。

2. 打造绿色食品基地，持续擦亮世界级品牌

加强白酒、天麻、火腿、苹果、花椒、滇重楼、螺旋藻、玛咖等绿色食品、药材的深度开发，培育一批有机产品生产加工基地，形成一批国际知名品牌。以组织化、集约化为抓手，大力发展绿色农业，延长产业链条，提高附加值。

3. 发展新兴产业

借力国家布局“长江经济带打造世界级产业群”有利时机，走高端、高质、高新发展之路，培育符合本地实际的新一代信息技术、新材料、新能源、生物医药等战略性新兴产业，发展水、风、光等绿色能源，大力开发以天麻、滇重楼、螺旋藻制药等为重点的特色产业，谋划发展电子信息产业、通用航空及先进装备制造产业。

4. 大力培育新业态

实施“生态+”战略，以打造“国际知名的创业创新目的地、健康生活目的地”为目标，以“生态、文化”为两翼，规划建设丽江－宜宾金沙江“世界级精品旅游走廊”；持续扩大昆明、丽江、大理等城市的旅游品牌效应。把生态建设与旅游、农业、林业、水电开发、文创、体育、康养、休闲、通用航空等产业融会互通，实现生态与产业融合发展，为区域绿色发展提供持续动力。

四、加大改革开放力度，打造内陆开放新高地

1. 提升沿江港口开放水平

按照“产学研港城”融合发展思路，全力把宜宾临港经济技术开发区，建设成为科教产业的聚集区、城市建设的样板区、改革开放的先行区，使之成为带动金沙江下游两岸腹地发展的引擎之一。支持宜宾港申报建设国家一类口岸，提升沿江其他港口、城市开放水平，把金沙江流域变成我国对外开放前沿。

2. 研究设立自由贸易港

探索在昆明、四川自贸试验区川南临港片区建设自由贸易港，把两地试验区打造成为新时代内陆开放先导区、国际开放通道枢纽区，形成引领金沙江流域深化改革开放的南北“核动力”，培育新的开放增长极。

3. 提升开发区辐射功能

加快工作进度，将昭通建成滇川黔省际中心城市。引导昆明高新区、昆明经开区、曲靖经开区、丽江金山高新区、攀枝花工业园区、宜宾临港经济区、毕节经开区等外向型经济增质扩容，带动周边区域快速发展。

4. 建设昆明至南亚、东南亚的现代商贸枢纽

提升昆明直达越南铁路运输能力，将线路延伸至中南半岛内陆腹地，打造中越国际贸易物流品牌。加快中老、中泰、新中缅、中缅印等国际铁路建设，推进航空、水运和公路运输，稳步开通中老、中泰、中缅、中印、中新等国际贸易现代物流通道，将金沙江流域深度融入中印孟缅经济走廊、中南半岛经济走廊①。

5. 完善对外交流合作体系

鼓励支持金沙江流域的昆明、曲靖、攀枝花、宜宾、六盘水等重要节点城市，以及区域内代表性企业在中国发展高层论坛、中国－东盟博览会、中国－亚欧博览会、中国－南亚博览会、中国西部国际博览会、中国东西部合作与投资贸易洽谈会暨丝绸之路国际博览会、生态文明贵阳国际论坛等国家级论坛和展会上当主角、唱大戏。

五、坚持新型城镇化与乡村振兴结合，推进城乡融合发展

1. 稳步推进新型城镇化

转变“大工业、大城镇”的惯性思维，在金沙江流域积极开展国家新型城镇化试点和中小城市综合改革试点工作。创新中小城市和小城镇行政管理体制，积极推进云南宣威、会泽、镇雄、永胜，四川宜宾、西昌，贵州威宁、盘州等具有一定发展基础的人口大县（市）扩权强县改革试点，培育发展新生中小城市。

2. 高质量推进乡村振兴战略

乡村振兴是金沙江流域绿色发展十分重大的战略机遇，要严格落实习近平总书记“六个推动”的要求。推动乡村产业振兴，大力发展现代农业、绿色农业，推进农村一二三产业融合发展，实现乡村生活富裕。推动乡村人才

① 中国－中南半岛国际经济合作走廊是“一带一路”建设的六大经济走廊之一，包括中国、缅甸、泰国、越南、老挝、柬埔寨、马来西亚、新加坡 8 个国家。该走廊以中国广西南宁和云南昆明为起点，以新加坡为终点。

振兴，打造一支强大的乡村振兴人才队伍，为乡村振兴提供源源不断的智力支持。推动乡村文化振兴，以社会主义核心价值观为引领，深入挖掘优秀传统农耕文化，提高乡村社会文明程度。推动乡村生态振兴，突出环境问题综合治理，完善农村生活设施，打造农民安居乐业的美丽家园。推动乡村组织振兴，夯实农村基层党组织，健全现代乡村社会治理体制，确保乡村社会充满活力、安定有序。推动乡村振兴健康有序进行，实现发展资源城乡均等配置、公共服务城乡等值。

第四节　先行区建设的支撑体系

一、坚持“绿色减贫”，坚决打好打赢脱贫攻坚硬仗

金沙江流域对标减贫目标，宜把提高脱贫质量放在首位，把减贫与高质量绿色发展结合起来，对标对表精准施策，确保到2020年现行标准下农村贫困人口和贫困县全部脱贫摘帽。重点抓好以下环节：

1. 持续推进脱贫攻坚，巩固减贫成果

脱贫攻坚已进入倒计时，要以稳定增收为核心，切实把产业扶持、易地搬迁、劳动力转移、教育医疗扶贫、兜底保障等各项政策措施精准落实到村到组到户到人，全面扫尾，吹响冲锋号，坚决打赢脱贫攻坚这场硬仗。

2. 完善资金管理

增加投入，加强资金整合，提高资金使用效率，坚持推进减贫与绿色发展并举，突出市县精准抓落实。

3. 加强作风建设与干部培训

解决脱贫领域“四个意识”不强、干部懈怠观望、工作措施不精准、管理不规范等问题，提高干部研究绿色减贫问题、解决绿色减贫问题能力。

4. 注重激发内生动力

坚持“助人自助”，扶贫同扶志、扶智相结合，激励和引导贫困群众踊跃参与全流域绿色开发，自力更生脱贫致富。特别强调的是，要从可持续发展角度，将脱贫攻坚各项政策措施与构建绿色产业体系、山地特色城镇化和乡村振兴战略统筹谋划布局，坚持“以脱贫攻坚促发展”，确保现行贫困地区在2020年脱贫摘帽之后的“后贫困”时代，能够稳定持续发展，实现全流域一

体化协同发展。

二、加强基础设施建设，补齐绿色发展短板

交通基础设施对长江经济带经济增长存在正的空间溢出效应①。金沙江流域宜坚持“适度超前、功能完善、配套协调、高效可靠”的“一张网”规划建设，畅通出海、出疆大通道。

1. 加快建设综合交通枢纽

加快建设昆明国际性综合交通枢纽，畅通国际运输走廊。建设曲靖、大理、丽江、攀枝花、宜宾、毕节等全国性综合交通枢纽，实现流域内外快速连通和客货便捷运输。国家加大对流域内高速公路、铁路、水运、民用航空等的支持力度，打通县域间、市域间快速交通网络，实现与成渝地区、长三角地区和南亚、东南亚国家重要城市与重点口岸的互联互通。

2. 提升金沙江流域航运水平

加快落实宜宾－水富航道“四改三”整治，加快水富至攀枝花航道的论证研究。加快宜宾既有港区结构调整和专业化改造，实现规模化、集约化、现代化发展。加强港口集疏运体系建设，积极发展多式联运，推进长江“延上游、通支流”战略，更好支撑沿江经济与产业发展。

3. 加快铁路建设

加快渝昆、成贵、成昆高铁建设步伐，加快建设毕节—昭通—攀枝花—丽江—香格里拉铁路，攀枝花至大理铁路，昭通至黔江铁路和川南城际铁路。突破省域铁路的闭环，优化金沙江中下游市域间铁路网直达互通。

4. 加快航空网络建设

加快昭通、宜宾等机场的迁建，丽江、攀枝花、西昌、六盘水、毕节等机场的改扩建。鼓励金沙江流域各支线机场增开国内重要节点城市直飞航线，增加航班密度，研究适时开通直达“一带一路”沿线国家的国际航线。推动流域内直升机、无人机、通用飞机产业化发展。

---

① 王磊、翟博文：《长江经济带交通基础设施对经济增长的影响》，载《长江流域资源与环境》2018 年第 1 期，第 6—12 页。

三、全力推进技术产品与服务创新，提升绿色发展支撑能力

1. 加快信息化建设

充分利用“宽带中国”战略契机，推进光纤网络和5G网络建设，促进宽带网络优化升级，实现重点行业、重要产业的数字化、网络化、智能化取得明显进展，“智慧城市”“智慧农村”“智慧产业”全覆盖。

2. 强化技术与产品创新

在流域内的重要节点城市和企业，建设重点实验室或研发中心，不断强化技术与产品的“集成创新”和“原始创新”，加快发展以技术、品牌、质量为核心的新产品、新产业与新市场，引导区域内传统优势产业提质扩能。

3. 强化创新平台支撑力度

在昆明、曲靖、攀枝花、宜宾、六盘水等中下游城市建设若干技术转移中心、知识产权交易平台，促进创新成果转化。统筹流域内经济开发区、高新技术开发区、工业园区、农业高科技示范区等各类集聚区错位发展，深入推进创新驱动发展。

4. 加大金融创新

加快金融体制改革，鼓励更多的国内外金融机构入驻金沙江中下游地区。大力推进普惠金融，引导金融机构更好服务实体经济，尤其是加大对小微企业和贫困地区产业的支持力度。降低市场准入门槛，稳步发展多层次资本市场，引导更多社会资本支持金沙江流域的绿色发展，降低企业融资及交易成本。

5. 创新发展现代服务业

大力发展以“互联网+”为基础的现代物流、中介与信息服务、现代旅游、文化创意、节庆会展、工业设计、服务外包等高端服务业，创新商业模式，优化服务流程，培育服务品牌，加快推进全流域转变经济发展方式。

四、以教育为突破口强化民生保障，确保区域内基本公共服务不低于全国平均水平

1. 大力实施科教兴市和人才强市战略

大力发展城乡学前教育，推进义务教育学校标准化建设。大力提高高中教学质量，培养引导更多的高中毕业生到国家双一流大学、一本院校深造。

引导职业教育改革创新办学模式，解决好“两后生”和青壮年劳动力的就业创业问题。实施好中西部高等教育振兴计划，推进流域内高等院校改革创新与对外交流合作，为金沙江流域培养更多高质量高层次人才。筹建曲靖科技大学，立足昆明－宜宾科技创新走廊，借鉴西湖大学模式，坚持高水平起步，探索与国内外一流科研机构接轨，为金沙江流域乃至西部地区培养高端科技人才。始终把人才资源作为第一资源，践行“不唯地域、不求所有、不拘一格”的新人才观，广纳贤才、大胆用才。推进科研体制改革，整合科研力量，集中研究攻关事关金沙江流域绿色发展的重大事项和难点问题。

2. 提高医疗卫生服务水平

引导支持国内知名医疗机构到金沙江流域开展合作办医与技术交流，提高区域内医疗机构的管理水平和医疗技术水平。落实好全国三级医院与流域内贫困地区县级医院一对一帮扶工作。国家加大对流域内县级医院、妇幼保健院和中心乡镇卫生院医疗设备配置的支持，强化一般乡镇卫生院（社区卫生服务中心）基本医疗服务功能，进一步完善公共卫生服务体系。

3. 加大政策支持和中央财政转移支付力度

进一步支持流域内的大众创业、万众创新行动，推动创新创业理念更加深入人心，催生数量更多的市场新生力量。统筹支持流域内社会保障、社会治理与社会服务、民族团结进步等工作，让流域内广大群众与全国人民共享改革发展成果。

第五节 将先行区建设上升为国家战略

一、编制国家规划

建议国家发展改革委编制《金沙江流域建设高质量绿色发展先行区规划纲要》。一方面，坚持从全局谋划一域、以一域服务全局，科学摆正金沙江流域绿色发展在国内国际两个大局中的定位问题。另一方面，解决流域内省级发展规划各自为政、发展目标和任务措施参差不齐等问题。规划范围以宜宾以上长江干支流流域为主，兼顾周边地区。规划时间从现在到 2035 年，展望至 2050 年。规划内容包括金沙江流域的发展战略定位、空间布局，生态保护与经济社会发展的目标任务、配套政策、重大工程、资源配置、保障措施等。规划纲要注重与长江经济带发展、成渝城市群、滇中城市群等既有国家规划有机衔接。

二、强化组织领导

国家层面，建议由国家推动长江经济带发展领导小组统筹管辖金沙江流域建设世界级高质量绿色发展先行区相关事宜，指导规范滇川黔等省跨区域协作，推动区域内各地协调同步、持续快速落实各项工作。地方层面，建议金沙江流域各省及其相关市、州成立常态化工作机构，建立健全区域内政府间、部门间协调沟通机制，突破行政区划管辖限制，探索区域资源整合、协力保护生态、协同谋划发展的有效途径，全面落实国家战略部署，推进全流域一体化协调发展。

三、完善制度供给

国家引导支持金沙江流域大胆推进各类改革。深化农村综合改革，完善农村承包地“三权分置”制度，规范农村土地承包经营权流转；完善建设用地增减挂钩机制，深入推进农村集体产权制度改革，推动资源变资产、资金变股金、农民变股东。推动流域内“放管服”改革，强化竞争政策和产业政策的引导作用，打破行政区划的贸易壁垒，在市场准入、检验检疫、多式联运、电商物流等方面加强合作，营造公平、开放、透明的市场环境，增强市场主体创新创业动力。强化流域内旅游业监管服务创新，建立省域间旅游服务联盟，推进全域旅游一体化、规范化、高质量发展，大幅提升旅游品质，将金沙江流域打造成为世界知名的旅游度假胜地。进一步创新社会改革，冲破城乡分治格局，完善区域一体化、市场化的公共服务供给，保障区域内各类劳动力要素有序流动。进一步提升东部地区对口支援的针对性，协助流域内各级政府健全完善产业技术政策和管理制度，在支援脱贫攻坚的同时，帮助解决调整产业结构，培育新动能新业态，创新服务模式等技术性、制度性问题，提升流域内各地的政府管治水平。

四、优化资源配置

建议国家新兴产业创业投资引导基金、国家中小企业发展基金、国家科技成果转化引导基金等政府投资基金，加大对金沙江流域支持力度，督促流域内地方政府为创业创新者提供培训、管理咨询、检验检测、研发设计等服务。适当放宽金沙江流域地区政府债务限额，指导协助建立多元化、可持续的投融资体制，降低产业培育、发展成本。国家的各类人才计划向金沙江流域倾斜，在为本区域引荐、输送各类人才的同时，加大对区域内本土人才的培养使用力度。加大“大学生村官”“三支一扶”和“大学生西部志愿服务计划”等人才项目对金沙江流域的支持。进一步完善支持东西部地区产业对接发展的政策措施，鼓励东部符合生态环保要求的企业到金沙江流域投资兴业，不断发展壮大绿色产业，助推金沙江流域尽快达成高质量绿色发展预定目标。

本章小结

金沙江流域是金沙江干流和支流所流经的地带，包括青藏高原东部和横断山脉区，行政区划范围包括四川、贵州、云南、西藏和青海等省区的部分市、州，约占长江流域面积的26%。金沙江流域是我国十分重要的安全、生态和可持续发展战略空间。

金沙江流域整体发展滞后于全国平均水平。流域内部发展差距明显，交通通达能力低成为最大发展短板，资源能源富集未能转化为产业优势，教育科技落后掣肘人力资本提升，生态环境脆弱制约发展的潜力与空间。

减贫与发展是金沙江流域的新时代主题。全流域要纳入国家战略范畴，发挥比较优势，创造性地闯出一条高质量绿色发展道路，建设世界级绿色发展先行区、示范区。培育世界级自然生态，建设有全球影响力的绿色新兴经济区，打造内陆面向全球全面开放的先导区，建成城乡融合发展的示范区。

金沙江流域建设高质量绿色发展先行区，要打造金沙江中下游城市群，构建“一中心三廊道”发展新格局；始终把保护好生态环境作为首要战略，筑牢长江上游重要生态屏障，推动流域自然资本加快增值；高标准做好“生态+”新文章，构建新兴绿色产业体系；加大改革开放力度，打造内陆开放新高地；坚持新型城镇化与乡村振兴结合，推进城乡融合发展。

要编制《金沙江流域建设世界级高质量绿色发展先行区规划纲要》；坚持“绿色减贫”，坚决打好打赢脱贫攻坚硬仗；加强基础设施建设，补齐绿色发展短板；全力推进技术、产品与服务创新，提升绿色发展支撑能力；以教育为突破口强化民生保障，确保区域内基本公共服务不低于全国平均水平。

第十一章　云南建设面向南亚东南亚辐射中心的进展、挑战与建议

每天傍晚，成群结队的缅甸“胞波”——男女都穿着筒裙，甚是惹眼——从中国瑞丽口岸出境回到自己的国家，第二天早上又从瑞丽口岸入境中国，开始一天的工作。他们有的在瑞丽市的企业上班，有的在瑞丽市摆摊设点做生意。

瑞丽口岸国门旁边，缅甸“胞波”紧靠着分隔中国与缅甸的铁丝网，在自家国土上开设了数间简陋的帐篷商店，店里堆着满满的商品，多为香烟和各类日常生活用品，既有中国制造，也有东南亚各国产品。每个商店前的铁丝网上，都有一个 10 余厘米见方可以打开的小窗，用来递送商品。付款方式则是人民币微信支付，付款码挂在铁丝网外的缅方。铁丝网两边的人用中文普通话或云南方言顺畅交流，看起来生意不错。国际贸易以如此简要的方式展开。

这是中国与东南亚各国友好往来、经贸交流的一个缩影。

中国与东南亚各国的关系十分重要。中国一贯坚持把东盟作为周边外交优先方向，东盟国家对中国的支持也不可被低估。中国和东盟于 2018 年 11 月共同发表《中国 - 东盟战略伙伴关系 2030 年愿景》，从政治安全合作、经济合作、社会文化合作等维度，增进中国和东盟间互信和信心、提升合作水平。

南亚地区，也是中国周边外交的重要方向。在地图上将中国的北京、印度首都新德里和新加坡连成一个三角形，其中心点就在云南。

云南雄踞中国西南一隅，自古以来就是连接中国与东南亚、南亚的主要通道，见证着中国与东南亚、南亚国家的友好往来。进入新时代，与南亚东南亚国家地缘相连、人缘相亲、商缘相通、文缘相融的云南，在中国的对外战略中具有特殊位置。

2015 年 1 月，习近平在考察云南时要求，希望云南主动服务和融入国家发展战略，闯出一条跨越式发展的路子来，努力成为我国民族团结进步示范区、生态文明建设排头兵、面向南亚东南亚辐射中心，谱写好中国梦的云南篇章。他同时强调，“云南经济要发展，优势在区位、出路在开放”。

2020 年 1 月 21 日，习近平总书记听取云南省委和省政府工作汇报时强调，希望云南正确认识和把握在全国发展大局中的地位和作用，坚决贯彻党中央重大决策部署，统筹推进稳增长、促改革、调结构、惠民生、防风险、保稳定工作，努力在建设我国民族团结进步示范区、生态文明建设排头兵、面向南亚东南亚辐射中心上不断取得新进展，谱写好中国梦的云南篇章。

这些重要指示，是为云南发展管方向、定思路、谋长远的重大战略部署。近年来，云南出台相关政策方案，积极推进建设面向南亚东南亚辐射中心（以下简称建设辐射中心）取得了明显成效。但从发展的视角看，建设辐射中心是一项长期任务，在新时代仍需快马加鞭、改革奋进。加紧落实习近平总书记指示精神，以建设辐射中心统领云南实现高质量绿色开放跨越式发展，是当前和今后一段时期云南发展的出路所在，既慢不得，松懈不得，更输不起。

第一节　国家赋予云南的重大战略要务

云南建设辐射中心，就是要立足自身优势，把“彩云之南”建设成为我国对南亚东南亚具有强健影响力和引领带动力的区域性国际经济贸易中心、科技创新中心、金融服务中心和人文交流中心。这是中国推动共建“一带一路”、推进全球治理体系变革的重要环节，重构了云南经济社会发展新格局，拓展了云南跨越式发展新空间。

一、云南是中国实施对外战略、构建国际新秩序的纵深地带

当今世界处于百年未有之大变局。“在亚太和周边地区，各大国的战略竞争将会保持一个较长时期的胶着状态”[①]。美国 2019 年 6 月发布的《印太战略报告》强调：“美国是太平洋国家，印度 - 太平洋地区是美国的优先战区……特别是在中国共产党的领导下，中国通过利用军事现代化、影响行动和掠夺经济来强迫其他国家，试图对印太地区进行重新排序。”[②] 毫无疑问，美国将

① 罗建波：《从全局高度理解和把握世界百年未有之大变局》，2019 年 6 月 7 日《学习时报》。

② 原文为：The Indo-Pacific is the Department of Defense's priority theater. The United States is a Pacific nation. …In particular, the People's Republic of China, under the leadership of the Chinese Communist Party, seeks to reorder the region to its advantage by leveraging military modernization, influence operations, and predatory economics to coerce other nations. INDO—PACIFIC STRATEGY REPORT。

中国当作印太战略首当其冲的目标，美国的印太战略试图扩展其安全伙伴国，构建以美国为中心的地区安全网络，争当整个印太区域的中心[①]。美国还将东盟10国视为其印太战略的“核心角色”[②]，强调二者“共同致力于促进整个印太地区的和平、友好和合作”，放言“东南亚国家要更积极向华盛顿发声，否则，沉默将换来美国的持续忽视，中国最终可能在本区域建立21世纪版本的朝贡体系。”[③] 美国拉拢东南亚国家的目的十分明显——东盟成为美国与中国角力的重要变量。2019年6月23日，第34届东盟峰会通过的《印度洋－太平洋展望》提出，东盟要继续保持在东南亚及其周边区域不断演变的区域架构中的核心作用，还需要在利益竞争的战略环境中，继续充当诚实的中间人。

新加坡官方智库亚细安（中国称东盟）研究中心，在2020年的调查报告《东南亚态势：2020》中增添一道假设题：如果被迫在中国和美国之间选边站，大家会选谁？在亚细安10国的1308名调查参与者（包括政府机构、学界、商界和媒体界人士）中，53.6%更愿意靠向美国，46.4%选中国。但从国别看，10个亚细安成员国中，7个国家半数以上的人选中国，包括老挝（73.9%）、文莱（69.1%）、缅甸（61.5%）、马来西亚（60.7%）、柬埔寨（57.7%）、泰国（52.1%）和印度尼西亚（52%）。选择美国为多数的国家有3个，分别是越南（85.5%）、菲律宾（82.5%）和新加坡（61.3%）。报告指出，亚细安国家普遍认为中国的经济、政治与战略影响力（在本区域）已超越美国，同时对这个现象越来越担忧[④]。

事实上，中国－东盟战略伙伴关系已“成为最具实质性、最具活力和互利共赢的关系之一”[⑤]。当前，中国与东盟共同面临着维护多边贸易体制、引领全球经济发展、支持建立东亚共同体长期目标等任务，构建中国－东盟更高水平更加牢固的战略伙伴关系极为迫切必要。云南乃“南下越老达泰柬，

① 张锋：《美国的印太海洋秩序观》，http://www.ftchinese.com/story/001083402?adchannelID=&full=y。

② 美国国务卿蓬佩奥曾表示：“东盟位于印太的中心，在美国推动的印太图景中发挥着核心角色。”铁流：《美国印太战略的东南亚支点》，2019年6月20日《中国青年报》。

③ 彭念：《“朝贡体系”在东南亚复活?》，http://www.zaobao.com/forum/views/opinion/story20200120－1022547。

④ 东南亚国家怎么看待中国的崛起——一份针对亚细安10国官员、商界与学界人士作的详细调查报告，http://www.zaobao.com/znews/sea/story20200116－1021447。

⑤ 中国－东盟战略伙伴关系2030年愿景，https://www.fmprc.gov.cn/web/zyxw/t1613344.shtml。

西接缅甸连印巴”、面向东盟和环印度洋开放的战略要冲。在中国同周边国家共建“命运共同体”的道路上，云南已经走在了前面[①]。在新时代，云南既要努力与周边国家维护边境地区的和平安宁与长治久安，又要主动服务和积极配合推进构建中国与南亚东南亚命运共同体——云南从曾经的“边疆民族地区”跃升为中国实施“睦邻、安邻、富邻”周边外交方针的腹心地带。

二、云南是中国推进“一带一路”务实合作提质升级的前沿阵地

《推动共建丝绸之路经济带和21世纪海上丝绸之路的愿景与行动》（2015）提出：“发挥云南区位优势，推进与周边国家的国际运输通道建设，打造大湄公河次区域经济合作新高地，建设成为面向南亚、东南亚的辐射中心。”《长江经济带发展规划纲要》（2016）要求：“将云南建设成为面向南亚东南亚的辐射中心。”云南是长江经济带最西端，也是对接孟中印缅经济走廊和中国－中南半岛经济走廊建设的主体合作省份。此外，由东盟10国发起，中国、日本、韩国、澳大利亚、新西兰、印度共同参加的区域全面经济伙伴关系协定（RCEP）谈判中，15个国家已结束全部文本谈判及实质上所有市场准入谈判——虽然印度有“悬而未决”的问题而未作出最终决定——RCEP拟于2020年签署协定。RCEP是当前亚洲地区规模最大的自由贸易协定，成员国人口约占全球人口50%，国内生产总值、贸易额和吸引外资接近全球三分之一。中国是RCEP成员中最大的经济体，RCEP将为中国企业实施“走出去”战略带来重大契机。无论从地缘政治、历史轨迹还是未来发展等角度看，南亚东南亚国家是中国推动共建“一带一路”、深化国际合作的优先方向和重要伙伴。

云南作为连通南亚东南亚的排头兵，是“中国对外开放新阶段的主力军”，在新时代扮演内联外通的关键角色——“一带一路”国际合作高峰论坛成果清单中，有5大类、62大项、160多项成果与云南有关——在“一带一路”框架下，云南进一步加强与《东盟愿景2025》《东盟互联互通总体规划2025》、伊洛瓦底江－湄南河－湄公河三河流域经济合作战略总体规划（2019—2023）、亚太经合组织互联互通蓝图，以及越南“两廊一圈”、中国－老挝构建中老命运共同体行动计划、柬埔寨“四角战略”“人字形”中缅经济走廊等区域性或国别的发展规划及互联互通倡议的对接，提升与南亚东南亚各国合作质量，高水平建设辐射中心，是我国推进“一带一路”务实合作提质升级，

① 王毅在外交部云南全球推介活动上的致辞，http://cpc.people.com.cn/n1/2017/0221/c64102－29096745.html。

持续推动经济全球化与贸易自由化、深度参与全球治理的重要战略平台。

三、建设辐射中心是云南实现高质量跨越式发展的最大机遇与根本出路

改革开放40余年来，云南发展成绩斐然，但仍属于欠发达地区。当前，云南面临打赢脱贫攻坚战、全面建成小康社会和实现跨越式发展等相互关联的艰巨任务。其中，决战脱贫攻坚和决胜全面建成小康社会是现阶段的主要任务，将为跨越式发展筑牢基础，而实现跨越式发展是长远目标，能够巩固脱贫成果，实现经济、政治、社会、文化、生态等的全面发展和整体跃升。

云南建设辐射中心，就是要在打赢脱贫攻坚战、全面建成小康社会的同时，主动服务和融入国家发展战略，始终坚持开放强省，更加大胆推进制度创新，建设更高质量的中国（云南）自由贸易试验区，把云南打造成为中国与南亚东南亚国家互利合作发展的桥梁与纽带、中国新一轮高水平对外开放的新高地。要聚焦省委省政府部署的发展八大重点产业、打造世界一流“三张牌”等产业链与产业生态圈的建构，最大限度简政放权，培育一流营商环境，积极参与国际分工和国际竞争，培育壮大外向型经济体系，全面提升产业发展水平。要强化科技支撑，坚持创新驱动，不断创新发展金融市场，推动经济社会持续快速发展与省域内各地区协调发展，提高发展的质量和效益，逐步缩小与发达地区的差距，缩小省内各州市、各县域之间的发展差距。要加快推进“五网”基础设施建设，补齐发展短板，提高公共服务水平，推进生态文明建设，实现各族人民团结奋斗、共同繁荣发展，与周边国家民众和睦友善相处，不断增强广大群众安全感、获得感和幸福感。这些都是云南高质量跨越式发展的题中要义。建设辐射中心的速度与成效，决定着云南高质量跨越式发展的进程与水平。

第二节　建设辐射中心的进展与成效

近年来，云南不断扩大与南亚东南亚国家的互利合作，经济发展速度在全国名列前茅，共建“和平、开放、繁荣、创新、文明”的“一带一路”取得积极成效。2015 年到2019 年，云南 GDP 增速最低为8.1%，最高为9.5%，历年均超过同期全国 GDP 增速；全省 GDP 总量从 13619.17 亿元增加到23223.75 亿元，人均 GDP 从 28806 元增加到 47944 元；外贸进出口总额从245.27 亿美元增加到336.92 亿美元；全体居民人均可支配收入从15223 元增

加到22082元（见表11－1）；农村贫困人口从471万减少到66万人。

表11－1　云南省2015—2019年部分经济指标

年份	GDP增速（%）	GDP（亿元）	人均GDP（元）	地方一般公共预算收入（亿元）	外贸进出口总额（亿美元）	全体居民人均可支配收入（元）	社会消费品零售总额（亿元）
2015	8.7	13619.17	28806	1808.15	245.27	15223	5103.2
2016	8.7	14788.42	31093	1812.29	199.99	16720	5722.9
2017	9.5	16376.34	34221	1886.17	233.94	18348	6423.1
2018	8.9	17881.12	37136	1994.35	298.95	20084	6826.0
2019	8.1	23223.75	47944	2073.53	336.92	22082	7539.18

数据来源：国家统计局、云南省统计局。

一、政策体系与合作机制基本确立

1. 建设辐射中心的政策框架体系已初步成型

国家先后出台了《面向南亚东南亚辐射中心综合交通运输发展规划（2017—2030年）》（2017）、《关于支持云南省加快建设面向南亚东南亚辐射中心的政策措施》（2019）等文件①，商务部、中国银行等分别与云南签署了共建辐射中心的合作协议②。云南省出台了《云南省参与建设丝绸之路经济带和21世纪海上丝绸之路实施方案》（2015）、《关于加快建设我国面向南亚东南亚辐射中心的实施意见》（2015）、《云南省建设我国面向南亚东南亚辐射中心规划（2016—2020）》（2017），以及经济贸易中心实施方案、人文交流中心规划、金融服务中心实施意见和科技创新中心专项规划等“1＋15”政策文件和工作方案。

2. 多边双边合作机制日趋完善

一方面，云南设立了澜湄合作中国秘书处联络办公室，推动大湄公河次区域经济合作（GMS）务实发展，发起成立了孟中印缅地区经济合作与发展

① 国务院印发的《“十三五”现代综合交通运输体系发展规划》（2017），国家发展改革委、交通运输部《关于进一步贯彻落实“三大战略”发挥高速公路支撑引领作用的实施意见》（2016），中国民用航空局、国家发展改革委、交通运输部《中国民用航空发展第十三个五年规划》（2016）等政策文件均对云南建设辐射中心予以支持。

② 分别为2017年10月商务部与云南省签署的《关于共建我国面向南亚东南亚辐射中心全面合作协议》和2016年3月中国银行与云南省签署的《支持云南建设面向南亚东南亚辐射中心战略合作协议》。

论坛（BCIM）合作机构，不断完善滇缅、滇泰、滇老、滇越、滇马、滇以等双边合作机制。另一方面，云南先后举办了5届中国－南亚博览会、2届南亚东南亚国家商品展暨投资贸易洽谈会、2届中国－南亚合作论坛、外交部云南全球推介会等重大活动。目前，云南与34个国家缔结了94对国际友好城市，与9个国家建立11个多边双边地方合作机制。

二、设施互联互通取得积极进展

1. 路网建设成效显著

中越、中老、中缅（瑞丽方向）高速公路云南境内全部建成通车；昆明至曼谷公路全线贯通，中越铁路云南境内段建成通车；中老铁路全线开工建设，中缅铁路云南境内段加快建设。云南全省开通国际和地区航线88条，国际和地区通航点56个，云南省至南亚东南亚航线达69条（东南亚54条、南亚15条），通航点达41个（东南亚32个、南亚9个），客货运航线基本实现南亚东南亚国家首都和重点旅游城市全覆盖。

2. 油、电、通信互联互通发展迅速

中缅油气管道全面贯通投运，与越南、老挝、缅甸实现局部电力联网贸易，2015年至2018年国际贸易电量累计达130亿千瓦时。面向南亚东南亚的通信枢纽和区域信息汇集中心建设稳步推进，云南成为全国第一个三大基础运营商同时部署面向特定国际区域的网络节点省份，国际通信服务范围覆盖周边8个国家。

3. 口岸大通关建设进展顺利

中国（云南）国际贸易“单一窗口”建设完成并上线运行。截至2019年底，全省进出口整体通关时间分别为18.56小时和0.36小时，同比压缩61.9%和71.4%。

三、经贸交流合作再创新高

1. 深入实施“走出去”战略效果明显

老挝赛色塔综合开发区、缅甸达克鞳燃气电厂深受项目所在国欢迎。云南省设立驻外商务代表处30个，实现南亚东南亚19国全覆盖。2019年，云南省对全球22个国家和地区实现非金融类直接投资9.52亿美元；对外承包工程新签项目51个，新签合同额15.3亿美元，同比增长7.47%；云南省累

计派出各类劳务人员7502人，年末在外人数10264人[①]。

2. 双边合作取得新成效

云南与南亚东南亚国家在电力、装备制造、冶金、化工、建材、轻工、物流7个重点领域的国际产能合作不断深化。云南在老挝、越南、柬埔寨建设了5个海外农业科技合作示范园，合作建设中老可再生能源、中斯（斯里兰卡）生物资源开发利用联合实验室等一批外向型公共技术服务平台。目前，云南与南亚东南亚国家建成7大类17个开放合作功能区，拥有18个国家一类口岸。

3. 云南对外贸易再上新台阶

2019年，云南省进出口总额完成2323.67亿元（折合336.92亿美元），同比增长17.9%。其中：出口完成1037.16亿元（150.22亿美元），进口完成1286.51亿元（186.70亿美元）[②]。

四、科技创新跨境合作日益紧密

1. 科技创新协作网络体系初步建立

依托中国－南亚技术转移中心、中国－东盟创新中心国家级对外合作平台，云南在南亚6个国家建立分中心和双边中心。与东盟秘书处、联合国亚太技术转移中心、亚欧科技创新与合作中心建立了机制化合作关系。建设国际联合研究中心26个，累计认定建立省级国际合作基地65个，国家级国际合作基地17个，认定建立了29家面向南亚东南亚创新中心建设示范机构。

2. 科技项目“走出去”进展顺利

推进中科院云南天文台与泰国脉冲星导航射电望远镜大科学项目、中老可再生能源联合创新合作开发与利用项目，联合开展数十个特色农作物、绿色能源技术与产品、道路交通基础设施建设技术、农业机械制造技术等示范推广。举办覆盖南亚、东南亚18个国家的新能源、现代农业、资源保护、环境治理等领域科技培训，提升云南在南亚东南亚国家的科技影响力。

五、金融服务更加便捷高效

1. 跨境人民币业务接连创新

跨境人民币业务已覆盖90多个国家和地区，人民币成为云南第二大涉外

---

① 2019年云南对外投资合作业务简况，http://www.bofcom.gov.cn/swyw/dwjjjshz/202003/t20200304_924766.html。

② 2019年1—12月云南省进出口情况，http://www.bofcom.gov.cn/tjsj/jcksj/202001/t20200123_918187.html。

交易结算货币和第一大对东盟跨境结算货币，在全国首批试点个人经常项下跨境人民币业务。2019 年，云南省跨境人民币累计结算 5226 亿元。云南银行机构与南亚东南亚 800 多家境外银行机构建立了跨境人民币结算合作关系，开发“东盟七国产品体系”“越老缅产品体系”“南亚国产品体系”等跨境业务产品体系。

2. 区域性货币交易“云南模式”日益完善

银行柜台挂牌币种已涵盖泰铢、越南盾、老挝基普、缅甸元等周边国家货币。搭建了两个越南盾现钞直供平台和西南地区第一个泰铢现钞直供平台及中老双边首条现钞调运通道，实现本外币现钞跨境调运历史性突破。德宏发布人民币兑缅币“瑞丽指数”，红河、文山发布人民币兑越南盾“YD 指数”。

3. 跨境设立金融机构取得实质性突破

富滇银行和太平洋证券公司分别与老挝金融机构合资设立了老中银行、老中证券。马来亚、渣打、汇丰、恒生、东亚、泰京、开泰、大华 8 家外资银行相继落户云南。

六、人文交流合作成果丰硕

教育合作方面，“留学云南”吸引力凸显。2018 年，云南省招收来自 148 个国家的留学生 1.88 万人，其中，南亚、东南亚国家留学生 15952 人，占 85%，云南留学生规模居全国省（区、市）中第八位。在云南大学、云南师范大学、云南中医学院设立国家级汉语国际推广基地。在南亚、东南亚国家设有 12 个境外办学机构、3 个境外办学项目，与国外学校合作举办 15 所孔子学院（课堂）。

医疗卫生合作方面，在边境地区开展传染病联防联控国际合作，开展“光明行”“爱心行”、短期义诊等医疗援助项目，对缅甸、老挝、苏丹、柬埔寨等国的患者实施白内障复明手术和先心病救治。举办中国云南－南亚东南亚国家医院院长论坛。

文化旅游合作方面，实施“国门文化”建设工程，举办系列跨境文化节庆活动。部省合作共建和运营管理柬埔寨金边、缅甸仰光中国文化中心，搭建海外国家级文化展示平台。举办中国·昆明郑和国际文化旅游节、中国国际旅游交易会等大型会展节庆活动，积极推动边境旅游试验区和跨境旅游合作区建设。

生态保护合作方面，云南省积极落实“大湄公河次区域核心环境计划和生物多样性保护走廊规划”项目（CEP-BCI），与越南、老挝共同实施跨国界的区域性生物多样性保护，在边境防火、实施亚洲象保护等方面取得了实质性进展，推动中缅在生物多样性研究与保护的交流合作，为生态环境保护的国际合作提供范例。

法律服务合作方面。成立国际警察教育培训学校和东南亚执法研究中心，累计为南亚东南亚国家培训执法人员2000名。在东盟国家开设了10个境外事务所及分支机构。

第三节　建设辐射中心面临的挑战

云南的经济基础薄弱，科技、教育、金融等发展短板突出，历史欠账多，建设辐射中心面临不少挑战。

一、经济总量少产业结构不合理，国际经济贸易中心建设亟须奋力转型升级

1. 云南经济总量不足

2019年，云南GDP占全国GDP总量的2.34%；全省人均GDP为全国人均GDP的67.63%；云南外贸进出口总额2323.67亿元，仅占全国进出口总额的0.74%；云南全体居民人均可支配收入22082元，为全国人均可支配收入的71.85%；云南社会消费品零售总额仅为全国总量的1.83%（见表11－2）。

表11－2　云南省2019年主要经济指标及其排位情况

	GDP（亿元）	人均GDP（元）	地方一般公共预算收入（亿元）	外贸进出口总额（亿元）	全体居民人均可支配收入（元）	社会消费品零售总额（亿元）
云南省	23223.75	47944	2073.53	2323.67	22082	7539.18
全　国	990865	70892	190382	315505	30733	411649
云南/全国	2.34%	67.63%	1.09%	0.74%	71.85%	1.83%

数据来源：国家统计局数据、云南省统计局数据。

2. 云南产业弱小，辐射带动能力不强

目前，云南产业结构性失衡比较突出，“高大强”的特色优势工业企业和战略性新兴产业发展不足，外向型产业规模小层次低，支撑开放发展的人力资源、商业服务、项目管理、法律服务等现代服务业不强。2019年的世界

500强企业和中国民营企业500强两个榜单中均无云南企业上榜。需要强调的是，工业化是现代化不可逾越的阶段，高度发达的工业化是现代化的重要支撑。近年来，云南全部工业增加值占当年GDP的比重逐年下降。2018年，云南全部工业增加值为4483.96亿元，占全国工业增加值305160.2亿元的1.47%；占全省GDP总量的25.08%，比全国水平（全国工业增加值占全国GDP比重为33.9%）低8.8个百分点①，为21世纪以来新低（见图11－1）。加速发展本土化高水平的现代工业是云南转方式、调结构、换动能，实现高质量跨越式发展的核心要务之一。

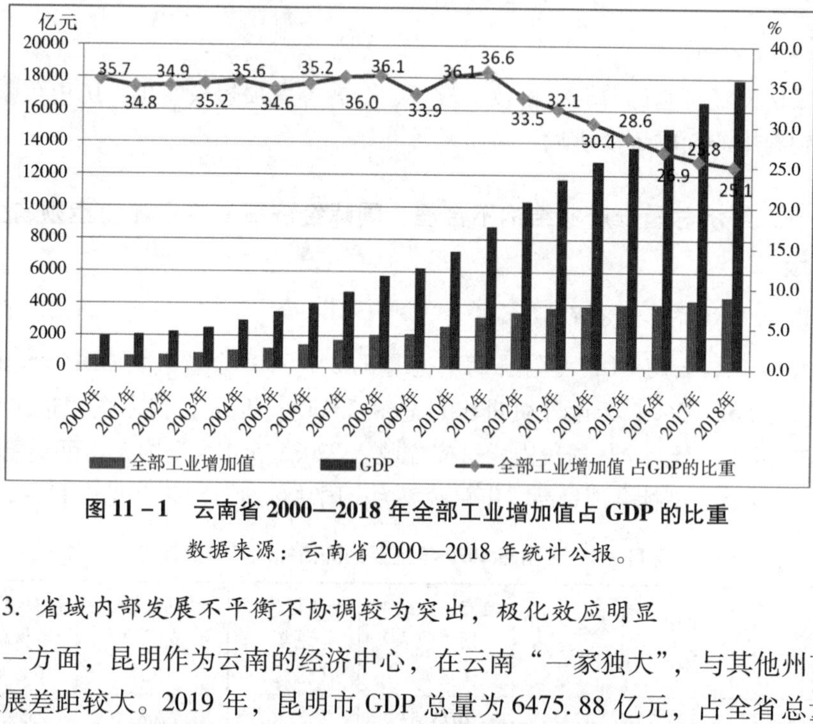

图11－1　云南省2000—2018年全部工业增加值占GDP的比重

数据来源：云南省2000—2018年统计公报。

3. 省域内部发展不平衡不协调较为突出，极化效应明显

一方面，昆明作为云南的经济中心，在云南"一家独大"，与其他州市之间发展差距较大。2019年，昆明市GDP总量为6475.88亿元，占全省总量的27.9%。全省16个州市中，保山、普洱、临沧、西双版纳、德宏、丽江、迪庆、怒江8个州市各自的GDP均不足1000亿元，且8个州市的GDP合计为4593.19亿元，占全省总量的19.8%。另一方面，省域内城市可持续发展竞争力不够强。中国社会科学院《中国城市竞争力报告No.17：住房，关系国

① 云南省2018年国民经济和社会发展统计公报，http://www.stats.yn.gov.cn/tjsj/tjgb/201906/P020190614368018607923.pdf；2018年国民经济和社会发展统计公报，http://www.stats.gov.cn/tjsj/zxfb/201902/t20190228_1651265.html。

与家》（2019）对中国两岸四地293个城市进行评价，云南的昆明、曲靖、玉溪、保山、昭通、临沧、普洱、丽江8个城市上榜，但排名情况不理想（见表11－3）。昆明作为云南的经济中心，其宜居城市竞争力排全国第33位；可持续竞争力和营商城市竞争力均排第43位；经济竞争力最差，在全部城市中排第54位，在上榜的26个省会城市（首府）中排第17位。其余7个云南城市排名较靠后且不均衡。

表11－3　云南部分城市2018年在中国293个城市中的竞争力指数及排名情况

城市	经济竞争力	排名（位）	可持续竞争力	排名（位）	宜居城市竞争力	排名（位）	营商城市竞争力	排名（位）
昆明	0.0789	54	0.4440	43	0.6145	33	0.4778	43
曲靖	0.0534	171	0.1229	270	0.2669	207	0.2689	159
玉溪	0.0525	180	0.2311	188	0.5250	73	0.2150	215
保山	0.0474	225	0.1055	277	0.2204	234	0.1291	270
昭通	0.0473	226	0.0387	285	0.0805	282	0.0480	286
临沧	0.0470	227	0.1349	265	0.1803	251	0.1298	267
普洱	0.0466	232	0.2215	202	0.2213	233	0.1051	280
丽江	0.0436	263	0.2487	168	0.2643	208	0.1181	275

省内县域经济发展差距较大。2018年及2019年，云南安宁市两度入席“全国综合实力百强县市”和“全国投资潜力百强县市”（见表11－4）。同时，全省仍然还有贫困县40个（占全省县市区总数的31%），其中贫困人口超过5万人的有11个，超过10万人的有2个。

表11－4　云南2018—2019年在全国综合实力100强县市和投资潜力100强县市上榜情况

<table>
<tr><th></th><th>全国综合实力百强县市（位次）</th><th>全国投资潜力百强县市（位次）</th></tr>
<tr><td rowspan="4">2018年上榜县市及排名</td><td rowspan="4">安宁市（63）</td><td>安宁市（15）</td></tr>
<tr><td>楚雄市（62）</td></tr>
<tr><td>个旧市（92）</td></tr>
<tr><td>文山市（100）</td></tr>
<tr><td>2019年上榜县市及排名</td><td>安宁市（72）</td><td>安宁市（26）</td></tr>
</table>

数据来源：《中国县域经济发展报告（2018）》《2019年中国中小城市高质量发展指数研究成果发布》、云南省2018年33个贫困县（市、区）退出新闻发布会。

二、教育科技水平偏低，科技创新中心建设尚需强势追赶

1. 云南的教育水平落后，人才资本极为短缺

《中国人力资本报告2018》显示，从受教育程度衡量人力资本，云南排全国倒数第3位。一方面，云南升学考试通过率并不高。2018年，云南高中阶段教育毛入学率为78.43%，低于全国平均水平（88.8%）10.37个百分点；云南高等教育毛入学率为41.73%，低于全国平均水平（48.1%）6.37个百分点①；云南高考学生一本上线率为7.79%，在全国垫底。另一方面，云南的师资力量不够强，影响人才培养质量。据教育部数据，云南高中专任教师约5.67万人，多为本科学历，其中研究生毕业的占4.43%，不足全国平均水平的一半，全国排名倒数第三。云南高等院校专任教师约4.01万人，其中拥有博士学位者占比14.47%，低于全国平均水平10个百分点，排全国第24位——要追赶上目前的全国平均水平，云南需要培养或引进至少4000名博士——奇怪的是，早在2006年，云南就出台了中国第一部促进人才资源开发的地方性法规《云南省人才资源开发促进条例》，条例明确提出既要自主培养人才，即"各级人民政府应当加强各类教育力度，提高人才培养质量，鼓励各类人员参加在职培训或者接受继续教育"；还要积极引进人才，即"县级以上人民政府应当采取有效措施，建立规范、便利和畅通的人才引进机制，积极引进国外、省外人才和智力"，"县级以上人民政府对引进的急需、紧缺高层次人才，应当制定相应的优惠政策"——上述数据显示，10余年来，《云南省人才资源开发促进条例》实施效果不彰。云南高校教师中有正高级职称者占比10.59%，低于全国平均水平2.34个百分点；拥有副高级职称者占比27.81%，低于全国平均水平2.38个百分点。云南的高中和高等教育水平须进一步培植强化。

2. 云南科学技术水平较为落后，引领支撑能力不足

2018年，云南研发（R&D）经费支出强度为1.05%，不到全国水平（2.19%）的一半；云南获专利授权20340件，为全国总量的0.8%；云南每万人口发明专利拥有量为2.52件，远低于全国平均数（11.5件）。2019年，云南技术合同成交金额82.7亿元，为全国总成交额的0.37%；云南有3个国家级高新技术产业开发区，占全国总数的1.8%（见表11－5）。云南科学技

---

① 数读2018年全国教育事业发展基本情况，http://www.moe.gov.cn/fbh/live/2019/50340/mtbd/201902/t20190227_371426.html。

术在引领发展、对外合作方面均需奋起直追。

表 11－5　云南省部分科技指标

区域	R&D 经费强度（2018，%）	专利授权（2018，万件）	每万人口发明专利拥有量（2018，件）	技术合同成交额（2019，亿元）	国家级高新技术产业开发区（2019，个）
云南省	1.05	2.03	2.5	82.7	3
全　国	2.19	244.7	11.5	22398.39	168
云南/全国	47.9%	0.8%	21.7%	0.37%	1.8%

数据来源：云南省统计公报、国家统计局年度数据、2018 年全国科技经费投入统计公报、2018 年专利统计年报。

三、金融支撑服务力度不够，金融服务中心建设亟待大胆创新提速

1. 在滇金融机构资金留存不足

2018 年，云南贷款投放规模总体不足，全年新增人民币贷款 2644.8 亿元，同比增长 10.4%，增速低于全国平均水平 3 个百分点，低于周边的广西、四川、重庆、贵州和陕西。

2. 金融服务实体经济投入不足

云南中小微企业 2018 年贷款同比增长 2%，远低于全省各项贷款平均 9% 的增速。民营企业融资难、融资贵问题依然突出，2018 年民营企业贷款同比减少 210 亿元，出现负增长。

3. 云南资本市场发育不充分

截至 2020 年 5 月 28 日，云南在 A 股市场有 36 家上市公司，约占全部上市公司（3864 家）的 0.932%。据统计，2018 年云南企业通过证券市场累计融资 409.27 亿元，比上年减少 131.86 亿元。

4. 跨境金融服务体系不完善

云南金融服务跨境合作水平有待提升，金融市场有待进一步培育壮大，金融基础设施建设不够完善，融资结构需进一步调整，与国家明确的沿边金融综合改革试验区目标任务有不小差距。

四、医疗卫生与文化旅游合作广度深度不足，人文交流中心建设亟须固本拓源

医疗卫生与文化旅游是云南同周边国家人文交流的重要内容，但目前的

交往合作难以支撑起人文交流中心的主体架构。

1. 云南医疗卫生服务水平不够高，对外合作亟待拓展

2018年统计显示，从健康素质指标看，云南人均预期寿命74.7岁，低于全国平均水平（77岁）2.3岁；从规模与可持续发展指标看，云南执业（助理）医师占卫生技术人员总数的33%，低于全国平均水平4.85个百分点，每千人口执业（助理）医师2人，低于全国平均水平（2.59人）0.59人；从对外合作看，云南与周边国家医疗卫生合作目前主要是特定病种的医疗援助和交流，合作内容需要拓宽、质量亟须提升。

2. 文化旅游合作亟须提质增效

省内一些地方仍然把文化与旅游国际合作定位为“兴边富民”工程，有的甚至把文化旅游合作简单归结为“输出”中国文化。云南与周边国家还存在旅游通达条件差、旅游设施布局不科学、旅游产品单一、资源信息交流不畅、市场监管不到位、通关手续烦琐、双方合作程度低等问题，跨境旅游市场还不能满足消费者需求。

五、互联互通短板突出，战略性支撑有待强化

1. 云南同周边国家基础设施互联互通亟须加快建设进度

云南“八出省五出境”铁路[①]以及“七出省五出境”[②]公路部分开通运营，部分正开工建设，物流网络不健全。2019年，云南有高速公路6003千米，通达90个县，实现“到2020年125个县市区通高速公路，通车里程1万千米”的目标还需奋力追赶。高铁运营里程1105千米，低于周边的广西和贵州。“数字云南”建设信息技术基础设施薄弱、人才资金等配套支撑不足[③]。口岸与开放通道建设管理滞后，经贸合作交流的便利化程度亟待提升。

2. 对外合作机制有待进一步完善

云南与南亚、东南亚国家建立的合作机制多是“二轨”“一轨半”机制，难以解决对外交流合作的一些深层次问题。云南有25个口岸，建设有17个

---

① “八出省五出境”铁路分别是“成昆、内昆、沪昆、南昆、沪昆客专、云桂、渝昆、滇藏”8条出省铁路，中越、中老、中缅、新中缅、中缅印5条出境铁路。

② “七出省”是指滇藏、G5京昆、G85银昆、G56杭瑞、G60沪昆、G78汕昆、G80广昆高速公路；“五出境”是指中缅印、中缅公路（两条）、中老泰、中越高速公路。

③ 云南省人民政府研究室：《决策咨询研究：云南省人民政府研究室成果选编》，昆明·云南人民出版社，2018年版，第94页。

开放合作功能区，但口岸通关便利化水平不高，口岸平均贸易额、货物吞吐量在全国排名靠后；一些开放合作功能区的定位不清、主导产业不够突出，比较优势没有完全发挥；与周边国家双边及多边支付清算体系尚未对接，对外开放的规模和层次需要进一步提高。

3. 管理服务水平不高，内生动能不足

省内对建设辐射中心的前瞻性系统性战略规划有待加强。对外开放意识不强，辐射中心建设的思路不够清晰。一些干部安于现状、因循守旧，辨别并落实建设辐射中心的核心指标或关键性指标的方法与能力不足，政策管理水平不高。一些干部“唯上意、怕问责、玩套路”而不愿担当、不敢改革创新。全省各级各地同心同向“共建辐射中心”的推进措施亟须更加精准有效。

六、外部竞争激烈，风险防控机制需进一步完善

1. 陆海新通道成为辐射中心建设的重要竞争性因素

中新（重庆）战略性互联互通示范项目（CCI）“国际陆海贸易新通道”（简称陆海新通道），是中国和新加坡合作的新亮点①，是我国“推进西部大开发形成新格局的国家战略通道、连接‘一带’和‘一路’的陆海联动通道、支撑西部地区参与国际经济合作的陆海贸易通道、促进交通物流经济深度融合的综合运输通道”②。陆海新通道有三条主通道：一是自重庆经贵阳、南宁至北部湾出海口（北部湾港、洋浦港）；二是自重庆经怀化、柳州至北部湾出海口；三是自成都经泸州（宜宾）、百色至北部湾出海口（见图11－2）。目前，包括云南在内的西部12省（自治区、直辖市）及海南省、广东省湛江市（也称“13＋1”），签署协议合作共建陆海新通道。随着兰渝、陇渝、陇桂、黔桂、青渝桂新等铁海联运班列，以及国际铁路联运（重庆－河内）班列和重庆－东盟跨境公路班车的常态化开行，陆海新通道目的地已通达全球6大洲90个国家和地区，共212个港口，其营运管理机制趋于成熟、发展优势日益巩固。陆海新通道的中方运营中心设在重庆；四川为一条主通道的起点，

---

① 中华人民共和国和新加坡共和国政府联合声明，https：//www.yidaiyilu.gov.cn/zchj/sbwj/71719.htm。

② 2017年8月，重庆、广西、贵州、甘肃4省区市签署“南向通道”（陆海新通道前身）框架协议。2018年11月，中国、新加坡正式签署《关于中新（重庆）战略性互联互通示范项目“国际陆海贸易新通道”建设合作的谅解备忘录》，将“南向通道”更名为“陆海新通道”。2019年8月，国家发展改革委印发《西部陆海新通道总体规划》，标志着陆海新通道上升为国家战略。

经过广西“打通通往北部湾最近出海货运通道”；贵州与重庆合资组建了首个陆海新通道区域运营公司——广西、重庆、四川、贵州等省区市成为陆海新通道的关键节点。

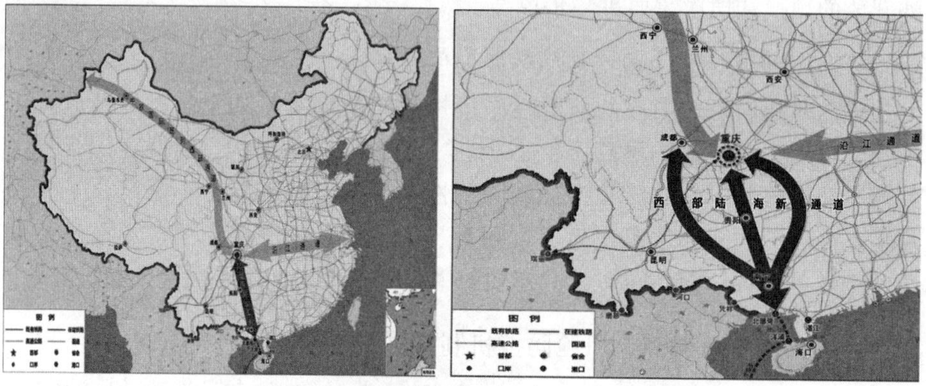

图 11－2　西部陆海新通道空间布局示意图

在上述几个省区市构成的半包围圈下，云南受路网等因素限制，其作为陆上大通道的区位优势，还未全部转化成对外开放和发展优势——云南既不宜错失陆海新通道项目之惠，努力争取从中多分一杯羹；更要立足自身优势加快构建高水平全域全方位开放新格局——云南“主动服务和融入国家发展战略”、实现跨越式发展的机遇与窗口期短暂且紧迫。

2. 周边国际形势的不确定性影响辐射中心建设

首先，南亚、东南亚各国政府对“一带一路”倡议抱持不同的态度。老挝、柬埔寨、新加坡、文莱、东帝汶、巴基斯坦、尼泊尔、孟加拉等国积极欢迎“一带一路”，希望借此提振本国经济。马来西亚、印度尼西亚、菲律宾、泰国、缅甸、马尔代夫、斯里兰卡等国家因国内政党轮替、国家安全顾虑、南海争端、西方势力干涉等，对与中国共建“一带一路”既合作又摇摆。越南、印度对“一带一路”的态度颇有意味。在中美贸易烽火中壮大的越南[①]，2017 年 11 月与中国签署了共建“一带一路”和“两廊一圈”合作备忘录，放言“现在，越南政府和企业真诚希望与中国其他沿海省市如浙江、江苏、上海和其他内陆省市进行合作”[②]，转身强调“为了应对中美贸易战的影

① 在中美贸易烽火中壮大的越南，http://www.zaobao.com/wencui/politic/story20190712－971855。

② 孙超：《“两廊一圈”对接“一带一路”——访越南驻华大使邓明魁》，载《中国发展观察》2017 年第 11 期，第 23—26 页。

响，呼吁加强贸易保护主义措施以防止中国商品涌入国内市场”①，后来又想“积极参与陆海新通道建设……推动更多农产品进入中国内地、通过西部陆海新通道和中欧班列出口欧盟”②。印度缺席第一届、第二届“一带一路”国际合作高峰论坛，“婉拒”共建“一带一路”倡议，退出 RCEP 协议。其次，周边国家普通民众的诉求与利益关切，需要给予更多重视。周边国家民众期望借“一带一路”东风把大量的农副产品卖到中国。云南受中国农产品进口配额限制，只能从周边国家买进少量农产品——这些国家的民众并未从“一带一路”得到更多的实惠而产生抱怨。此外，因历史上中国在东南亚实行宗藩体制，周边国家一些民众心理上具有“排华反华”情绪。上述民众对“一带一路”的相关项目抱有疑虑与排斥，影响到中国（云南）与周边国家的合作。

第四节　以建设辐射中心统领云南实现跨越式发展

“始终坚持以经济建设为中心”是云南发展的硬道理。在奋勇冲刺脱贫攻坚、全面建成小康社会的同时，云南应“像抓脱贫攻坚一样抓辐射中心建设”，坚持省域发展“一盘棋”、全面深化改革与扩大对外开放“两手抓”，始终坚持思想大解放改革大突破不动摇，加速推进全域精准开放，在更高层次更深程度融入世界经济体系。

一、前瞻性研判形势大局，更加精准系统定位云南发展目标

因应当今日趋错综复杂的国际形势，云南要从更高更长远的站位，主动融入国家发展战略。一要加快建设高品质的区域性国际经济贸易中心、科技创新中心、金融服务中心和人文交流中心。二要牢牢把握国家新一轮对外开放历史性契机，深化开放强省战略，以南亚东南亚国家为重点，适时向中东、中亚等“一带一路”沿线国家延伸，加速推动引进来和走出去相结合，努力把云南建设成为新一轮高水平对外开放的战略前沿与重要平台、“一带一路”倡议南方核心驱动区、我国面向南亚、东南亚和印度洋周边经济圈的重要枢纽。三要在党中央坚强领导下，主动服务和参与多边双边交流合作，承担国

① 越南 2019 年经济增长目标拟为 6.8%，http://vn.mofcom.gov.cn/article/jmxw/201907/20190702877395.shtml。

② 陆海新通道让西部加速迈向世界，http://www.liangjiang.gov.cn/Content/2019-12/02/content_587905.htm。

家交办的周边外交任务，努力建设好国家主场外交系列配套活动目的地①。

二、大手笔创新发展空间布局，推进五大组团协调发展

创新落实“做强滇中、搞活沿边、联动廊带、多点支撑、双向开放”思路，做好向东开放和向南亚、东南亚开放两篇大文章，将全省16个州市划为五大组团，省领导分别挂钩担任各组团责任人，把牢各组团主体功能和特色定位，编制各组团发展规划，整合优化各类开放合作功能区，加快推进各组团同步高质量跨越式发展。

1. 滇中核心区

包括昆明市、玉溪市、楚雄州3个州市，总人口约1200万。以滇中新区和云南自贸区昆明片区建设为起手式，重点突出将昆明市加快建成区域性国际中心城市、远期规划争创国家中心城市，高效连通周边市州，打造经济贸易与科技文化发展新地标，成为引领云南高质量跨越式发展的火车头与发动机。

2. 滇东北经济区

包括曲靖市、昭通市2个市，总人口约1200万。重点是深度融入长江经济带和成渝地区双城经济圈，依托长江黄金水道，联动长江中游城市群和长三角经济区发展，深化泛珠三角区域合作，努力将其建设成为长江上游开放新高地。

3. 滇东南经济区

包括红河州、文山州2个州，总人口约830万。重点是高标准建设云南自贸区红河片区，前瞻务实地统筹融入珠三角与对接越南“两廊一圈”，加快推进中越经济走廊建设迈上新台阶，打造中国－中南半岛经济走廊的重要节点。

4. 滇西南经济区

包括保山、普洱、临沧、西双版纳、大理、德宏6个市州，总人口约1390万。重点是高品质建设云南自贸区德宏片区和中缅经济走廊，加快推进中国－中南半岛经济走廊、孟中印缅经济走廊、中老泰经济走廊建设，大力发展绿色外向型经济与现代服务业，培育区域性国际化开放合作新兴增长极。

---

① 国家发改委发文支持云南建设“辐射中心”，https：//www. yidaiyilu. gov. cn/xwzx/bwdt/80957. htm。

5. 滇西北生态示范区

包括丽江市、怒江州、迪庆州3个市州，总人口约230万。重点是坚持生态保护第一，适度发展“生态+文化旅游+”绿色产业，不纳入GDP考核，建设中国西南生态示范区，筑牢国家重要生态安全屏障。

三、立足优势突出重点，下大力气建构有云南特色的现代产业体系

坚持“产业兴省”和“两型三化”要求，聚焦八大重点产业和世界一流“三张牌”，以更大的决心和魄力调整经济结构与产业布局，打造高质量的云南品牌，在实现云南高质量跨越式发展的同时，满足南亚东南亚国家改善基础设施、加快推进工业化和现代化的发展需要，并适时向其他国家和地区扩展。

1. 奋力推动“云南制造”迈上新台阶

对标“中国制造2025”，抓紧编制千亿级产业“施工图”与产业链全景图，引进培育一批具有国际竞争优势的千亿级大产业、大企业。加快推进烟草、有色金属、石油炼化、化工等产业技术创新升级。精准布局电力装备、新一代信息技术、生物医药、新材料、高端装备制造、新能源汽车等战略性新兴业态。

2. 努力将“云南能源”培植为支柱产业

持续推进与周边国家电力联网，实现“云电南送”；建设区域性国际化电力供给中心、交易中心、技术中心、装备中心，规划建造国际新能源交易综合平台。有序发展水电铝、水电硅等绿色能源产业链。以中缅油气国际大通道和炼化基地为依托，加快发展石化深加工产业，形成覆盖中国西南和南亚东南亚的石油炼化产业集群。

3. 强力推进“数字云南”建设提速增效

拓展“一部手机”系列项目，提前筹谋布局5G产业，形成上下游协作发展的大数据产业链，实现资源数字化、数字产业化、产业数字化。强化与南亚、东南亚国家在经贸合作、远程医疗、教育科技、旅游文化、国际通信等领域的信息技术合作，建设数字丝绸之路的核心战略区、面向南亚东南亚辐射中心数字枢纽。

4. 竭力创新发展世界一流“云南食品”

加快推进全省农业转型升级，推广应用国际先进标准与工艺流程，高标准

发展“科研+种养+加工+流通”全产业链，打造行销全球的高品质茶叶、花卉、蔬菜、水果、坚果、咖啡、中药材、肉牛、生猪、食用菌等云南绿色食品。进一步深化与周边国家在种植业、畜牧业、渔业等领域的合作，打造具有国际竞争力的现代农业综合体。

5. 全方位提升“云南旅游”品质

持续推进旅游业革命性改造，加快建设“中国最美丽省份”，构建“旅游+互联网+”的文旅产业生态链，把云南建成世界知名的休闲度假胜地。规划建设边境旅游试验区和跨境旅游合作区，完善跨境通道体系，打通云南连接周边国家的旅游环线，丰富跨境旅游产品，简化跨境旅游手续，提高旅游监管服务水平，打造高品质中国（云南）－南亚、东南亚黄金旅游圈。

6. 强势推动“云南科教”实现新跨越

要坚持科教兴省，加快教育综合改革，推动优质教育资源城乡共享，竭尽全力办好高水平的高中教育和优质多元的高等教育，实现全省不同层次的教育从规模增长向全面提质增效转变。培育、引进各类战略性人才和科技领军人才，提升科技创新的档次与质量，在更高水平更前沿领域推进创新型云南建设。进一步深化与南亚东南亚各国的教育科学合作水平，共建科技成果孵化基地和科技企业孵化器。

7. 全力打造高水平“云南服务”新品牌

适时引进国内外高端医学研究和医疗资源，建设区域性国际医学中心、诊疗与康复中心，构建高端健康医疗产业综合体，全力打造世界一流的健康生活目的地。同周边国家广泛开展更多更高水平的医疗卫生合作。鼓励省内各组团立足实际，大力发展外向型的人力资源、商务代理、知识产权、法律服务、社会服务、航空器维修、第三国合作项目等现代服务业。

四、下硬功补齐发展短板，最大限度盘活备齐发展要素

1. 加快培育一支适应精准开放需要的干部人才队伍

不折不扣落实云南省委“大力培养使用善抓开放的优秀干部”的要求，加快转变职能、大幅提升政府管治效能。通过系统培训、选调、引进等方式，全面提高省内各级干部尤其是一把手抓开放发展的专业化职业化水平，切实“让专业的人做专业的事”，不断提升建设辐射中心的战略谋划、制定规则、交流谈判、舆论宣传、统筹协调等各方面能力。千方百计培育、引进、集聚一批具有全球视野、通晓国际规则、精通国际谈判的外向型高级专业人才，

以及有能力谋划推动现代化治理、高新科学技术与教育、现代产业、区域协调发展等高端人才，放手让他们发挥所长，大胆创新创业创制。切实做到“支持到位、服务到位”，避免高层次人才“引来不用”和“引而复失”。

2. 加速推进基础设施互联互通

实施好面向南亚、东南亚辐射中心的综合交通发展规划，加快建设“七出省五出境”公路、“八出省五出境”铁路、“两出省三出境”水运和国际（地区）—国内—省内三级航线网络，以及昆明、曲靖、大理、红河等综合交通枢纽。规划建设连通长江黄金水道与南亚、东南亚的最便捷通道。

3. 加快建构畅通高效的国际开放大通道

加速打通与四川、重庆等省际的近距离物流通道。在省内重要节点城市建设一批国际物流园区，连通干线铁路、公路、机场、港口和口岸，打造区域跨境物流中心；优化物流运输通道及相关产业布局，构建连通国内、直达周边国家和环印度洋经济圈的国际开放大通道。与陆海新通道无缝衔接，积极开展多式联运。建设中国－南亚、东南亚跨境物流公共信息平台，实现区域内国际物流信息互联共享，提升物流效率。

4. 进一步深化金融市场开放创新

创新完善多层次的资本市场，进一步改革投融资体制，不断扩大直接融资规模，加大金融对实体经济的支持力度，重点支持事关云南高质量跨越式发展的重要项目，以及基础设施互联互通、国际产能与装备制造合作、能源矿产合作、高端旅游文化等领域重大项目。继续推动跨境人民币业务创新发展，进一步强化跨境融资、结算、金融创新和服务方面的交流合作。

五、创新完善平台支撑，确保高质量对外开放合作落地见效

1. 创新完善合作机制

针对南亚、东南亚各国国情及对“一带一路”的态度，坚持“一国一策”，与各国构建灵活务实、可预期可把控的合作框架。在云南与南亚、东南亚各国现有“二轨”“一轨半”机制基础上，健全完善“一轨”机制，形成“领导人引领、全方位覆盖、各部门参与、地方抓落实”的工作模式，提升云南参与多边双边对话合作的水平与效能。

2. 巩固提升合作平台

提升昆明国际花卉拍卖交易中心辐射能力，建设咖啡、茶业、宝玉石等

特色产品国际交易中心，大力推进“云品出滇”。进一步完善基础设施及政策支持，实现人员、资本、技术、信息等生产要素自由流动，全面提高各类开放合作功能区发展效能。加快建设中缅、中老、中越经济走廊和跨境经济合作区，建设沿边资源储备基地，创新沿边经济社会发展新模式。

3. 推动贸易转型升级

以制度创新为核心，高标准高质量建设云南自贸区，并将相关经验在全省范围复制推广。加快建设中国（云南）跨境电商综合试验区，探索建立海外仓、境外展销中心、国际快件监管中心。持续推进贸易监管改革，进一步提升贸易便利化程度。改革农产品进口配额制度，增加云南的进口配额，有针对性地扩大周边国家农副产品进口规模。

4. 提升服务国家周边外交能力

扩大昆明进出口商品交易会、南亚东南亚国家商品展暨投资贸易洽谈会、中国－南亚合作论坛、“永不落幕的南博会”等品牌效应，更加主动服务国家总体外交。与南亚、东南亚国家开展更灵活更具针对性的多层次交流合作，积极沟通增进互信，消除各国政府和民众对共建“一带一路”倡议的疑虑，进一步拓展多边双边合作领域，巩固提升合作成效。

本章小结

云南乃“南下越老达泰柬，西接缅甸连印巴”的战略要冲，是中国实施对外战略、构建国际新秩序的纵深地带，推进“一带一路”务实合作提质升级的前沿阵地。建设面向南亚东南亚辐射中心，是云南实现高质量跨越式发展的最大机遇与根本出路。

云南不断扩大与南亚东南亚国家的互利合作，建设辐射中心取得积极的进展。但云南的经济总量小、产业结构不合理，教育科技水平偏低，金融服务力度不够，医疗卫生与文化旅游合作广度深度不足，互联互通短板突出等，成为进一步推进辐射中心建设的挑战。

以建设辐射中心统领云南实现高质量绿色开放跨越式发展，就是：一要前瞻性研判国内外形势大局，更加精准系统定位云南发展目标。二要做好向东开放和向南亚、东南亚开放两篇大文章，将全省 16 个州市划分为五大组团，统筹推进各组团同步协调跨越式发展。三要下大力气培育壮大“云南制造、云南能源、数字云南、云南食品、云南旅游、云南科教、云南服务”等品牌，努力建构现代产业体系。四要补齐发展短板，培养一大批适应精准开放跨越式发展的干部人才队伍，加快推进基础设施建设和物流网络。五要坚持“一国一策”，健全对话合作机制，高水准建设各类开放合作功能区，全面提高对外开放水平。

讨论与建议 政府管治：最紧迫的议题

A 省，中国中西部一个集民族、山区、贫困三位一体的省份。全国 14 个集中连片特困地区，有 2 个涉及 A 省的若干个州市。A 省是全国贫困人口最多的省份之一，贫困发生率一度超过 20%，贫困县占全部县（市、区）总数曾超过 70%。

近年来，A 省采取一系列超常规举措推进贫困治理，脱贫攻坚取得明显成效，如期完成 2020 减贫任务已无悬念。

除此之外，A 省还有相应的安排——围绕推动高质量跨越发展，推进制度创新和治理能力建设。到中国共产党成立 100 年时，A 省各领域改革全面突破、全面见效，在区域治理上形成一套系统完备、科学规范、运行有效的制度体系；到新中国成立 100 年时，实现区域治理体系和治理能力现代化，争当区域治理体系和治理能力现代化排头兵。

辩证地看，减贫—发展—治理，并非单向度的逻辑推演，而是互为因果、相互促进的，联结着历史与未来、财富与幸福。A 省如此，一切区域发展如此。

一、循环的老问题

1. 中央巡视组指出的问题

中央巡视组于 2018 年提出，A 省脱贫攻坚方面存在的问题主要有：

一是贯彻落实中央脱贫攻坚方针政策不够到位，落实“两不愁、三保障”政策不够精准；易地扶贫安置点建设和搬迁进度滞后；扶贫资金使用监管存在薄弱环节。二是“省负总责、市县抓落实”责任压得不实，形式主义、官僚主义等问题未得到有效解决；对扶贫干部重加压、轻激励。三是纪检监察机关落实监督责任不够到位，扶贫领域腐败和作风问题专项治理仍需加大力度。四是有关职能部门落实监管责任不到位，合作经济组织带贫效果不明显，有的产业扶贫项目“名股实债”。五是各类监督检查发现问题的整改落实有差距，有“数字整改”现象。

针对上述问题，A 省高度重视，“提高政治站位抓整改、压实责任抓整改、紧盯突出问题抓整改、坚持举一反三抓整改、坚持刀刃向内抓整改”，整改措施主要包括：把脱贫攻坚作为“不忘初心、牢记使命”主题教育的重要实践载体，作为各级党委、政府和部门的“一把手”工程；精准对标“两不愁、三保障”，排查突出问题，细化重点任务清单，强化对深度贫困地区的支持；足额落实义务教育保障经费，规范农村贫困人口基本医保、大病保险、医疗救助工作；开展万人以上安置点资源承载力风险评估，确保搬迁质量；落实东西部扶贫协作高层互访和联席会议制度；推动省级领导向省委报告脱贫攻坚责任落实情况制度化；把脱贫攻坚纳入省委巡视和督查、审计工作重点；明确市、县、乡三级党委书记对贫困人口、贫困村、贫困县退出的捆绑责任等。

2. 省内督察发现的问题

A 省组织力量，对省直部门和省内各市州的整改情况进行督察，仍然发现不少问题。

一是决策不够精准科学，一些政策措施不符合实际需要。第一，决策依据不实。督察发现，有的地方脱贫攻坚数字打架等问题反复出现。“基层干部完全把脱贫攻坚信息系统当成了所有数据的来源，而忘记了数据本该来自基层一线的事实”。第二，决策质量不高。有的地方党委常委会议、政府常务会议、专题会议对脱贫攻坚的部署大而化之，研究问题不深入、不具体，提方向性的多、研究微观可操作性的少，有的问题研究比省一级会议的还要宏观……参会人员讨论的多、定论的少，一些会议根本就没有作出过精准和具体的安排措施。第三，决策内容不符合地方实际。省扶贫办等部门出台的一些政策不切合贫困县实际，比如用老办法从年度涉农资金盘子中切块光伏扶贫资金，一些不具备光伏扶贫条件的县，无法分配到此类资金。

二是政策落实不到位，脱贫攻坚举措执行迟缓，有的没有落地落细。其一，执行拖沓。中央 2018 年 6 月出台脱贫攻坚三年行动指导意见，省里当年 8 月出台实施意见，并要求各地的行动方案须于 9 月底前报送省扶贫办，但有的州市 10 月下旬还在开会讨论。其二，选择性执行。一些地方脱贫工作进度极不平衡，环境整治“县城好于乡镇、主干道沿线好于偏僻地区；一些人口密集的超大集镇没有一座公共厕所”。其三，执行不精准。有的地方贫困对象退出把关不严格，部分脱贫户存在返贫风险；“三保障”工作不够扎实，控辍保学不到位，失学儿童底数不清；少数群众医疗费用负担过大，农村危房改造工作落实不到位；产业培育滞后，规模小、层次低，缺乏精深加工，产业链条短，抵御市场风险能力较弱；就业扶贫政策落实不到位，劳动力转移就业培训针对性不强；扶贫小额信贷政策执行不到位，有需求的贫困户没有获得贷款；扶贫政策与低保政策衔接不到位。

三是干部能力素质参差不齐，官僚主义、形式主义仍然存在。首先，部分干部能力不足。对上级出台的减贫政策把握不准，对本地扶贫措施的制定、相关数据的统计分析没有进行综合思考，没有做到从脱贫攻坚全局来谋划工作，一些政策照上级的葫芦画自己的瓢，缺乏针对性与前瞻性。对贫困户致贫原因分析不透彻，确定的帮扶措施不够精准。其次，形式主义泛滥。有的市县会议多、文件多、督察多、明白卡多等问题依然存在。有的县平均每天接待1.3批次督察调研，平均每10天接受1次考评考核。再次，作风不实。一些地方整改落实不到位，存在“数字整改、报告整改”现象。少数干部急躁冒进，急于脱贫摘帽。最后，麻木厌战。一些干部中存在脱贫攻坚“疲劳症”和厌战情绪，动力减弱，畏难情绪增加，个别干部甚至敷衍了事。

各地举全社会之力推进脱贫攻坚已有数年，为什么有些问题能够循环地存在？根源在政府[①]管治。

事实上，A省始终把脱贫攻坚当作第一要务，不断改善数百万贫困人口生活的“初心”与努力，是值得客观对待与充分肯定的。本书纠察其贫困治理中的各种问题，并非苛求A省施行效益最高的贫困治理，更不是挑A省的毛病，而是要分析这些现象背后折射出的治理瓶颈。

二、贫困的总根源

在“治理体系与治理能力现代化”大背景下，考察A省脱贫攻坚巡视发现的问题及其整改情况，具有典型意义——案例研究固然有其局限性，但管窥之间亦可呈现出一些共性的问题——正如有的研究指出，贫困现象都是发生在特定的公共政策框架之内，是与政府的公共管理密切联系的[②]，但“行政体系理性化”设计与地方贫困现实丰富性之间存在着一定的距离[③]。因此，有

① 此处为广义的政府，包括党的机关、人大机关、行政机关、政协机关以及法院和检察院、人民团体等各类承担公共权力与公共事务的组织。

② 田小红：《中国贫困管理历史、发展与转型》，北京·中国社会出版社，2009年版，第2页。

③ 吕方、程枫、梅琳：《县域贫困治理的“精准度”困境及其反思》，载《河海大学学报》2017年第2期，第47—52页。

必要从基层治理视角反思贫困治理。

如本书第一章所述，贫困的内涵是不断演绎的，从货币范畴扩展到非货币范畴，从收入贫困到能力贫困、到权利贫困，再到共同富裕。致贫原因大体上分为事实因素（如自然条件恶劣、社会发展水平低下、缺乏劳动能力、罹患大病等）和制度因素（如区域发展政策、城乡二元结构等）两类。

相应地，减贫的根本目的，就是要阻断致贫原因，通过贫困人口自食其力自行“私力救济”（如劳动、赠与、继承等），增加他们的资源并能够满足其基本生存需要；或者通过政府看得见的手实施“公力救济”（如社会救助等），帮助贫困人口获得额外生计必需品。不论“私力救济”还是“公力救济”，都离不开贫困治理相关制度安排——既要补齐贫困地区公共服务、基础设施、产业发展、生态环境保护等发展短板，使贫困地区基本公共服务主要指标接近全国平均水平，为贫困人口“私力救济”提供稳定持久的支撑；还要优化“公力救济”的政策设计，强调“既不降低标准，也不吊高胃口”，实现贫困人口“应保尽保”，并对身处“一方水土养不活一方人”地带的群众实行易地扶贫搬迁，助其“挪穷窝、断穷根”——没有这些制度安排，并且确保这些制度安排落到实处，“减贫”犹如水中月、镜中花，美而不可及。事实上，贫困治理强调的是国家义务，只有实施精准高效的治理，才能实现减贫目标——政府通过精准推行相应的减贫政策与具体措施，贫困人口核心权利和贫困地区发展权，才能得到适切的保障。

坚强的领导、多元的政策、丰富的资源、忠诚的干部、全面的动员、严格的考评等，固然是中国贫困治理必不可少的要素，但仅有这些是不够的——“以党性作担保、用官帽作抵押、以饭碗作担保、拿业绩作赎金”，与贫困人口“同吃同住同劳动、真心真情真扶贫”，抑或“汇聚一切力量，穷尽一切办法，立下军令状、吹响最强集结号、打响歼灭战”等，不论多响亮的口号、多热闹的减贫锦标赛、多鼓噪的宣传动员，都是形式要件——归根到底需要将减贫政策全面、准确地落实到位，才能有效地解决贫困人口的问题，促进贫困地区的发展。天下大事必作于细。减贫政策不能够精准落地，一切宣誓与承诺都将归于无形。正如习近平总书记强调的，关键在于落实！

近年来，反贫困经由中国庞大的国家治理体系向各地传导，成为基层最大的政务[①]。中西部地区纷纷提高政治站位，“以脱贫攻坚统领经济社会发展

---

① 贾玉娇：《反贫困的中国道路：1978—2018》，载《浙江社会科学》2018 年第 6 期，第 17—26 页。

全局”——“减贫—发展”，既是各地当前最大的政治任务，也是考验各地党委政府的管治水平的关键指标。

从这个意义上说，管治水平的高低，决定了减贫的效能，也决定着地方的发展速度与质量。治理“贫穷”（或低效治理，poverty of governance），也就是那些目标路径不够清晰、政策管理粗放僵化、运转低效或难以持续全面运行的管治，正是产生贫困的总根源。

三、发展的发动机

改革开放以来，中国形成了西部开发、东北振兴、中部崛起、东部率先的“四大板块”，以及京津冀协同发展、长江经济带发展、粤港澳大湾区建设、长三角一体化发展、黄河流域生态保护和高质量发展“五大战略”等的区域协调发展新格局。一些欠发达地区实施多维发展政策，除扶贫开发外，还执行西部大开发、革命老区、民族地区、兴边富民、原中央苏区等种类繁多的区域发展政策。这些地区能够整合更多的资源促进发展。

我们不禁要问的是，曾经处于同等的发展水平，拥有同样的资源禀赋，同样的治理架构，同样（甚至更多）的政策措施，为什么有的地方逐步成长为较发达或发达地区，而有的地方沦为贫困地区、长期徘徊不前？关键在于人——具体说，在于地方政府的管治水平。

实践中，能力缺失是影响地方政府管治水平的核心变量，在欠发达地区尤盛。

如本书第八章所述，发展的关键变量分为要素、战略与路径三个方面，其中要素为首。要素中最重要的是知识资本，具体包括人力资本（组织成员的各种技能与知识）、结构资本（组织结构与制度规范）和关系资本（组织间、组织与个人、个人间的关系价值）。知识资本的载体是人，是最活跃的决定性发展要素，其对发展的影响分列如下。

人力资本不足，是一些欠发达地区高质量发展所面临的致命缺陷。一方面，这些区域缺乏数量充足的专业化职业化人才，支撑发展的高端智本不够厚实。如云南省拥有博士学位高校教师的占比，要赶上全国平均水平，全省需要培养或引进至少4000名博士，高端人才短缺较为严重。另一方面，存量人力资本的专业技能更新不足。一些在岗人员学习不足、思考不透，还是沿用老办法老经验处理问题，出台政策措施只会依葫芦画瓢，难以做到高质量创造性谋划工作。如脱贫攻坚中还在强调要搞好种养殖、引进龙头企业带动，没有从提升教育水平、提高贫困人口脱贫能力等角度考虑工作。

结构资本强调组织架构与相关的规章制度。中国各地的机构设置与管理制度大同小异，无须更深入讨论。

关系资本成为影响当前管治水平的决定性因素。在新技术新业态新模式不断涌现的时代，很多欠发达地区，本应该更加大胆地解放思想、创新管理方式，培育新的发展动能，实现经济社会跨越式发展。此为妥妥的正途——但在压力型体制、考评问责、既定官场生态与官僚文化等环境约束下，各路官爷们放声高喊“不忘初心、牢记使命”（生怕上级和社会听不到），嘴甜文美、飘而不实，普遍“庸、懒、傲、滑，媚上欺下”，“开会、发文、督查、宣传、造势”抓落实的套路娴熟精准，“等上面部署、催下面填表”“作秀留痕、数字出政绩”等形式主义成风，“改革进入深水区”常被用作不改革的借口，实事求是的优良传统成为遮羞布。这些地区变成了改革创新与干事创业效益低（跑官、拉关系等除外）、规矩多、人情面子多、麻烦多的守旧“老区”——关系资本异质蜕变，从促进发展的高纯润滑剂，变成了掺水油。且看：

——“官本位”思想浓重，庸政懒政。一些领导和干部似老爷端居高位（需要时强调自己是有使命担当的人民公仆），官威十足；用陈旧的惯性思维主导工作，胸无全局、创新不足（不包括个人升迁）；“开会大半天、讲话一长篇，部署一箩筐、落实在纸上”，照本宣科、“领导认可就好”；新官不理旧账、怕担责连坐，凡事都要有政策依据或领导指示、“讲规矩”怕担当；办事“推、拖、绕、放”，对群众切身利益无感；做精致的利己主义者，弄权驭（愚）人、追求政绩名利，决策与执法不严格不规范、管治与服务水平低能；等等。社会上言之为“江湖佬爷”“傲慢的笨蛋”。

——无底线无敬畏之心，滥政坏政。一些领导和干部不尊法不用法，简单粗暴、失信违约，政策悬空、“最后一公里”没有打通，寻租设障、扰乱市场秩序，以公谋私、损公肥私，拉帮结派玩套路、政治生态与职场文化市侩污浊，营商环境差，严重阻碍地方发展，等等。

发展要素不足，必然波及发展战略与发展路径，导致难以实现高速高质量的发展。这是发展规律决定的。一方面，发展要素不足，提不出适切的发展战略与发展路径。如“主动融入国家发展战略”本是区域发展的上佳策略，但在一些地方成为空洞的口号——因为，这些地方没有深入细致地开展科学研究与政策研究，提不出比较系统前瞻、科学完整的支撑架构和政策项目，优质资源成为谈资与口号。另一方面，发展要素影响发展战略与发展路径的落实效果。一些地区拥有相当数量的专业化队伍，也不缺乏专业性前瞻性的发展战略与路径规划，但这些专家型学者型干部以及最优发展战略与路径规划，不被重视或没有发挥作用，好钢用不在刀刃上，甚至出现“劣币驱逐良币”“土法炼钢”排斥科技与创新等非正常现象，导致优质稀缺的资源无故浪费，耽误了发展的大好良机——如果一个地方的发展要素不够充足，又缺乏系统前瞻的发展战略与路径规划，仅依靠“跑步（部）进京”“政策倾斜”“招商引资”“龙头带动”“东部支持”等，想要实现“弯道超车”“跨越式发展”是不可能的——那样的发展，更多是自我吹嘘。

概而言之，区域发展中，不论是要素的集聚、战略的实施还是路径的选择，都离不开政府的有效管理——政府是国家人格化的代表主体，也是公职人员的组织体与集合体。政府有效管理的成败，系由公职人员。“盛衰之理，虽曰天命，岂非人事哉！”因此，公职人员的管治能力，是区域发展的决定性因素；基于公职人员集合体建构的政府管治效能，是区域发展的发动机。打造思想解放、视野开阔的专业化职业化人才队伍，深入改革创新旧制度，切实提高政府管治效能，是区域绿色高质量跨越式发展的充要条件，是实现治理体系与治理能力现代化的基本目标与紧迫议题。

四、将制度优势转化为管治效能

贯彻创新、协调、绿色、开放、共享的新发展理念，实现既定的区域发展目标，亟须把制度优势转化为国家治理效能。

1. 显著优势

中国国家制度和国家治理体系，具有13个方面的显著优势，包括坚持党的集中统一领导，坚持人民当家做主，坚持全面依法治国，坚持全国一盘棋，坚持公有制为主体、多种所有制经济共同发展等。其中，党的集中统一领导是中国独有的制度优势，也是最大的优势，在中国国家治理体系当中居于统摄性地位，统领和贯穿其他优势。

中国国家治理现代化的本质，就是在党的集中统一领导下实现中国式善治。先锋政党、有为政府、共益市场、有机社会四个要素，构建起中国式善治的钻石模型。其中，先锋性政党的领导是中国善治的关键与根本优势，决定了中国是有为政府而不是有限政府，是以人民为中心的市场经济（共益市场），而不是以资本为中心的市场经济（自由市场），是有机社会而并非公民社会[①]。

---

① 鄢一龙：《党的领导与中国式善治》，载《行政管理改革》2020年第1期，第16—25页。

中国国家治理有其特殊的组织形式。在结构上，是执政党和政府体系“一体双轨”的复合结构。即执政党深度融入政府体系，中国共产党掌握着领导权和核心决策权，总揽全局，发挥战略领导和决策中枢作用；政府体系是党的战略决策的执行主体。在功能运行上，是“政治”与“行政”合并“双轨一体”，即执政党通过对政府体系的全面融入，将自身的组织机构、行动逻辑、意识形态、价值导向等深层“基因”植入政府体系，使政府成为承载执政党初心使命的中国特色科层制①。

中国国家治理还有特殊的“政策势能”。“政策势能”是对中国公共政策“高位推动”的学术表达。具体来说，公共政策发文单位的不同位阶，展示出强弱不同的“政治势能”，地方政府或执行单位能够识别出这些政策所具有的“政治势能”，并根据势能高低作出相应的执行策略。在新时代，应重视政策势能的制度化，包括党的领导的制度化、尊重地方的自主性、将高势能公共政策嵌入科层的常规政策体系执行之中等②，进一步提升国家治理水平。

2. 可行的路径

将制度优势转化为高效的发展与治理优势，必须加速建构高水准的政府管治。这是2020后贫困时代最紧迫的任务。

路径之一：倡导学以致用转变学风，提升公职人员专业化职业化能力

毛泽东曾指出：“政治路线确定之后，干部就是决定的因素。”公职人员专业化职业化水平，决定着政府管治效能的高低，决定着政府管治的成败。

首先，与时俱进培育提高干部管治能力。在严格政治纪律和政治规矩的前提下，强调学以致用，督促党员干部深入学习新理论新技术新方法——切忌以政治学习代替专业学习、以红头文件代替专业知识，也不能用专业学习代替政治学习。重点培养提升公职人员“平战结合”的专业技能：一为平时的专业工作能力，即能够真正懂得所管辖业务的特点与规律，具备从一定高度进行战略性谋划、前瞻性分析研判、政策规则选择、各类资源调集、舆论宣传、统筹协调等各方面能力，切实做到“让专业的人做专业的事”。二为“战时”的应急处置能力，即遭遇重大突发情况或重大公共事件——如新冠肺炎、重大自然灾害、急难事故等特殊情形——能够将本业务主动嵌入或者配

① 王浦劬、汤彬：《当代中国治理的党政结构与功能机制分析》，载《中国社会科学》2019年第9期，第4—24页。

② 贺东航、孔繁斌：《中国公共政策执行中的政治势能——基于近20年农村林改政策的分析》，载《中国社会科学》2019年第4期，第4—25页。

合应急指挥系统的协作能力，以及在应急指挥系统下，有效主导本业务持续向前发展的推动能力，切实做到精准研判、务实高效抓应急促发展，不搞一刀切“停摆”，也不宜冒进发展。

其次，大力实施干部素质提升工程。采取请进来、走出去等方式，对党员干部进行系统化的专题培训。在经济、社会、文化和生态保护等各发展领域，有计划有目标，培养一大批熟悉行业最新发展趋势、能够对本地区发展提出建设性意见的专才。实施更灵活、更有效的人才政策，重点是大力引进并大胆使用发展亟须的高端人才，做到“扶上马、送一程”，人尽其才、为我所用。

再次，有序扩大干部交流。通过挂职、借调等各种方式，进一步扩大中央机关同地方各级机关、发达地区与欠发达地区之间的干部交流规模，敦促交流干部脚踏实地，多向对方学习，避免“在位不在岗”，扩展他们的理论素养与实践经验，普遍提高公职人员有关科学发展的认知水平与政策管理能力。

最后，强化平台支撑。引导鼓励各地与海内外智库建立紧密的工作联系，搭建自然科学、社会经济科学以及工程技术科学之间的合作平台，为区域发展提供更高水平、更前瞻系统的科学咨询，为提升干部素质和政府管治水平提供专业知识支撑。

路径之二：突出重点规范政策过程管控，推进各级政府循证管理

充分利用大数据、云计算、区块链、人工智能等高新技术，全面提升政府的政策管理水平。

其一，对政策过程实行精准管理。坚持规则标准化、手段技术化、程序便利化、过程透明化、参与多元化，推行精准的政策管理。首要重点是，要切实及时地提高各级政府的政策决策水平，多出管用的、细节明确具体的、可操作可预期的政策，避免政策不符合实际，或过多包含或过少包含——决策是管治的本质，要求管治者完整准确并旗帜鲜明地表达要做什么或试图避免什么，其核心要义是管治者基于事实和理性，而不是惯常的政治热情或形式需要，进行循证管理，即系统地使用可获得的最佳证据来改进管理实践[①]——不要原则性地大而化之或难以落地的政策，也不需要下一级机关依葫芦画瓢、或转发了之。充分利用现代技术，优化政策执行、监督、评估等环节，提高政策管理的时效性与精准度，确保政策细节落地、目标实现。

其二，及时打破“制度高墙”，集聚优质制度资本。把立法放在发展的前

① ［美］斯蒂芬·罗宾斯、［美］玛丽·库尔特：《管理学》（第13版）（刘刚等译），北京·中国人民大学出版社，2017年版，第44页。

面，针对经济社会发展的顶层设计、重大国家战略和重点领域等，进一步完善规则、破除制度壁垒、明确权责界限、优化资源配置和管治服务方式，为发展提供充足的具有法律约束力的制度资本。根据改革发展需要，进一步打破行政区划界限与地方"各自为政"，加强规划层面的对接，适时调整既有政策——优先采用那些能够为欠发达地区创造更多发展机会，或能够有效提升欠发达地区发展能力的政策工具，优化区域"同步增长"的协调发展机制，全面推进信息与新技术共享共用，深化产业链、供应链整合，缓解区域社会发展差距，实现区域间均衡联动发展。

其三，预防和纠正地方政府的政策管理失当。加强基层政府治理纠偏，防止地方政府基于自利行为，或为保护地方社会利益网络而创制政策，与国家政策之间产生过多包含或过少包含现象，如本书第三章的减贫政策"层层加码"、提高标准等"过多包含"。要进一步规范细化中央与地方的事权和财权划分，明确各自的管治界限与重点任务，规范地方政府行为，既要防止地方政府不作为，更要治理地方政府短视自利的瞎决策、乱作为。

路径之三：彻底整顿吏治扭转风气，以精准用人提升政府管治效能

党的十八大以来，中国的反腐败取得了辉煌成就，不敢腐的目标初步实现，不能腐的笼子越扎越牢，不想腐的堤坝正在构筑。2020 后贫困时代，如何进一步纠正选人用人方面的讲圈子、拉山头、唯近唯亲等不正之风，精准培养使用好各级干部，是影响政府管治效能的关键因素——古今中外的组织管理充分表明，改进人力资源管理，能够大幅提升组织绩效。加速建构高水准的政府管治，必须在各级各部门的人力资源管理上再下狠功夫。

第一，提升各级政府人力资源管理效能，充分释放人的活力。加快建立完善"五湖四海，任人唯贤""以干事创业为核心"的选人用人导向，创新完善干部识别机制，把各类干部放在合适岗位上，切实让"能者上、庸者下、劣者汰"，让资质平庸、投机取巧者没有市场，真正把好干部用起来，用当其时、用当其位，人岗适配、才尽其用，引导干部把主要精力放在抓业务上。创新各级各部门一把手监督制约机制，确保一把手在选人用人中把好关、掌好舵，努力营造良好的政治生态。完善考核激励与纠错容错机制，简化内部程序和无关紧要的各种考核，多些鼓励、少谈问责，支持干部大胆创新创制、改革做实事。更加关心关爱干部，各级组织部门要经常对直管干部谈心谈话，并使之常态化制度化，帮助解决干部的后顾之忧。严肃遏制江湖习气、酱缸文化、团团伙伙、逆淘汰、流言诬告等恶习，营造风清气正、团结干事、让绝大多数干部主动进取奋斗的良好环境与条件。

第二，持续推进改革创新，把服务型政府建设落到实处。建设服务型政府，是使公职人员个体绩效与政府机构组织绩效同步达到高水平的优选路径，是高绩效管治的典型方式。要扩展服务平台，持续推进放管服改革，将更多的改革发展事项纳入“最多跑一次”范畴。要强化服务意识，俯下身子听民声，千方百计解民忧，真正做到为民用权、微笑服务。要提升服务标准，优化工作流程，完善信息公开制度，推行限时办理、挂牌办理等简约高效的服务形式。要增强服务效果，加强协调配合，提高“一站式”办理的实效，为群众提供更加多元、便捷的公共服务，不断提高群众的获得感与满意度。

2020 年的全球新冠肺炎疫情，或将世界格局重新“洗牌”，推动构建人类命运共同体势在必行。美国知名中国问题专家罗伯特·劳伦斯·库恩（Robert Lawrence Kuhn）直言，“中国的努力方向正是人类所需”——除却遏制全球疫情外，减贫与发展领域亦如此。提升政府管治水平，“只有进行时、没有完成时”。各级各地要以刀刃向内、为党和人民负责、为历史负责的勇气与智慧，全面改革人力资源管理与政府机构内部管理，不断提高政府推进减贫发展的专业化职业化水平，有效提升政府管治效能。要以发展为先、时不待我的担当与魄力，大胆创新完善各发展领域的政策制度与管治服务方式，不断培育新动能、实践新发展模式，统筹推进各区域各领域高质量一体化协调发展。

图书在版编目（CIP）数据

发展、减贫与政府管治／朱勋克著．—北京：中国社会出版社，2020.6

ISBN 978－7－5087－6360－6

Ⅰ.①发…　Ⅱ.①朱…　Ⅲ.①贫困问题－研究－中国
Ⅳ.①F126

中国版本图书馆CIP数据核字（2020）第086346号

书　　名：发展、减贫与政府管治
著　　者：朱勋克

出 版 人：浦善新
终 审 人：王　前
责任编辑：刘云燕

出版发行：中国社会出版社　　**邮政编码：**100032
通联方式：北京市西城区二龙路甲33号
电　　话：编辑部：（010）58124845
邮购部：（010）58124848
销售部：（010）58124845
传　真：（010）58124856
网　　址：www.shcbs.com.cn
shcbs.mca.gov.cn
经　　销：全国各地新华书店

中国社会出版社天猫旗舰店

印刷装订：河北鑫兆源印刷有限公司
开　　本：170mm×240mm　1/16
印　　张：16
字　　数：270千字
版　　次：2020年7月第1版
印　　次：2020年7月第1次印刷
定　　价：90.00元

中国社会出版社微信公众号